畅销全球三个世纪的教育经典

卡尔·威特教育全书

卡尔·威特/著 奚华 张刚/译

九州出版社
JIUZHOUPRESS

图书在版编目（CIP）数据

卡尔·威特教育全书 /（德）威特（Witte, k.）著；
奚华，张刚译．—北京：九州出版社，2009.10（2012.5 重印）
ISBN 978-7-5108-0210-2

Ⅰ．①卡…　Ⅱ．①威…　②奚…　③张…　Ⅲ．①儿童
教育：家庭教育　Ⅳ．① G78

中国版本图书馆 CIP 数据核字（2009）第 181483 号

卡尔·威特教育全书

作　　者	（德）卡尔·威特　著　奚华　张刚　译
出版发行	九州出版社
出 版 人	徐尚定
地　　址	北京市西城区阜外大街甲 35 号（100037）
发行电话	(010)68992190/2/3/5/6
网　　址	www.jiuzhoupress.com
电子信箱	jiuzhou@jiuzhoupress.com
印　　刷	三河市九洲财鑫印刷有限公司
开　　本	700 毫米 ×1000 毫米　16 开
印　　张	19
字　　数	300 千字
版　　次	2009 年 12 月第 1 版
印　　次	2012 年 5 月第 3 次印刷
书　　号	ISBN 978-7-5108-0210-2
定　　价	36.00 元

前　言

这是一本在长达两个世纪的时间里，被千千万万人实践并证明了的儿童教育奇书，成为世界教育史上的经典之作。自该书问世以来，许许多多的父母们深受影响并从中受益，那些真正按照书中的教育方法教育孩子的父母们，都成功地培养出了一个又一个享誉世界的天才。卡尔·威特之后的早期教育家们几乎不约而同地把这本传世经典奉为指南，不断地去挖掘和阐释，但是始终无法超越卡尔·威特的教育理念。

卡尔·威特是18世纪时德国的一个名叫洛赫的小村庄里的牧师。他的第一个孩子出生几天就夭折了，五十二岁时才得到第二个孩子。他以自己的名字给儿子命名，以表达喜悦和珍爱之情。可是由于早产，小卡尔在婴儿时期反应迟钝，显得有点痴呆。作为父亲，卡尔·威特也像寻常父母一样怀着深深的遗憾和担忧。但是，老卡尔的不同之处在于，他有着独特而鲜明的教育观："对于孩子的成长来说，最重要的是教育而不是天赋。孩子最终能否成为天才，不在于天赋的高低，关键在于他（她）从生下来到五六岁时的教育。的确，孩子的天赋是有差异的，但这种差异不足以影响孩子的一生。在我看来，别说那些生下来就具备非凡禀赋的孩子，即使是一般的孩子，只要教育得法，也能成为非凡的人。"秉持着这样的教育理念，老卡尔才在儿子小卡尔出生后，始终用自己独特的、正确的方法教育小卡尔。他的教育寓教于乐，顺应天性，循序渐进，坚持不懈，终于将先天不足的小卡尔培养成了著名的天才。小卡尔八九岁时便精通化学、物理学、动物学和植物学，尤其擅长数学，并能自由运用德语、英语、法语、意大利语、希腊语和拉丁语等六国语言。九岁时考入莱比锡大学，十岁进入哥廷根大学，十三岁便出版了《三角术》一书，年仅十四岁就被授予哲学博士学位，十六岁又获得了法学博士学位，并被任命为柏林大学的法学教授，二十三岁时出版了《但丁的误解》一书，成为研究但丁的权威。

卡尔·威特在之后的岁月里将对小卡尔十四岁以前的教育写成了《卡尔·威特的教育》一书，满怀爱意地记叙了小卡尔的成长过程，每一篇都蕴含着自己的教子心得和独特的教育方法。这本书不是一个教育学家教给父母的方法，而是一个成功的慈爱的父亲给予全天下父母的教子箴言。

更令世人惊叹的是，卡尔·威特教育的成果——小卡尔，在有了自己的儿子威廉之后，继承并进一步发展了父亲的早期教育理论与方法，使卡尔·威特的教育更加科学与完善。

二百多年间，《卡尔·威特的教育》被翻译成各种语言畅销全世界，其发行数量无以计数，受益者更是不计其数。在中国，也已经被很多慧眼独具的父母奉为枕边书，并培养出了很多优秀的孩子，这些孩子完全不同于中国传统教育下培养出的孩子，他们更加自信、乐观、独立，而且更加富于创造性。在《哈佛女孩刘亦婷》一书中，刘亦婷的母亲这样说道："应该永远感谢这些早期教育的倡导者和实践者……许多爸妈已经按书中的方法培养了数百个中国早慧儿童……我根本没有想到，由哈佛图书馆里的孤本藏书所传播的教育思想，最终会把刘亦婷引向哈佛。"

经典永不过时，而且会随着岁月的磨砺，历久弥新，绽放更加璀璨的光芒。现在我们将这两本书合集出版，分为"上篇"和"下篇"，全书名《卡尔·威特教育全书》，以此为广大读者提供一个更完整、更经典的读本。

目录

上篇

第一章 愿上帝保佑我的孩子

第二章 环境胜于天赋

第三章 把握孩子智力的最佳时机

第四章 用正确的方法教育孩子

第五章 将孩子培养成全面发展的人

第六章 如何教育才不会伤害孩子

第七章　教孩子如何玩耍和选择朋友

第八章　随时注意夸奖孩子的妙处

第九章　努力培养孩子的良好品德

第十章　培养孩子的各种好习惯

第十一章　杜绝儿子养成恶习

第十二章　培养孩子良好的心理素质

第十三章　教儿子怎样与人交往

第十四章　我的教育理想

第十五章　世界上最幸福的孩子

下 篇

第十六章 天才的秘密

第十七章 为造就天才创造环境

第十八章 天才的语言训练

第十九章 在快乐中学习

第二十章　培养孩子的好素质

第二十一章　培养孩子的好品德

上 篇

Educational Set Of Carl Weter

老卡尔·威特 / 著
奚华　张刚 / 译

卡尔·威特教育全书
EDUCATIONAL SET OF CARL WETER

第一章

愿上帝保佑我的孩子

选择一个合格的妻子

孩子遵从上帝的意愿来到这个世界。对于一个孩子来说，这个世界是奇怪的、陌生的，同时对于这个世界又是无力的、软弱的。我们作为上帝的子民，承担着让孩子坚强有力，让他顺利地成长，更好地享受生活乐趣的责任。而要想做到这些，在孩子成人之前，我想方设法使他具备做人最基本的条件——人性的美德和健康的体魄。

事实上，很多的爸妈在注意到这个问题的时候，他们的孩子已经长到了两三岁。而我们若要出色地完成这一使命，则必须从尚未为人爸妈起就开始注意，也即是说，我们自己应合乎上帝的要求，必须健康、合格。

虽然民间流传着这样的说法“近亲可以培养出最好的马和最好的狗”，可是这种方法完全不适用于人类。这种不幸的事件在我们的身边经常出现：邻村的一个名叫汉森的木匠，跟他的表姐结婚，他们一共生了十个孩子，其中三个夭折，其余七个都患上不同的疾病。汉森和他的妻子的家族在他们这两代人丁兴旺，但汉森竟然没有生出合格的后代来延续他兴旺的家族。现在老迈的汉森常常因此而伤心落泪，但为时晚矣。

我举出的这个例子，是想说明人与动物是不同的，近亲结婚生下的孩子往往是残缺的，会让人心痛不已！这就警告人们，在寻找伴侣时必须慎重。

有些人在寻找自己的伴侣时，暗藏不同的动机，非常令人讨厌。他们的理由也千奇百怪，例如有人说，由于我的家境不好，为了以后的幸福生活，我没有其他选择，必须找一个有钱人家的姑娘；也有人说，为了今后飞黄腾达，在社会上能够取得显赫的地位，其他方面我都不在乎，我必须娶一个出身名门的姑娘为妻；甚至还有人说，我找她做妻子是因为她的美貌才向她求婚的。

很明显，以上这些做法都错误的。为了自己和后代的幸福，我们一定要选择身体健康、秀外慧中的女人做妻子，而不能为了达到某种目的而不计后果盲目地选择。我认为，只要对方没有家族遗传病和众所侧目的缺陷，她就是一位合格的妻子。

我的妻子虽然不是那种特别漂亮的女人，但她心地善良、知书达理、勤劳进取，无论在什么时候都能理解和支持我，所以我们十分地恩爱。尽管我是一个清贫的牧师，没有充裕的物质生活，可是我的妻子对我从来没有任何的抱怨。在我们有了儿子卡尔之后，她毫无保留地把自己的母爱倾注在孩子身上。面对上帝，我时常这样想：卡尔之所以取得如此辉煌的成就，与他母亲有着一颗善良的心是密不可分的。

不要让妻子在妊娠期与宠物为伴

可怜天下父母心，所有的爸妈都渴望自己孩子生下来就是天才，将来能够高人一等，我和妻子也有同样的想法，不过我很清楚，世事难料也难尽如人意。卡尔还没有出生时，即将为人父母的我和妻子都控制不住内心的喜悦。不过我们还是常常嘀咕“我们的孩子能行吗？”

为了能有一个健康的孩子，在妻子还未怀孕前，我们就开始充分注意自己的精神和体质。

我和妻子在平时的生活中非常节俭，我们觉得过于奢侈的生活会让人产生一种沉溺于享乐的心情，做不到神清气爽。为了呼吸到新鲜的空气，就应该避免整天待在房屋里，我们时常到户外散步，置身于田野中享受大自然赐予的美丽风光和新鲜空气。这样就容易让我们心胸宽广。我们的性格都很好，很少有感情冲动的时候，对身边的那些琐事能够保持一颗平常心，所以我们的生活很安宁，很温馨。我始终觉得，在这样的氛围中出生的孩子肯定是很健康的。

大家都知道，德国人都喜欢喝酒，不过我是个例外。我奉劝那些喜爱饮酒的爸妈，为了孩子的健康着想，必须控制饮酒。我的一位医生朋友在我们决定要孩子时告诫我说，如果在酒后受孕，胎儿常常会出现智力障碍，发育迟缓。特别是妇女，后果更为严重。因此，我建议夫妻双方至少应在受孕前三个月开始戒酒。

妻子受孕后，我们经常运动，除非有必要否则就不坐马车，无论去哪里都是步行。那时我们对未来的儿子都充满信心。我们常常到田野散步，或者去周围的山坡上爬山，我还经常帮着她去采摘野花呢。这样，不仅对将来的孩子有利，也有利于增进我们夫妻之间的感情。

我和妻子从没发生过争吵，我们都觉得，为了将来的孩子也应当和睦相处。所以，我们感情一直都很好。

在儿子来到人世之前，我们唯有的一点过失，至今令人遗憾。在儿子降生之前，医生曾对我说过，有一种寄生在猫狗粪便及其生肉中的弓形寄生虫，对胎儿有很大的危害，可是当时我们都忽略了这些。我从邻居家抱养了只小狗，目的是为了让妻子解闷。儿子一出生就不太健康，我想恐怕就是这个原因吧。

上帝不会辜负我们

对即将为人爸妈的人来说，应当过有规律的生活。为此，我们安排了科学的作息时间，尽量做到早睡早起。过去我有过在深夜祈祷的习惯，这是我在年轻时形成的习惯。每当人们熟睡之后，我总会独自一人静静地品尝书本的滋味。我非常享受这种滋味。

在妻子有了身孕后，我不得不改掉这种习惯。因为深夜读书会影响妻子休息。要知道怀孕的妻子特别需要丈夫的体贴和关怀。虽然失掉了深夜读书和与上帝交流的乐趣，但为了妻子和将来的孩子，我认为是值得的。

意大利画家达·芬奇说过这样的话："同一个灵魂支配着两个躯体……母亲的愿望对其腹中的胎儿不断产生影响……母亲的意志、希望、恐惧以及精神上的痛苦对胎儿的严重影响，大大超过对母亲本身的影响。"妻子怀孕是件很辛苦的事，丈夫应当尽力给予妻子更多的关怀、体贴和帮助。在妻子的情绪不佳时，我会在感情上和妻子进行交流，以便尽快让她从不良的精神状态中摆脱出来。

有一天，我发现妻子情绪异常，当时我从外面回来，按习惯我首先是去向妻子问好并亲吻她，可当我一走进房间就感觉妻子有些不大对劲。

“亲爱的，你怎么啦？”我问妻子。

妻子一脸忧伤地看着我，一句话也没有说。

当时我觉得奇怪，因为妻子一直很开朗，是什么事让她如此忧伤呢？她一直呆坐在那里，两眼无神，满脸的忧郁。

我赶忙走过去把她轻轻地搂住，并很温柔地问她：“有什么不舒服吗？告诉我，你不是什么话都要给我说吗？今天究竟怎么啦?!”

“卡特琳娜的儿子死了。”妻子少气无力地说。

卡特琳娜是我们镇上的一位妇女，她的儿子已经一岁多了，身体状况一直很差。这个孩子一生下来就得了一种怪病，全镇的人都知道。但没有料到这个可怜的小家伙这么快就离开了人世。对于这种坏消息我是不会让怀孕中的妻子知道的，凑巧的是，那天我正好去了另外一个教区，否则我一定不让妻子知道这个消息，这种不幸的事对于一个已经怀孕的妇女来说，是无法接受的。

“今天，他们来找你，可是你不在。听到这个消息后，我很难过。我突然想到了我们的孩子。”妻子伤感地说道。

“哦，亲爱的，千万不要胡思乱想。”我完全能理解妻子此时的心情，连忙劝慰她：“卡特琳娜的孩子不幸去世我也很难过，要知道，我们的孩子一定没有问题的。”

“可是，我们第一个孩子不是也夭折了吗？”妻子听了我的话，反而大哭了起来。

当时真让我手足无措，但我还是竭力控制住自己的情绪，当务之急是帮助妻子从悲伤之中挣脱出来。

“亲爱的，要想开一点，不能仅仅停留在过去。我们第一个孩子的夭折，那是上帝的旨意，是没有办法的事。我每天向上帝祈祷给我们一个健康的孩子，我想上帝是不会辜负我们的。卡特琳娜在怀孕时就成天和丈夫吵架，每天都处在不愉快之中，所以她的孩子才会不健康。为了我们的孩子，我希望你快乐起来。”

妻子还是忍不住哭着：“这个我知道，可我就是忍不住。”

“亲爱的，你要尽快把那些不愉快的事忘掉，想想我们即将出生孩子的模样，他肯定是个非常棒的孩子。来，放松一点，做一个深呼吸。”我一边说，一边给妻子做示范。

妻子也跟着我做起深呼吸来。一会儿，她的心情好了起来。那天晚上，我特意把所有的时间都用来陪伴妻子，和她谈我的工作，还有我最近看的一本书。第二天，妻子已经完全从悲痛中走了出来，完全恢复了往日的开朗活泼。

在关心妻子这个问题上，我自认为可以算作一个合格的丈夫。为了让她保持愉快的心境，在生活的各个方面，我都做到力求完美，可以说我付出了很大的心血。

妻子喜欢洗热水澡。她认为在劳累了一天后洗个热水澡是一种莫大的享受。不过在她怀孕期间，我坚决制止了她的这一喜好，因为过热的水虽然很舒服，但对她腹中的胎儿却有极大的害处。

妻子虽然快要做母亲了，但她毕竟是个很年轻的女人，有时也会任性固执。对于我这个做丈夫的来说，经常哄哄她也是常有的事。

有一次，妻子趁我不在家时，偷偷泡了一次热水澡。后来被我知道了，便开始责怪她。

"你怎么又那样做？我不是给你说过，过高的水温对胎儿有害吗？"

"你就知道孩子。自从怀孕后，你所做的一切都是为了孩子，你再也不像以前那样关心我了。"妻子假装生气地说。

"怎么能这样说呢？亲爱的。孩子是我们爱的结晶，关心孩子还不是关心你吗？现在泡热水澡的确对孩子不利，等孩子出生后，随便你怎么泡，我都支持你。"

"可是，这几天来我浑身不舒服，身上的那些肌肉酸得利害。"妻子调皮地辩解，"你不是常说，母亲如果不愉快就生不出健康的宝宝吗？我不泡热水澡心情就不愉快，你说我该怎么办呢？"

虽然妻子是在与我开玩笑，但她的话也不无道理。于是，从那以后我都要女佣给她准备热水烫脚，并每天都亲自用热毛巾给她擦身子。

那段日子是我至今难忘的。很多人在妻子怀孕后，就开始对妻子冷落起来，而我没有那样做，相反，那时我们之间是那么的亲近，那是一种很特别的幸福。虽然孩子还没有出生，但我们已经感觉到了他的存在。那是多么幸福的事情！

妻子怀孕期间，我每天都从外面带回好看的鲜花，并给她推荐一些好看的书,都是为了让她有快乐的心情。

妻子有一副天生的好嗓子,结婚之前人们都知道她歌唱得很动听。在怀上孩子后,她还常常轻轻地歌唱,并对我说孩子一定会听得到她的歌声。

改造孩子的母亲

人们常说,伟人的孩子一定会是伟人,至少也能做出很大的成就。但我并不这样认为,因为那些伟人过于热衷于自己的事业,无暇顾及孩子,而他们的妻子也往往由于过多地关注她们的丈夫,而忽略了对孩子的教育。事实上,母亲的教育对孩子极其重要,历史上许多的伟人,往往都有一个善于教育孩子的伟大母亲。

经过我们不懈的努力,我的儿子取得了一系列的成绩,这首先要归功于他的母亲。妻子在儿子的成长过程中发挥了至关重要的作用。她心地善良,知识丰富,在教育儿子和生活常识等方面,都绝对算得上是一名出色的母亲。

妻子在怀孕期间对饮食非常讲究,用她自己的话讲就是“我的一切都会影响到孩子”。在怀孕用间,她从来不吃辛辣的食物,像咸菜、虾之类的东西她也一律不吃,甚至连她最爱吃的油炸咸鱼都拒绝了。她说:“那些东西到了肚子里后会被孩子吸收,还会破坏胎儿娇嫩的皮肤。”

妻子一直都很坚强,她对我说,怀孕后自己就要变得更加坚强,这样宝宝出生后就会变得勇敢。所以,怀孕后她几乎没有哭过,就算是遇上伤心的事,她也很快能从痛苦中挣脱出来。我认为妻子的做法是完全正确的,如果怀孕期间的母亲没有好心情常常哭泣,那么会直接导致未来的婴儿发育不良乃至软弱无能。

作为母亲,应该让孩子成为爱美、爱正义、爱真理的人。但是大多数的母亲只看重于孩子的身体健康,而忽略了孩子的智力和品德的形成,我想这是一种极不负责任的行为。我的妻子在这方面做得很好,她的勇敢和乐观的精神深深地影响了儿子,在儿子走向社会后,即使遇到困难,也能做到无所畏惧。这都归功于我的妻子,是她给予了孩子爱与智慧的力量,并让他变得更加坚强。

可以说，卡尔是由他母亲一手带大的，她在抚养和教育孩子方面做出了不可磨灭的牺牲。

现在有很多的母亲由于各种原因雇人来教育孩子，我认为这种做法是不可取的，她们似乎是在推脱做母亲的责任。而事实上，母亲的角色是任何人无法取代的，自己的孩子让别人来教育，这种做法有失天性。

我认识这样一对年轻、充满活力的夫妇。由于家庭条件优越，孩子出生后，他们就把孩子托付给一位亲戚照料，而自己去了国外旅行。然而这位亲戚也因为手头有很多工作，根本没有时间教育孩子，于是就把孩子交给管家喂养。

这对夫妇临行之前还对别人说，现在要趁孩子还小的时候赶快去外面玩玩，要不然将来孩子大了就没有时间教育他们了。他们在英国和法国分别待了一年，然后又到了美国和非洲，游遍了世界各地。这真是愚蠢至极，他们丝毫都不明白，从孩子出生开始就要对他们进行教育的道理。他们的无知让他们尝到了苦果，以至一生都很后悔。

从国外回来后，接下来的事令他们目瞪口呆，孩子与他们之间已形成陌路。这能怪孩子吗？因为这时孩子已经快要五岁了。

晚上，这对夫妇想让孩子和他们一起睡觉，遭到了孩子的拒绝。虽然他们的卧室舒适而美丽，可孩子偏偏要去管家那间简陋的房里睡。

这对夫妇都曾受过良好的教育。现如今，他们的孩子满口粗话，整天在外面鬼混。有时他在外面玩得太高兴，以至于和别的孩子打架、干坏事、欺负弱小的孩子。他们想让他读书，但是这个小孩一点也学不进去，根本就不听他们的管教。

每当他们想亲近孩子时，得到的只是孩子冷淡而陌生的目光。

有一天，终于发生了令人心痛的一幕。这对夫妇和他们的孩子发生了激烈的争吵。年轻的爸妈愤怒地吼道：

“你要知道，我们是你的亲生爸妈。”对于孩子的冷漠，年轻的爸妈终于发怒了。

当时孩子十分害怕，转头跑了出去躲在管家的身后。

于是，父亲冲着管家怒吼道：“你怎么照看孩子的，他竟然不认亲生的爸妈？”

可怜的女管家慌张地说：“先生，我想以后会好的，这可能……是因为你们没跟他在一起的缘故吧……”

“不许你们对玛格丽特太太这样说话。”他们的孩子站在女管家这边帮她说话，仇视着自己的生身爸妈。

“没大没小，我是你的父亲。”

“可我从来没有见过你。”

“无论如何，今后你要听我们的话，接受良好的教育。从今天起，不许你再和玛格丽特太太一起睡，而要和我……”

“不，”孩子打断了父亲的话，“我喜欢和玛格丽特太太在一起。”

“那好，我现在就把玛格丽特太太辞掉，看你怎么办。”爸妈愤怒地喊道。

玛格丽特太太含着眼泪地走了，她和孩子相处了五年，已经有了深厚的感情。

在以后的日子里，这个孩子沉默寡言，经常做梦呼唤玛格丽特太太的名字。在他十几岁的时候还曾离家出走过好几次。

如今这对爸妈后悔不已，当初不该这样做。

在这里，我不是说雇人来照料孩子一定不好，而是要采取正确的途径。家庭生活富裕的，可以把一些杂活交给女仆来做，对孩子的照料也不一定面面俱到。即便如此，对孩子的教育和平时的管教，母亲一定要言传身教，担负责任。

事实上，我们家也一直雇用女仆人，但也没有发生像上述那那的事情。主要是由于卡尔的母亲承担起了主要的工作，她时刻陪伴着儿子，女仆人只是在她忙不过来时才给予帮助。时间一长，女仆人已经成为妻子的好帮手，已经很好地和我们打成一片。

有位名人曾经说过：“国民的命运掌握在母亲的手中。”我十分地欣赏这句话，很少有人能够真正地理解这句话的意思。很多不称职的母亲，在不经意间把孩子引入了歧途，这绝对是人的一生中最大的遗憾。左右国民命运的是母亲的教育，我希望天下的善良的母亲都能勇敢地担负起这个神圣的使命。

卡尔·威特教育全书
EDUCATIONAL SET OF CARL WETER

第二章

环境胜于天赋

孩子的天赋与后天的教育

爱尔维修曾说过："人从一生下来并没有什么不同，仅仅是后天的环境，尤其是幼儿时期所处环境的差异，致使有的孩子长大后成了天才，有的则变成了凡夫俗子甚至蠢材。即使是平凡的孩子，只要教育得法，将来也会成就非凡。"

儿子出生之前，我就坚信这一说法，并且也经常向别人宣传。当然，爱尔维修的言论有其不可避免的片面性，因为，他在强调环境因素对人影响的同时，却忽视了孩子们在天赋上的差异。对这一点我有比较充分的认识。我不赞成爱尔维修关于孩子们天赋都一样的观点。

其实在教育学领域里，一直有两种不同的天才观存在并斗争着。两种教育观点的不同，用两个寓言加以说明，就一目了然。

哲学家卢梭在他的教育学著作《爱弥儿》一书中有如下的一个比喻：

"同一母亲所生的两只小狗，在同一个地点接受同一母亲的教育，但是，其最终的结果却大不相同。其中的一只狗聪明伶俐，而另一只狗又笨又傻。它们之间表现出来的这种差异完全是由它们的先天性的不同所造成的。"

著名教育家裴斯塔洛齐的一段寓言与卢梭的观点形成明显的对比：

"有两匹长相一样的小马，一匹被一位个性贪婪的庄稼人收养，在这匹小马尚未发育健全时就用来赚钱，结果，几年后，这匹小马变成了没有什么价值的驮马。而另一匹马却有着与这一匹迥然不同的命运，它由一个聪明人喂养，在他的精心培育下，这匹小马后来竟成了千里良驹。"

这两则小故事代表了天才与成才的两种截然不同的观点。前者强调天赋，认为命运是由天赋的优劣程度来决定的，而环境的作用是次要的。后者则几乎视环境的作用为万能，天赋的作用则无足轻重。显然，这两种观点都是片面的。

自古以来，有许多人更倾向卢梭派的学说，而支持裴斯塔洛齐学说的则寥寥无几。爱尔维修无疑是裴斯塔洛齐派的先驱者。我虽然倾向裴斯塔洛齐派学说的观点，但并不完全的赞同，我有我自己的看法。

我认为，孩子的天赋千差万别，有的孩子天赋好些，有的孩子稍微差些。如果很幸运，我们会得到一个天赋为100的孩子，那么生出的白痴其禀赋大约只能在10以下，而一般孩子的禀赋大约只能在50左右了。

只要孩子们受到相同的教育，那么他们的命运将决定于他们的天赋优劣，但在事实上，目前孩子们受到的教育还是很不完全的，以至于他们的天赋不能得以充分的发挥。比如说，天赋为60的，只可能发挥出了30，天赋为80的，只可能发挥出了40。不过正是这些孩子支持着社会的进步与和谐，他们都是正常的孩子。

如果孩子们都得到同样的教育，那么他们的命运就决定于他们的天赋了。在这种情况下，倘能实施可以让孩子的天赋发挥到八九成的有效教育，即便是生下来天赋只有50的孩子也会比天赋为80的孩子优秀。如果对那些生下来具有80天赋的孩子和生下来具有50的孩子施以相同样的教育，那么前者一定会比后者强很多。

不过我们也不必太在意，因为大部分孩子的天赋只有50左右，一生下来就具有高天赋的孩子是很少的。如果我们按前面的方法进行生育，还是有比较大的机会得到天赋高的孩子。即使不高也不会太差。

不过不幸的是，由于教育不当，竟使这部分高天赋的孩子连普通儿童也比不了。

极度催逼扼杀天才

如果对生下来就具备高天赋的孩子施以完善的教育，那么他的发展将是前途无量的。不过令人遗憾的是，人们对天才的教育往往方法不当。爸妈只注重孩子的天赋，而不注重对孩子进行全面的培养，对孩子的表现一向挑剔，要求太高，最终只能引起孩子的反叛与怨恨。因此，如果爸妈给孩子施加过大的压力，会造成天才的天赋在成长的过程中丧失殆尽。

这种情况在我们身边时常发生。有不少的名人在成年后都曾说过，由于年幼时受到爸妈的极度催逼，导致最后都留下了终生遗憾。

英国哲学家约翰·斯图尔特·穆勒的父亲在他年少时就曾无情地催逼他，不但不允许穆勒有假日，而且也不给他丝毫的自由，不允许他有“随意的”爱好，这一切都是为了让他保持刻苦学习的习惯。最终，穆勒在青年时期经常精神抑郁，总感觉心理有障碍。他曾在自传里痛心疾首地回忆了受父亲压制的情景：

父亲一般会采用较为轻松愉快的交谈方式和我讨论数学问题，但是一旦我出现了错误，这种态度就会来个 180 度转变，这时和蔼可亲的慈父一下子变成了血腥的复仇者。

卡尔·冯·路德维希也是个典型而悲惨的例子。卡尔是天赋极高的孩子，但因父亲的望子成龙心切，逼迫他不断地学习，结果是事与愿违，他半途而废了。卡尔的父亲一心想使他早日功成名就，就亲自教儿子高等数学，要求卡尔在醒着的每一分钟都得学习。他禁止一切与学业无关的兴趣，体育、游戏、对大自然的探索等，在他的眼里，这一切对孩子的未来都是有害的。

卡尔 8 岁时，父亲就让他学习大学数学的课程，9 岁时，他就在学习微积分，并尝试写剧本了。他不断地跳级，仅用三年时间就修完了全部大学课程，11 岁大学毕业。他主修数学，而愚蠢的大学教授们竟预言，卡尔会成为一名世界级数学家。

然而，这一切都是昙花一现，开始的辉煌瞬间转为暗淡。卡尔上研究生院的一年后，对数学的兴趣消失殆尽，此后，卡尔不得不转入法学院，但是，很快卡尔对法律也没了兴趣。最后，只好从事办事员工作，因为这种工作既不用思考，也不用承担责任。

这些例子充分地说明，正确的教育方法是极其重要的。如果教育方法有错误，不要说天赋一般的孩子，就是拥有高超天赋的孩子也会惨遭扼杀的命运。

我的教育目的是充分发挥儿童的潜能

我的教育理论的中心论点是：对儿童的教育必须与儿童的智力发挥同步进行。而当前主流思想却是儿童的教育应该从七八岁开始。这种思想为人们普遍接受。除了这一论调之外，还有一种让许多家长十分担忧的观念，那就是早期教育有损于孩子健康。这是我跟当前主流观念冲突的焦点，面对这些错误观念我深感不安和无奈。

主导观念和我的教育理论很相悖，在世人的眼里，我的理论就成了无稽之谈，更不可能指望有人会用我的思想去将一个“凡夫俗子”培养成“天才”了。

即便我的儿子卡尔在经过这种教育后，当时就表现出来的许多优于一般儿童的方面，人们仍不以为然。他们普遍持这种观点，卡尔的才能与生俱来，并不是后天教育的结果。其实我的孩子刚生下来时候不仅不是什么天才，倒像是个痴呆的孩子。对此，我确实感到有口难辩。

在那段时间里，孩子的现状时时浮浮在我的眼前，使我既伤心又着急，但是我始相信自己的方法是确实的。

为了儿子不落后于同龄人，我决定仍然按计划进行早期教育。我想，既然孩子天赋平平，那么就要尽力使孩子的潜能得到充分的发挥。这就要求对儿子的教育与儿子的智力发挥并驾齐驱。

早期教育为什么能够造就天才呢？要明白这个道理，就要从儿童的潜能谈起。根据生物学、生理学、心理学等学科的研究，人与生俱有一种特殊的能力。

不过，这种能力是潜藏在人体内的，表面上无法看出来，我们称这种能力为潜在能力。比如，一棵橡树，如果按照正常的状态生长，它能够长到30米高，那么我们就说这棵树具有能够长到30米高的可能性。同理，一个孩子在正常的状态下成长，可以成长为一个具有100度能力的人，那么我们就说这个儿童具备100度的潜在能力。

有这种潜在能力的孩子就是天才。因此，天才并不像人们所想象的那样，只有少数人才有，而是人人皆有之，只要对孩子进行恰当的教育，他也可以成为天才。

不过，要想到达这种理想状态相当不容易。因此，即使橡树具备长成30米高的可能性，要真想长到30米的高度还是很困难的，一般都会比30米低，可能是15米或是12米左右就停止生长了。假若环境不好，则会更差，甚至还不足十几米。不过，如果能够对他进行精心地照料，则可以长到20多米，甚至可以接近于30米。事物隔类不隔理，即使是生来就具备100度能力的孩子，如果不对他进行教育和正确引导，放任不管，充其量也只能成为一个仅有20或是30度能力的人。也就是说，只能达到其潜在能力的二成或者三成。

但是，如果教育孩子得法，那么他就可能成为具备60度或者70度，乃至80度或者90度能力的人。也就是说可能实现其潜在能力的六成或者七成，甚至八成或者九成。

教育的根本目的在于充分挖掘孩子的潜能，使其得到最大限度的发挥。这样，孩子便能做出伟大的事业。遗憾的是，由于教育不得法，孩子的这种潜能很难得到最大限度的发挥。这就是天才为何极少的原因所在。如何能造就更多的天才呢？最重要的就是及早挖掘、诱导孩子，使其自由地发挥出这种潜在的能力，那么就能培养出非凡的天才了。

儿童潜能的递减法则

需要注意的是，孩子尽管天生具有潜在的能力，但这种潜在能力的发展是随着开始发觉时间的早晚而逐步递减的。也就是说，生来具有100度潜能的孩子，假如从一生下来就对他进行理想的教育，那么他完全有可能成为具备100度能力的人。

如果从5岁开始教育，即便是教育有方，那也只能成为具备80度能力的人。而如果从10岁开始教育的话，教育的再好，他也只能是达到具备60度能力的人。这就是孩子潜能的递减法则。这个法则向我们表明这样一个道理：教育开始的越晚，孩子的潜能就开发的越少。

这一法则产生的原因是这样的，每类动物的潜能都有各自的发达期，而且这种发达期是固定的。只不过有些动物的潜能发达期时间很长，而有些动物潜能的发达期很短。但不管怎样，如果不让它在发达期发展的话，那么就永远不再会有发展的可能了。

例如小鸡“追随母亲的能力”的发达期大约是在出生后4天之内，把刚出生的小鸡在最初4天里不放在母亲身边，那它就永远不会追随母亲了，这种能力就永远得不到发展。小鸡“辨别母亲声音的能力”的潜能发达期大约在出生后的8天之内，如果在这段时间里不让小鸡听到母亲的声音，它的这种能力也就永远泯灭了。还比如，小狗“把剩余的食物埋在土里的能力”的发达期也有一定的期限，如果这段时间把它放到不能埋食物的房间里，那么以后小狗再也不会具备这种能力了。

人同样具备这样的能力。最为典型的例子就是英国司各特伯爵的儿子。这对夫妇携带他们刚出生不久的儿子出海旅行，船行至非洲海岸时遇到大风暴，被巨浪打翻，全船的人大都葬身海底，只有司各特夫妇幸运地带着儿子爬上了一个海岛。海岛上荒无人烟，并且密布着热带丛林，因为无法适应丛林中的环境，司各特伯爵夫妇很快就被热带疾病夺去了生命，只留下小司各特。后来，一群大猩猩收养了奄奄一息的小司各特，那时它仅有几个月大，他就跟着这群动物爸妈成长。

二十多年后，一艘英国商船上的船员，偶然在岛上发现了这个已经长成十分健壮小伙子，此时的他，已经不会像人那样走路，也完全听不懂人话，只是像大猩猩那样攀爬跳跃，在树枝间荡来荡去。人们将他带回英国，引起了相当的轰动，包括科学家在内人们的巨大兴趣。

科学家们对小司各特的希望是：力求让他学会人的各种能力，重归人类社会。科学家们像教婴儿似地教小司各特，他们花了10年功夫，小司各特终于学会了穿衣服和用双腿行走。可是，他仍还保留着黑猩猩的习性，始终也不能说出一句连贯的话来，要表达什么情感和意愿时，他仍习惯于像大猩猩那样吼叫。

出现这样的情况，就是因为人学习语言能力的发达期是幼儿时期，而小司各特当时已经二十多岁了，他错过了学习语言的最佳时期，他的这种能力就永远消失了。从中可以看出，一个天生具有100度潜能的孩子，如果得不到适时恰当的教育，那么他的这种潜能的发达期，会随着的年龄的增长而逐步减少甚至是最终的消失。所以教育孩子重要的就是杜绝这种潜能的递减。

这种递减是由于未能给孩子发展其潜能的机会，致使这种能力枯死，因此，教育孩子最为重要的就是不失时机地给孩子创造发展其能力的机会，尽早地让孩子把这种能力发挥出来。

教育从孩子出生开始

为了杜绝孩子潜能的递减，最好的方法就要尽早教育，要越早越好。怎样才算得上是“早”呢？最好是从孩子一出生就进行教育。依我的经验，教育家听了以后，可能会马上站出来反对，他们认为，过早地对幼儿进行教育有害无益。事实上，他们的这一说法是毫无根据。

孩子从出生到3岁的这一段时间，是教育最为关键的时期。因为这时孩子的大脑接受事物的方法和以后截然不同。

刚出生的婴儿并不能分辨人的面孔，但是到三四个月以后，就具备把母亲和别人的面孔分辨出来。但是，他并不是对面孔的特征进行了这样或那样的分析才记住的，而是在反复的观察中，把母亲的整个面孔在他的大脑中原封不动地作了一个“模式”贮存于其中了。

婴儿的这种识别能力，远远超出我们的意料。

对3岁以前婴儿的教育，就要采用这种“模式教育”。3岁以前是教育的“硬灌”时期，婴儿对多次重复的事物不会厌烦。他们依靠连动物都有直觉，具有在一瞬间掌握整体模式的识别能力，是成人所不能及的。他们的大脑还处在白纸般的空白状态，不像成人那样分析判断，因此，婴儿具有一种不需要理解或领会就能吸收的独特能力。如果把你认为正确的模式经常反复性地灌入婴儿大脑中的话，他就会毫无区别地大量吸收，从而形成最初的基本素质。

正如古谚语所说：“三岁看大”，孩子到3岁的时候，就已形成了长大之后一些基本性格的决定因素。如果我们仔细地分析一下成年人，都能从他们身上看到他们3岁以前所处的环境，以及当时的环境对他后来性格的形成及其素质的影响。这就意味着，婴儿的模式时期决定了他后来的一生。

向3岁以前的婴儿“硬灌”些什么呢？内容大致有两方面：一方面是反复

灌输语言、音乐、文字和图形等所谓奠定智力的大脑活动基础的模式。另一方面则是输入人生的基本准则和态度。

对于做爸妈的人来说，生下一个健壮的孩子，只是爸妈教育孩子，开始了万里长征的第一步，以后还有很长的路要走，事情会更琐碎，责任更重大。这正是随着孩子的出生，教育的重担也就落在了爸妈的双肩上。

第三章

把握孩子智力的最佳时机

给孩子最爱吃的食物

为了尽早开发孩子的潜能，如何对孩子进行早期的教育呢？很简单，只要让婴儿感受到爸妈的关心和爱抚，这就说明你已经对他进行教育了。

最初的教育细小而繁琐。例如，孩子渴了要给他喝水；饿了要给他喂奶；尿布湿了要马上更换……爸妈要时刻以最敏锐的感觉，在细节上去感知孩子的需要，为孩子解除不愉快。这是爸妈和孩子之间建立起来的第一条沟通渠道，也为孩子今后的教育和训练打下了深厚的感情基础。

从儿子 4 个月时起，每次在哺乳前，我都要先喂他点蜜柑汁，后来再添点香蕉泥、苹果泥、胡萝卜泥、青菜粥等等。再稍后一点，就开始给他喂汤，吃煮鸡蛋、马铃薯等。许多孩子都爱吃谷物类的食物，对他们来说也是最好的食物。然而例外的是，我的儿子卡尔都不爱吃。我认为孩子最爱吃的食物才是最好的食物，因此，我给儿子最爱吃的食物。不过，我坚决不让儿子在两岁前吃肉。

有人说，食物可以决定一个人的性格，这之间确实存在着一定的关系。曾经有人主张“菜食疗法”，他们认为，进食不同的食物，可以使孩子们形成不同的性格。让孩子多吃一些胡萝卜，他的牙齿和皮肤就会变得美丽；让孩子吃菜豆，就可以激发他的美术兴趣；多吃马铃薯，可以提高他的推理能力；多吃青豆，则容易让性格变得轻率；多吃洋白菜和花菜，会让孩子成为一个思想简单的平凡人。因此，让对美术不感兴趣的孩子多吃菜豆；让讨厌数学的孩子多吃马铃薯；让不稳重的孩子禁吃青豆；让粗暴的孩子禁吃洋白菜。

在孩子出生半个月内，我们夫妻俩坚持定时给他喂奶和喂水，这利于他的生物钟形成规律。在儿子稍大一点能吃饭后，我们在他正常的两餐之间，仍然只许喝水，而不许吃别的，这样做的目的，是为了使他的胃得到休息，要不血液就只会在胃部工作而不会集中在脑部，如果让孩子的精力都被消化食物所占用，那么他的大脑就得不到发展。另外，暴食会妨碍孩子的智力发展，也不利孩子的健康，容易患上胃肠方面的疾病。有人曾经说过："不同的胃，可使人成为乐天派或是厌世者。"胃病会引起孩子的郁闷，胃弱者无法体会健康者的愉快和幸福。因此，我不允许儿子随便吃点心和零食，就算是为加强营养而给他的点心，也要在规定的时间内吃。

培养孩子欢快无忧的心情

不少人对我说："你的儿子体质很好，不太像是一个天才。"看来他们仍在坚持"才子多病"的陈旧观念。然而，这种旧观念是毫无道理的。有句话说："健全的精神寓于健全的身体。"这是有一定根据的。的确，有的天才体弱多病，但不是说就一定这样，这种观点是错误的。那些病弱的天才如果身体健康，一定会是更加了不起的天才。如：韦伯斯特、布莱思特、亨利·比卡、卡尔芬、珍妮·林德、阿德里娜·巴奇、萨拉·本哈忒、朱里亚·乌德·浩、约翰·卫斯里、路易斯、阿尔科克等人，他们都是身体健康的天才人物。这些人不但身体健康，而且体格魁梧，强壮有力。

人们惊奇于儿子健壮的身体，这主要得益于在婴儿时期，我对儿子实施的体能训练。

愉快是健康的关键，因此我将自己的孩子置于愉快的环境之中。

1．注意布置好儿子周围的环境

气氛如果太差，孩子必然会消化不良，身体也不会健康。所以，孩子居住的房间从最开始就应该是阳光的、和谐的、令人心情愉快的。

2．要给孩子创造自由活动的空间

天气晴朗时，我和妻子就会把儿子带到绿色的原野中，让他尽情地享受。我时刻注意让他的身体能自由自在地活动，不把他用布包起来，以便他的手脚能自由活动，也不给小卡尔围围巾，以免将他的嘴和脸弄歪。天气好时，我经常让儿子在室外睡觉，以便接受阳光沐浴和能够呼吸到新鲜的空气。当儿子要在屋内睡觉时，就在他的床上铺上洁白柔软的鸭绒褥，以便他的手足能自由地活动。

3．给儿子做适当的运动

卡尔6周时，体形已经很大，像4个月的孩子，这是我们让他经常呼吸新鲜空气、进行运动的结果。这儿所说的运动是指在两三周时开始，让他在光滑的木棍上作悬垂运动。正如生物学家所说："个体发育是整体发育的短暂重复。"所以，婴儿是可以像猿猴那样在木棍上作悬垂运动的。当然，最好不要强迫婴儿去那样做。我对小卡尔的另一种训练是让儿子抓住我的手指，因为婴儿与生俱来的"抓握反射"，儿子就会像玩单杠一样用力拉起自己的上身。等到孩子没有了那种抓握反应时，他的胳膊已经被锻炼得相当有力，为提前进行爬行训练打下了良好的基础。

4．注意培养孩子的洗澡天性

我和妻子每天都要给孩子洗澡、按摩手脚，这样既能促进他的血液循环和肢体的灵活，又能发展他的触觉。从孩子一岁时起，我就教他洗脸、洗手、刷牙。在他吃完干面包后，也让他刷牙，并且还教他用手绢擦鼻涕。

通过对饮食和体能两方面的精心培养，让他成为一个健康活泼的孩子。

从训练孩子的五官开始

婴儿时期的一切能力，如果不能及时地利用与开发，就不会有好的发展。所以，我要从训练五官（耳、目、口、鼻、皮肤）开始，来刺激他的大脑发育。因为这五大感觉，是人类感知外部世界的生理基础。充分刺激孩子的感觉器官，能够促进大脑的各部分充分地发育。一旦孩子大脑的各部位功能得以最大限度的发挥，他就能成为聪明伶俐的高智商之人。

在五官中，婴儿的听力发展得最早。所以，我最先发展孩子的听力。卡尔在这方面很幸运，他的母亲有很好的嗓音。儿子还在他母亲肚子里的时候就能经常听到她美妙动听的歌声。我虽然不会唱动听的歌曲，但我经常给孩子朗诵诗歌。

在儿子出生6周后，我就给他轻轻地朗读维吉尔的诗《艾丽绮斯》。每当我朗读时，儿子便会马上静下来，并进入梦乡。随着读诗语调的不断变化，孩子的反应也相应变化，真是奇妙极了。当朗读马克利的《荷拉秋斯在桥上》时，他会兴奋起来，朗读坦尼森的《他的梦想》时，他又安静下来。如此教育后，孩子在满一周岁时就能背诵《艾丽绮斯》第一卷的前十行和《他的逝世》了。

在此，我要说，让孩子背诗绝不是强制性地硬灌，而是一种顺其自然的学习，达到一种潜移默化的效果。由于儿子很喜欢《荷拉秋斯在桥上》，每天晚上，他都会自觉地去背诵它，所以很快就朗朗上口。

为培养孩子的乐感，我买来了能发出乐谱上七个音的小钟，并分别拴上红、橙、黄、绿、青、蓝、紫色的发带，并起名为红色钟、橙色钟、黄色钟等。每当孩子在喂奶前醒来，我就轻轻地敲这些钟给他听，同时还把钟在他的眼前慢慢地前后左右移动，以吸引起他的注意。这样，孩子在4个多月时，就能按我指定的红色钟、青色钟的名称准确地敲钟了。我认为，这是同时形成声和颜色感觉的有效方法，难道不是吗？

增强孩子的智力，有效地训练眼睛，也是很重要的一步。孩子出生两三周时，我买了一些五颜六色、鲜艳夺目的布制小猫小狗，并把这些玩具都摆放在儿子的四周，以移动玩具来刺激他的视觉。我还经常让小卡尔看三棱镜在墙壁上折射出的彩虹。他非常喜欢看，在他哭闹的时候，只要一看到彩虹就立即不哭了。

在味觉培养方面，我给小卡尔各种味道以刺激他的味觉，考虑到糖和盐吃多了不利于身体的健康，所以，我们始终坚持吃清淡的食物。这样的饮食可以保持儿子味觉的灵敏，又可以避免养成多吃糖和盐的坏习惯。

满月后，儿子已经能够抬起头来了，那是一个美妙的时刻。于是，我就用手轻轻地推着他的小脚丫，训练他爬行。作为爸妈，一定要教会孩子学会尽早的爬行，而且要多爬。因为俯卧是最适合婴儿的活动姿势。婴儿爬时，头抬得高，其颈部肌肉发育快，还可以自由地看周围的事物，受到各种刺激的机会也就增多了。这样就良好地促进大脑的发育，能使孩子变得聪明。

在孩子视觉发达后，培养观察能力就很重要了。培养这种能力，一般有以下两种方法：

1. 通过丰富的色彩来培养孩子的观察能力

我在小卡尔的房间里，挂了各种名画的摹本，还陈列了著名雕刻的仿制品。我还经常抱着他，识别屋中的各种物品，如桌子、椅子等，并把这些物品的名称念给他听。孩子就会从最初的只注意色彩,慢慢地能懂得画中的意思。

画的功能在开启儿子的智力的过程中起了相当重要的作用。孩子能在擅长绘画的爸妈的培养下是十分幸运的。由于我略通绘画,于是就准备了许多美丽的花草和鸟兽画给儿子看,同时给他看配有美丽图画的书,并且念给他听,他总是能够安静地听下去。尽管儿子几乎什么都还不懂,但他对于父亲的声音和图画的颜色产生了兴趣。我经常把同儿子谈话的内容绘成图画,他也因此增长了不少知识。

蜡笔也是孩子的好玩具。我经常利用它与儿子进行“颜色竞赛”的游戏。我拿来一张大白纸,任选7处为起点,我先用红色蜡笔画一条大约3厘米长的线,而后,儿子用红色蜡笔画一条同样长度的平行线。接着,我在我画的红色线之后,用青色的蜡笔接上等长度的线,我让儿子按照我的做法画下去。假若小卡尔使用的蜡笔与我所用的颜色不同,该游戏就以儿子为失败而宣告结束。

卡尔一学会走路,我就经常带他去散步,同时引导他留意外面事物的色彩,如天空、树林、花朵等的颜色,这都是为了发展他的色彩感觉。

2. 培养孩子专注于某些事物的能力

这样做是为了培养儿子敏锐观察事物的能力。我通过让孩子和我玩“留神看”的游戏来实现这一目的。每当我们路过商店的门前,我就会问儿子这个商店的橱窗内陈列着哪些物品,并让他在记忆中搜索他认识的物品,说出来物品的名称越多越好。如果小卡尔记住的物品没有达到他本应该记住的那么多,就要给予一定的批评。

这一游戏对发展孩子的记忆力有惊人的效果。由于坚持对儿子进行这样的训练,卡尔的记忆力已经大大出乎我的意料。有一天,我带他到卖雕刻仿制品的商店,他就能对店员说:“你这里怎么没有《维纽斯·得·未罗》和《维纽斯·得·麦得衣齐》画呢?”如此小的孩子竟然知道这两幅名画,店员为此惊诧不已。

儿子出生后第6周,我给他买了些红色气球,用短绳绑在他的手腕子上,气球便随着手的摆动而摇动。此后,又每周给他换一个其他颜色的气球。通过这种轻松愉快的游戏,就能轻而易举地教给他红的、绿的、圆的、轻的等形容词,而且儿子也乐意在这种方式中学习。

此外,在儿子体会到这种学习方法的妙处之后,我还让儿子手拿贴有砂纸的木片等物品，教给他粗糙、光滑等形容词。当然，这也会带来一定的负面效果，如婴儿总爱把拿在手上的物品放进口中舔咬。不过，只要爸妈多加注意，就能避免。

还有，让孩子的手尽可能发挥多种功能，对培养孩子的观察能力有重要意义。婴儿认识自己的手要花费较长的时间。为了让孩子尽早发现自己的手，让他的手多做一些事情是十分必要的。在孩子醒来时，他的小手习惯性地张开，这时我和妻子赶紧给他点东西让他抓住，平时就让儿子的手指得到活动，经常让孩子抚摸东西和拍手掌，这对锻炼手的功能非常有效。

我们另外的一种做法是，经常诱导儿子观察我的手，也有助于孩子了解手的许多功能。比如我拿着小摇铃摇动时，儿子也会高兴地挥舞着胳膊。在他八、九个月大时，我给他一支蜡笔和一张纸，我也拿一支蜡笔和一张纸。我在纸上画画，儿子也在纸上乱画。尽管他画不出任何东西，但说明他已经意识到手的功能了。

需要强调的是，我们对孩子进行的这种训练，决不能是强迫。因为孩子是有意识的生命体，只有顺其自然，才能收到较好的教育效果。我之所以培养儿子各种能力，只是为了不白白地浪费掉孩子的潜力，他也不会因为无聊而情绪低落，甚至哭闹不休，这就为他的未来奠定了基础，使孩子一开始就朝着健康的方向发展。

尽早开发儿子的三种能力

孩子的三种能力：记忆力、想象力和创造力，与孩子今后的成功有着密不可分的联系。如果只对孩子进行机械性的训练，是不会取得任何收获的，应该采取一些灵活有趣的方法，才有利于孩子的接受。

一位科学家说过："一切智慧的根源在于记忆。"

根据记忆"用进废退"的原理，早期教育可以大大提前记忆力发展的时间。特别是在婴儿时期，每天重复输入相同的词汇，不断地刺激孩子大脑里的词汇库，可以促进孩子的记忆力迅速发展。

为了让孩子牢记有益的经典故事，，我常常把有关如神话和《圣经》中的故事内容写在纸牌上。起初给他讲故事，然后把这些故事编成纸牌，以游戏的方式教孩子。有时我还和儿子一起读有趣的书，同时写出摘要。

儿子在很小的时候，就习惯把各种事情写成韵文来记忆，因为韵文比散文更易上口和记忆。儿子 8 岁时，我用骸骨教他学习生理学。一次，我不在家，他就用韵文写下了已记住的骨、筋肉和内脏的名称。等我回来后，对此感到相当的惊奇。

对历史事件的教育，我更多的是在儿子读过之后，再用戏剧的形式表演，以这样的方式加深印象也就容易记住了。而学校教的历史课，死板，毫无趣味，学生厌恶它，从而根本记不住。

鼓励孩子多动手、多思考、多提问，是培养孩子创造力的最佳途径。孩子不管怎么提问，或提出什么问题，我都耐心给予解答。

孩子在 1 岁多时，他开始玩玩具，这是很值得大人注意的事。只要孩子有兴趣，就要给予鼓励。如果孩子玩玩具的方法出人意料，不仅要夸奖他，还要鼓励他多想出几种方法来。

小卡尔两岁时，他母亲每天像上课一样讲故事给他听。她善于用类似于小说上的连载，用"且听下回分解"的方式诱导孩子去想象下面的故事情节。第二天，母亲在讲故事前，先让孩子说出自己的猜想，然后才接着讲下去。如果小卡尔自己猜中了，我们就高兴地欢呼，如果小卡尔续接的故事和母亲讲的相同，母亲就夸奖说："哎呀，我儿子编得比故事本身还好呢！"孩子的创造力就潜移默化地得到了锻炼。

人们的幸福有一半以上靠的是想象。不会想象的人不懂得真正的幸福。

无趣的人就事论事，不能发挥想象，进而排斥想象。他们甚至会撵走圣诞老人和仙女。他们的这种生活态度在无形中会影响到孩子的教育。他们总以为传说和不合情理的儿歌对儿童有害无益，更不懂怎样去陶冶孩子的情操。没有想象，没有圣诞老人和仙女的世界就如同没有伴侣和玩具一样，对孩子来说是残酷的。其实，孩子们只要懂得爱惜花鸟百虫，一草一木，具备一些最初的道德观念和对世界的爱心，并自小树立远大理想，都是受传说和儿歌的影响所致。

一个人在小时候，想象力如果得不到发展，他就不能成为一个人才。有人认为，富有抽象思维的科学家和数学家用不着想象，这是相当偏离事实的。想象力对于任何人都是非常重要的。

想象力是任何人都需要的能力。有丰富想象力的人,在不幸时他感到的是幸福,在贫困时他感到的是快乐。没有想象力是十分可悲的。

我们从不将仙女排斥在外,我经常给儿子讲传说和唱儿歌,让他知道仙女就居住在这个可爱的大自然里。因此,他从小就热爱大自然。同时,他还从这些传说和儿歌当中学到了许多优秀的道德和品质。

有的人否认神话对教育孩子的价值,并加以排斥,我却非常地喜欢。懂得神话的孩子与不懂神话的孩子,内心世界是不一样的,有的能够分辨善恶美丑,有的则完全是非不分。因此,讲述神话传说和唱儿歌,是让他们分清善恶是非的好方法。

为了孩子能够拥有丰富的想象力,我不仅给他讲述已有的传说,还讲述自编的故事,进而让他自己讲述自编的故事,并鼓励他把故事写成文章。

我和儿子各有一个想象出来的朋友,一个叫内里,一个叫鲁西。当我们不在一起时,就想象他们也在场和我们在一起玩耍。这样,儿子在任何时候都不会感到苦闷。

当孩子用木片和纸盒建造城市、宫殿玩耍时,家长往往为了室内的整洁,不打招呼就把孩子做游戏的道具给拿走。这种做法,对孩子是残酷的。不仅破坏了孩子游戏的欢乐和幸福,而且也有碍孩子发展成为诗人、学者、发明家……这样,在不经意间将一个天才给毁掉了。

孩子半个月时就开始学词汇

婴儿有某种智力发展的最佳时期。把握住最佳时机,对人一生的智力发展都起着关键作用。爸妈一定要抓住这个最佳时期。幼儿语言能力发展的最佳时期,是在3岁以前,因此需要尽早地教孩子学习语言。儿童越早使用语言越好,因为语言是进行思考和接受知识的工具,没有了这个工具,就会什么都学不到。

人类之所以取得今天的进步和成果,其原因之一就是使用了其他动物所不具备的语言。如果孩子不尽早地掌握语言,其本身所具备的能力就不能得到良好的发挥。如果孩子能在6岁以前掌握准确的语言,那么他的智力发展的速度是别的孩子无法赶上的。

当我强调要发展孩子的智力时，许多爸妈都感到惊异，认为这是不可取的。其实，做爸妈的只要稍加留心就会发现，婴儿从小时起就对人的声音和物品的响声十分敏感。这足以表明，早期开始教孩子语言是可行的。我建议从孩子生下15天时起，就教他学习词汇，刚可以辨别事物时就教他学习说话。

小卡尔生下15天，看到我的手指就想要捉住。刚开始由于看不准而总是捉不到。最后终于捉到了，他非常高兴，把手指放到嘴里不停地吮吸。这时我就用亲切而又清晰的语调反复发出"手指"的声音给他听，就这样，我不断地向他灌输词汇。

类似地，在儿子刚有辨别能力时，我就拿出物品给他看，与此同时，用和缓清晰的语调重复物品的名称。没过多久，小卡尔就能够清楚地发出这些声音来。

孩子学习语言不可能离开听和说，因此，爸妈要为孩子提供听的环境和说的机会。6周大的婴儿就会对说话的声音有所反应，这时要尽可能的试着与他交谈。要是照顾他的人沉默寡言，不去理会孩子，那么就减少了孩子说话的时间，听和说的能力也就不会很强。孩子也不是只有在和别人说话时才开口说话，很多时候，他会叽叽喳喳地"自言自语"，爸妈应该抓住这样的机会，尽量让他多说话，从而使他的听说能力更胜一筹。

只要孩子醒着，我们不是跟他说话，就是轻声给他唱歌。当他注视某一物品时，我会耐心地重复该物品的名称。如果我正在做着什么事情，我也会用亲切的语调告诉他我在做什么。爸妈对孩子说话的语言一定要准确、清楚、缓慢，要舒缓有致地重复。一旦孩子有所表示，比如微笑、踢脚或摇手，爸妈就应立即给以积极的回应和鼓励。孩子一旦开口叫出"爸爸"、"妈妈"，爸妈应该让孩子保持说话的热情，为孩子提供说话的环境和机会，爸妈可以教孩子唱儿歌、讲故事。等到孩子能说一些简短的语句时，要尽可能说简短的句子，让孩子去理解体会。

对于如何教孩子语言，我有一些十分有效的方法。

1. 发纯正的语音

从儿子能发出第一个单音节字母开始，我就耐心地教他"ma—ma—ma""Fa—Fa—Fa"等等。要是儿子自己发出"ma—ma—ma"等其他声音时，我都会马上予以回应并跟着说。而当我教孩子发"ma—ma—ma"时，如果他回应了，不管不是清晰不清晰，我都会给予充分的鼓励。在这时，一定要注意听清他的发音，不然，就会出现发音上的混乱。

我经常会在孩子睡醒内的一段时间内进行这种游戏，时间不会太长，一般以一小时为限。因为，此时孩子的情绪是最好的，所以，效果也会更好。我和他母亲发音时，都会让他看着我们的脸，当然，最好是能够看到嘴的动作，因为这样，更有利于彼此的交流。

要教孩子纯正的发音，不能太啰唆。比如，教孩子发"a"的音，直接教就可以了，完全没必要说一大段话。如果说多了，婴儿听不清就会说错。

2. 从身边的实物开始着手

我们都有这样的体验，在记忆外语单词时，想要记得多，往往是徒劳，然而，在读有趣的文章时记忆单词，要比独立记忆单词要有效得多。有一段时间，我为了要学好英语，就把韦伯斯特的袖珍小词典带在身边从头到尾背，但总是随记随忘，并没有多大收获。我况且如此，何况孩子呢？同样的道理，爸妈要想丰富孩子的词汇，仅用填鸭式的硬灌，是有害而无益的。由此可见，教孩子说话，不是轻而易举就能教好的，得下苦功夫。

想要教好儿子语言，不下苦功夫是不行的。在孩子稍大后，我和他母亲就教他饭桌上的餐具和食物、身体的各个部位、衣服的各个部分、室内的器具和物品、房子的各处、院子里的花草树木等所有能引起他注意的事物名称。总之，看到什么就教什么，也教给他一些形容词和动词，让儿子的词汇日渐丰富起来。

晚饭后和孩子一起散步，是我们有意安排的活动。从家里到村口的教堂，一路上我看到什么讲什么，孩子因为对周围万物都充满了好奇心，一出门他便雀跃似地指这指那，同时也提高了语言能力。

在进行这一教育时，一定要循序渐进，先易后难。刚开始，应当教一些比较容易发的音和一些简单的短语，只要坚持，持之以恒就一定会有收获。

3. 通过讲故事把孩子与世界联接起来

在儿子能听懂话的时候，我和他母亲就每天给他讲故事。讲故事是一种行之有效的教育方法。由于孩子对这个世界一无所知，因此，通过讲故事来增强他和这个世界的亲和力，是十分有必要的。讲故事还可以锻炼孩子的记忆力、启发想象、扩展知识。

除了讲故事外，还选择好书，用清晰、缓慢的语调读给他听。在选书的时候，我建议爸妈采用《圣经》，《圣经》是举世无双的，把它读给孩子听是最好不过了。爸妈用清晰明朗的声音给孩子读书，是教孩子学好语言的最佳方法之一。此外，孩子的优秀品质也因此而得到培养。在讲完故事后，应当要求孩子进行复述，这一切都是为了让孩子融入到世界中。

在儿子还不会说话时，他母亲就给他讲希腊、罗马、北欧各国的神话和传说。等他会说话以后，母子两人就试着表演这些神话。我们向孩子讲述《圣经》故事时，有的故事还用戏剧的形式演出。

通过这样生动的教育，效果令人非常满意。儿子到五六岁时，就已轻松记住了三万多个词汇，即便对于一个15岁左右的孩子来说，也是一个了不起的数字。

4. 尽快丰富孩子的词汇

尽早丰富孩子的词汇，让他们懂得每个词的含义，是最重要的一点。凡是他还不认识的事物，我们千万不要用“这个”、“那个”等指代名词，只有儿子很熟悉的事物，才用代词来称呼。在给儿子讲道理的过程中，遇到他不理解的词汇，我们会耐心地解释，决不回避。这并不是让他立刻就记住或者听懂，而是要教给孩子学习的正确态度和方法。如果大人在传授知识的时候对难点采取回避态度，孩子跟着就学会了“不求甚解”的坏习惯，这对他今后的发展是十分不利的。

德国有许多脍炙人口的童谣。在孩子很小的时候就教给他这些童谣，并要他记住。这样对丰富孩子的词汇大有好处，而且孩子的智力也在这个过程中很快地发展起来。儿子不到4岁时，就开始主要阅读一些诗歌。

5. 纠正孩子不规范的语言

我反对教给孩子不完整的话和方言，比如教孩子“哑哑”（乳房）、“丫丫”（脚）、“汪汪”（狗）之类的。这对孩子语言的发展有害无益，这一点爸妈们要引以为戒。

当然，学习不完整的话和方言对孩子来说比较容易，因此，许多爸妈就认为孩子从这些不完整的语言学起是没有什么坏处的。事实并非如此，孩子在两岁左右，爸妈如能清晰、缓慢地教他说正式语言，通常情况下，孩子是能够说得出来的。爸妈如果不教孩子本来能够学会的东西，是十分愚蠢的。正如一个东西如果不去使用，就难以评价它的作用和价值了。

事实上,“汪”或“丫”等词汇虽然相对要容易一些,但同样也会给孩子带来负担。规范完整的语言是孩子迟早要学的语言,而那些不规范的语言却是他们迟早要抛弃的。让孩子学两套语言,必定会给孩子造成负担,这种教育方法是十分不恰当的。因此,做爸妈的绝不能教孩子不规范的话,以免浪费孩子宝贵的光阴。

有些爸妈认为,教孩子说这些话很有趣,却让孩子付出了沉痛的代价。害处远不止这点,有不少的孩子,到了十几岁,发音还不清楚,这就是爸妈教育不当的结果。学校里的老师为了纠正学生不正确的发音的消极做法,常常比他们用于积极劳动所花费的时间和精力还要多,这是多么可悲可叹的事情!

然而,社会上毕竟还是有这种爸妈。他们视孩子为玩物,以孩子发出的错音、说出的错话为乐。不仅不帮助孩子纠正错误,反而一错到底,盲目引导。这样下去,孩子将永远无法发觉自己的毛病,以致形成不良的习惯,日后就更难纠正了。

孩子如能正确地运用语言,意味着就能正确地思考。如果从小就让孩子使用那种似是而非的语言,那么就难以把孩子训练得思路清晰。庆幸的是,从小我就教儿子尽可能地说优美而准确的德语。

当然,在教儿子语言时,也教一些俗语。因为不用俗语有些话的意思就不能完美表达。很多俗语也是时代新现象新观念的体现。所以以偏概全地排斥俗语是不可取的。不过我不会教儿子不完整的语言,通过完整的语言教育,很快就收到了良好效果,孩子还不到一岁时,他就能纠正我的朋友将狗说成“汪汪”等不规范的说法,这对别人来说很惊讶,但对我来说却是理所当然。

6. 让头脑里装有明确的词汇

在语言教育的过程中,我总是反复清晰地发标准的德语给孩子听。

只要孩子发音准确,我就给予鼓励:“说得好,说得好。”当孩子发音不标准时,我就对妻子说:“你看,卡尔刚才说的那句话不标准。”于是妻子就说:“是吗?我的孩子连那样的话都说不好?”我是当着妻子的面故意这样说的,这就激起了卡尔拼命学标准语音的劲头,经过不懈的努力,卡尔从小发音就非常的标准。

在词汇学习上,我始终坚信:要想有清楚的头脑,首先必须有明确的词汇。因此,我不只是让卡尔停留在儿童式的表现方法上,还要进一步地教他逐步了解和使用更复杂的词语，并且力求生动准确，决不用词含糊。为了做到这一点，我和妻子默契配合，以身作则，做到严格要求，不纵容，在平时坚持力求发音标准，语言规范，精选恰当的词汇。

我和妻子不仅做到这一点，连仆人们也都严禁说土语和方言。因为儿子与仆人的接触十分频繁，很容易受到影响。我只让儿子记住标准的德语，只要记住了标准的读法，他就能够轻松地理解书本上的意思。

在读音上，方言和土语与标准德语差别甚大，在语法上也不够规范、标准。只说方言和土语的人，一般很难再学会标准德语，尤其是已经接受了方言和土语的孩子，所以我只许我的孩子记标准德语。我家里有一个忠心耿耿的老仆人，为我服务了几十年，我非常尊重和信赖他。可能是年龄太大的缘故，他时常都是满口土语。小卡尔出生以后，我多次要求他讲标准德语，但结果比他说土语还糟糕。当时儿子正处在学习语言的节骨眼上，我虽然不情愿，但还是忍痛将他劝退回家。辞退老仆人自然令我难过，但是，为了孩子在语言上进步，我觉得任何的牺牲都是值得的。

对孩子来说，语法是不重要的，更是没有太大的必要。因此，在儿子 8 岁以前我从没有教过他语法。孩子们其实都十分喜欢说话，他们会将已经学过的单词反复地说着玩，这是天性。我就利用这种天性，用精选的语句，将孩子能理解的有趣故事表达出来让他记住。对这些东西，他不仅能很快地记住，还能高兴地复述着。以后，我把这些短文翻译成各国语言让他说，他同样能很快记住。

在人的一生中，1~5 岁是最有语言潜能的时期，作为爸妈，一定要好好把握，千万别错过良机。

第四章

用正确的方法教育孩子

寓教育于游戏中

经过我对儿子进行的早期教育，儿子显得更聪明，更机灵，反应更快，其他各方面的能力也更强。我认为，在智力上儿子已作好了充分准备，所以，我在他两岁时就教他认字，不过我决不采用任何强制性的手段。“不能强迫施教”，这是我所推行教育的一大法则。

只有孩子兴趣盎然，才能获得事半功倍的效果。这就首先要努力唤起孩子的兴趣，最好方法就是用游戏进行教育。这种优越性早已在早期训练里证实。

游戏是动物的本能。小猫戏弄老猫的尾巴，小狗和老狗互相咬架，这都是动物的游戏。小猫戏弄老猫的尾巴，是为了培养它将来捕捉老鼠的本领。同样，小狗和老狗互咬，也是为了发展它将来能咬死野兽的生存能力。很明显，动物们训练后代的技能都是在游戏和玩耍中完成的。

我也是采用游戏的方式对儿子进行教育的。在他 6 个月大的时候，我就在他的房间四壁大约一米高的地方贴上厚厚的白纸，白纸上贴着用红纸剪下的文字和数字。白纸的其他地方，有秩序地贴上简单的单词，如：猫、狗、老鼠、肥猪、兔子、帽子、席子、桌子、椅子等等。需要注意的是，这些单词都是些名词。在另一地方并列贴上从 1 到 10 的十行数字，在某处画上乐谱图。

鉴于婴儿的听觉比视觉发达，我决定先从听觉入手，教孩子学习 ABC。当我指出某一字母时，我妻子就像唱歌似地唱给卡尔听。毕竟，儿子只是一个半大的婴儿，所以，他对母亲所唱的歌谣感觉就像是耳边风。我和妻子并不生气，仍然坚持每天唱给他听，指给他看，终于，孩子能够轻松的识字了。这为他后来学识字打下了坚实的基础，使得识字变成了一种轻松愉快的事情。

在教孩子识字时，我也采用了同样的方法。为了唤起小卡尔的识字兴趣，我买来许多儿童书和画册，饶有兴趣地讲给他听，用一些带鼓励的话来激发他幼小的心灵，如“你能识字，这些书读起来是非常有意思的……”之类的话语。有时，我索性不将书中的故事讲给他听，而是故意说：“这个画册上的故事非常有趣，可是爸爸现在很忙，没有时间给你讲。”这样，在一定程度上激发和唤起了孩子一定要识字的强烈欲望。等到儿子有了这种欲望后，我才开始教他识字。

我将买来的德语印刷体字母、罗马字母以及阿拉伯字母都贴在十公分的小木板上，让儿子在游戏中认识和学习这些新知识。起初教元音，然后在玩耍中运用拼音游戏的方式教儿子组字。具体的操作是：先让儿子看画册上面的猫，接着教他“猫”这个词的拼法，并指着墙壁上的单词重复地发“猫”的音给他听，然后我从文字盒中拿出拼成这个单词的全部字母组合成“猫”这个词。所有这些，都是由我和小卡尔一起以游戏的方式来完成的。儿子学习时，我会适当地鼓励和表扬他。我并不急于求成，常常是让儿子适度地、循序渐进地反复练习，几天来慢慢地掌握这些单词。

我还制作了许多小卡片，上面画上憨态可掬的小动物、房子、树木等，下面标出名称。我把这些卡片贴在餐厅、厨房、客厅和儿子卧室的墙壁上，让孩子可以常常看到，以便给孩子留下深刻的印象。我们还常常利用这些卡片和孩子做游戏、编故事。

每次外出散步，刚看到马车、教堂、河流或是其他一些事物，我就问孩子怎么念，怎么拼。这些方法十分有效，因此，儿子认识的字也越来越多。

识字多了，随之孩子掌握的词汇也会丰富起来，加之他学的是标准德语，结果他能很快地自己读书了。

如何教儿子学外语

教育孩子语言、识字都取得了令人满意的效果，这很让我鼓舞，但并不因此满足，我更大的目标是让孩子尽早打下学会一门外语的基础。因为掌握多种语言，更有利于孩子正确地理解词义和积极的思考。

根据先易后难的原则，在掌握本国语读法的基础上，我让孩子学习相近的外语。儿子在6岁时能用德语自由地阅读后，我马上开始教他法语。因为方法运用得当，仅用了一年的时间，儿子就能自由阅读法文书籍了。当然，他之所以学得这样快，主要得益于他有着非常丰富的德语知识。

学完法语后，我又开始让他学习意大利语，只用了6个月的时间就学会了。这时我认为，可以教他拉丁语了。一般学校里都规定，学外语要先从拉丁语学起。但我并不这么认为。最合理恰当的方式是从跟德语最相近的法语学起。因此，我就采用了这种先易后难的方法。

拉丁语是十几岁孩子最头痛的语言，更不容易学。所以我是经过了充分的准备后才开始教儿子拉丁语的。为了提高儿子的学习兴趣，我在教拉丁语以前，先将威吉尔的《艾丽绮斯》中优美的文体、故事情节以及一些高超的思想讲解给儿子听。我还对他说，要想成为优秀的学者，就必须学好拉丁语，这样，就将小卡尔的好胜心给激发起来了。

儿子7岁时，我经常带他去参加莱比锡音乐会。有一次，在中间休息时，他看着印有歌剧歌词的小册子对我说："爸爸，这是拉丁语。"我趁机启发他："不错，那么你想想看，它是什么意思？"他依据所学的法语和意大利语类推，基本明白了大意。他高兴地说："爸爸，如果拉丁语这么容易，我很想早点学会它。"

我认为教拉丁语的条件已经成熟，于是就开始教他拉丁语，结果，他只用了9个月就学会了。然后，卡尔开始学英语，学完英语又学希腊语，分别只用了3个月和6个月。

卡尔学希腊语比较有意思，整个过程基本上是一个阅读巨著的过程。他是从背诵常见的单词开始的。我为他做了希腊单词和德译卡片，他首先从这些卡片掌握了一些单词后，就立即转入译读。

最初，他读的是《伊索寓言》，接着，又读了色诺芬的《从军湖》。像教其他几种语言一样，我并不系统地教授语法，只是随时让孩子坐在我的桌子旁边学习。当时德国没有希德辞典，只有希腊拉丁辞典。所以，孩子在学希腊语时，不得不一个单词一个单词地来问我。无论我工作多么繁忙，从未对卡尔的提问发过脾气，总是一边耐心地教他，一边从事自己的工作。

就这样，卡尔又读了希罗多德的历史学巨著、色诺芬的《宝典》、《苏格拉底言行录》、提奥奇尼斯和莱尔丘斯的《哲学家列传》，以及洛西昂的著作。卡尔7岁的时候，还读了柏拉图的《对话集》。

卡尔学完这些语言时刚8岁，他已经完全能够读荷马、波鲁塔柯、维吉尔、西塞罗、奥夏、芬隆、弗罗里昂、裴塔斯塔济、席勒等文学家的作品了。

很多人都害怕学习外语，完全掌握6国的语言需要大量的时间和精力，然而，卡尔却用这么短暂的时间就全都学会了，很多人为此不解，认为这里面肯定有什么秘诀。其实没有什么，不过我自己悟出了一套行这有效的方法。

1. 用“听”来学习外语

拉丁语是德国学校的必修课，学习其它的语言和研究学问都离不开它，但大多学生都对之毫无兴趣，这完全是学校的教育方法不当引起的。在我看来，这是由于他们没有打下学习拉丁语的基础。为此，在小卡尔摇篮时期起，我就为他以后学习拉丁语打基础了。

我的说法有些人肯定觉得前后矛盾，更奇怪我怎么可以教导一个什么也不懂，只会吃和睡的婴儿。其实这一点都不难，只要让孩子倾听就可以了。这个时期，婴儿只善于用耳听，而不善于用眼睛看。于是，我就利用听的办法来教小卡尔学习拉丁语。一旦儿子睡觉醒来情绪非常好，我就缓慢清晰给他读《艾丽绮斯》，小卡尔很喜欢这些叙事诗，这些诗不仅写得出色，而且还是很好的摇篮曲，儿子每次听着听着就安静地入睡了。小卡尔有了这样的基础，因此在学习拉丁语的时候就觉得很轻松，而且很快就可以流利地背诵《艾丽绮斯》了。

孩子们厌恶拉丁语，主要是学校里这种机械呆板的教育方法导致的，是应当受到批评的。有一次，卡尔同某位拉丁语老师交谈，结果那位老师听不懂卡尔说的内容，而卡尔当时才8岁。学校教拉丁语的弊病是，只会让孩子学成不能说的外语。

2. 把学习和生活实践联系起来

我从不系统地教给孩子语法，即使教孩子，他也不会完全弄明白。诚然，对成年人来说，以语法为纲来学习外语是有效的。但是，对孩子则必须采用“与其背莫如练”的方法。因为，孩子都是用这种方法学会国语的。

通俗易懂的诗最容易记忆，所以，我教语言时总是先教些诗歌，以此来激发孩子的语感。一理孩子掌握了一些基本知识，我就要求孩子把它运用到日常生活中来。一般地，孩子学什么语言，我们就用什么语言交谈。孩子若是遇上不会表达的地方，我就会想办法让他自己想出表达的方式来。儿子要是遇到不会说的地方，用德语来和我说话，我是不会搭理他的，让他想办法用正在学习的那种语言，把本想要表达的意思表达出来。

同时，我还要求他看所学语言的书籍，因为要学好一种语言的最好办法，就是看懂该种语言的书，任何语言最精华的部分都在书里。当遇到不懂的单词时，让他自己去查辞典，随着查辞典次数的减少，表明他已大大提高对那种语言掌握的程度。

此外，我还鼓励孩子与外国孩子通信。学习希腊语时，让他给一个希腊孩子写信，不久，从希腊就有了回信，孩子高兴极了。从此，他对希腊非常的感兴趣，阅读了很多关于希腊的书。

接下来他就和意大利、英国的孩子通信了。这些国家也引起他极大的兴趣，他还富有兴致地研读这些国家的地理和风俗习惯。就在同外国朋友的通信中，小卡尔的外国语水平有了明显提高。

3. 用不同的语言读同一个故事

看过一遍小说后就不愿再看了，而我却发现儿子却乐意反复多次地听相同的一个故事。我充分地利用孩子的这一特点，在教外语时，我让他同一个故事用几种不同的语言去读。比如，在读安徒生童话时，既让他用德语读，又让他用法语、意大利语、拉丁语、英语和希腊语读。这一方法很灵验，孩子将不同的语言融会贯通，学习起来自然事半功倍，又轻松自然。

4. 弄清词语的根源

弄清词源可以说是一举多得的好事情，是学好外语的有效方法。为此，我让小卡尔从小就这样做，并记录了几本笔记。例如，为了让孩子记住某一个拉丁语单词，总是鼓励他去调查由此产生出了哪些现代词，并把结果记在笔记本上。这样，他既学会了那个拉丁语单词，又记住了由此派生的现代词，对语言发展变化的规律也有了直观的认识，更有助于对语言内在联系的理解和认识。

5. 最好的办法是在游戏中学习

我再次提醒家长们，孩子掌握语言的能力是非常惊人的，主要看爸妈们是否采用了最有效的教学方法。在学习中跟孩子们做各种游戏就是最有效的办法。

在孩子刚学会说英语时，我就把“您早”这句话用 13 种语言教他，他很快就学会了。我的方法是，让孩子对着代表 13 个国家的 13 个玩具娃娃，用该国的语言说“您早”。根据孩子爱玩、好动的特点，我和他利用语言做各种游戏，比如讲故事、说歌谣、猜谜语、比赛组词造句、编动作、说谚语、编故事等等。在游戏中学习既生动又有趣，孩子对语言的掌握自然日有所长。

模仿写字是教育孩子的好机会

在小卡尔学会拼音后，我又开始教他拼写。由于孩子什么都要模仿大人，当他在模仿我用笔写字的时候，我就把握时机教他用笔写字。我尽量教会儿子正确用笔写字的方法，小卡尔起初用笔的时候拙手笨脚，甚至还将墨水瓶弄翻。一段时间后，我的耐心教育终于收到了令人满意的效果，儿子很快就学会了用笔。

儿子第一次提出要用笔来写字时，我并没有给他钢笔，而是给他用炭笔，并鼓励他写好自己的名字。小卡尔将名字写出后，他母亲为之惊讶。这个效果，使卡尔喜不自胜，经过几天的努力，他终于能够漂亮的写出自己的名字了，这年他才4岁。在小卡尔5岁时，我们全家外出旅行住旅店的时候，我让儿子自己在登记簿上签名，小卡尔的行为和笔迹让旅店老板惊讶不已。

在儿子学会简单的句子后，我就让他养成每天写日记的好习惯，他从4岁就开始写日记了。每当外面刮风下雨，不能到室外玩的时候，儿子就拿出日记本写日记，他回想幼年时代的情景觉得非常有乐趣。

爸妈在教育孩子的时候，应该教孩子养成写日记的习惯，这富，让他们在培育自己孩子时得到益处。

记这种日记的另一好处是能让爸妈保持热心和坚忍不拔的精神。怎样培养孩子没有人去监督，所以即使该做的事不做，计划好的事不实行，随意变更计划，也绝不会有人来制约的。由于爸妈们有绝对的自由，所以很容易忽视自己的职责。然而育儿日记能够随时对爸妈提出忠告，促使爸妈以满腔热忱和坚忍不拔的精神，努力按照预期的计划来教育孩子。

培养儿子多方面的兴趣

有人可能会认为，我这么努力地对卡尔进行教育和训练，他的生活一定是单调乏味的。事实上并非如此，我非常注重引导儿子从多方面来获得乐趣，所以小卡尔的生活很幸福、很快乐。

读书是孩子最重要的乐趣。爸妈应当要注意选择好书，孩子第一次读的是什么类型的书，往往决定着他将来喜欢看什么样的书，幼年时期读的书，常常能左右这个人的一生。

为了引导儿子读书，我采用了一些巧妙的办法来。年幼的孩子最喜欢听故事，听故事可以丰富孩子的知识，还可以成为指导孩子阅读书籍的桥梁。我在给儿子讲故事时，经常运用生动的语言、形象夸张的表情以及不同的手势来绘声绘色地讲，甚至有时候站起来模仿故事中的人物，来增加故事的吸引力。小卡尔常常听得入迷，如痴如醉，有时也禁不住跟着我一起手舞足蹈。不过，我总是在讲到最有趣的地方停下来，告诉儿子这个故事在哪本书中，鼓励他在阅读中寻找乐趣。

儿子不仅可以在书中寻找到乐趣，还能够在音乐中找到。诗人歌德说："为了不失去神给予我们对美的感觉，必须天天听点音乐，天天朗诵一点诗，天天看点画儿。"所以，让小卡尔接触音乐是非常有必要的。据说，不会唱歌的人的寿命往往比善于唱歌的人的寿命短，这是因为，不善唱歌的人心情压抑，而喜欢唱歌的人心情总是快活的。让有神经质的孩子养成爱唱歌的习惯，他就会变得快活起来。

当然，不可能每一个孩子都能成为音乐家。然而，人的生活里，完全没有音乐是决不会快乐的。即使自己不会，至少也要懂得感觉和欣赏。也许，有的爸妈觉得，既然孩子不能成为音乐家，那么就没必要浪费时间来教他音乐，这种认识是错误的。因为没有艺术滋养的生活，就如同荒野一样枯燥无味。为了孩子幸福的将来，爸妈有义务让他们有音乐和文学的修养。

懂得音乐的人，生活是非常幸福的。所以，我在儿子很小的时候，就努力使他学会欣赏音乐。

在儿子学会ABC等字母的读法后，我就教儿子乐谱的读法，还经常做这方面的游戏。具体方法是：在屋中把东西藏起来让他找，这是孩子们经常爱玩的游戏，但不同的是，我为了让游戏更有意思，我会利用上钢琴。当儿子一走近藏东西的地方时，我就渐渐弹出低音。如果走远了，就渐渐弹出高音。要是儿子不注意听声音的高低，那么，藏起来的东西就很难被找到。这对训练孩子的听力很有帮助。

孩子们对节奏都比较敏感，所以我就从这方面来开始训练儿子。孩子不会说话时，我就用手打拍子。没过多久，我买来了小鼓，教他按照打拍子的节奏来敲鼓。过了一段时间，儿子学会了击鼓，我又买来了木琴，让儿子敲打，与此同时，我还教他玩弹钢琴的游戏。我指着墙上的乐谱，让儿子依照乐谱来摆琴键。不久，儿子就可以弹奏简单的曲调了。

儿子从小就喜欢玩弄钢琴等乐器，于是，我把握住这个机会，鼓励他继续练习。我只要稍微给小卡尔一些帮助，他就有自己编出各种曲调。小卡尔将自己创作的曲子全都记在笔记本上，这和他幼年的日记一样，等他长大成人后拿出来看看，这也是很有乐趣的事情。

教孩子练琴，不能只注重技巧。我有一位朋友，为他的孩子聘请了一位专业的小提琴老师，一年之中，老师只教练习技巧。结果，导致这个孩子不仅没有学会小提琴，反而对小提琴产生了厌恶。而教我孩子的那个小提琴老师没有采用这种教法。孩子练习小提琴时，我总是用钢琴来给他伴奏。所以，小卡尔学得很开心，很快就对音乐产生了浓厚的兴趣，他的钢琴与小提琴演奏自然都非常出色。

唤起孩子提问题的兴趣

卡尔有多方面的兴趣和爱好，并且从事着各种活动，可有些人还是认为坐在书桌前是他唯一的生活内容，什么也不会做。甚至认为，他可能除了学究式的知识和一点外语外，别的方面一窍不通。事实并非如此。跟小卡尔有关系的人都承认，他花费在书桌前的时间比任何一个孩子都少。

卡尔是一个活力十足的孩子，它把大量的时间用在了尽情的玩耍和运动上。在学习方面，小卡尔除了学习外语外，还轻松地学习了数学、物理学、化学、植物学、动物学等学科。

大家一定想知道我用了什么独特的方法，让儿子学习起来既轻松愉快又能学到如此丰富的知识。其实方法很简单，关键在于想方设法唤起孩子的兴趣，并让孩子在脑中形成疑问。

小卡尔三四岁时，早餐前我都要带他出去散步一两个小时。这种散步不是简单的溜达，而是一边谈话一边散步。比如我总要抓住一些有趣的问题讲给小卡尔听。儿子的想象力十分丰富，思维也很活跃，往往能够顺着我的话意，想象着航海去中国和印度，有时又到白雪茫茫的北极探险，一会儿谈到尼罗河，一会儿又是锡兰森林，有时还谈到几千年前斯巴达人攻打特洛伊城，还有亚历山大的军队远征西洋时的情景。就这样，在散步间的谈话，小卡尔就学到了历史和地理的相关知识。

很多时候，走在花草茂盛的乡间小路上，我们能经常能看到从草丛里冒出一些不知名的野花。这时，我通常会顺手摘下一朵，叫小卡尔过来一起研究。于是，儿子就会很好奇地凑过来，仔细地听我讲解，我一边解剖这朵花，一边向孩子讲解花的生长特点和花的用途。

有时候，会从草丛中突如其来地蹦出一只蚱蜢，我眼疾手快地一把它抓住。这时候，我们父子俩就会蹲下来一起研究。我会把蚱蜢的身体结构、习性、繁殖等知识尽可能详细地传授给儿子。就这样，我通过一块石头、一草一木等实用素材来对儿子进行的最生动教育，这要比学校里老师教授的那些死板僵化的动植物课程有趣多了。

处处留心皆学问，爸妈只要留心，自然界的一草一木都能成为教育的好素材，孩子注意与认识的对象可以是自然界新诞生的一切事物。世界再没有比大自然更好的老师了，它能教给人无穷无尽的知识。可遗憾的是，大多数爸妈和孩子未能好好地去利用它。

每逢节日，我都要带儿子到田野里去，摘下一朵花，拔下一棵草，砸碎一块岩石进行观察，窥视小鸟的窝，观察小虫的生活状况等。我利用这些实物向儿子讲述各种有趣的故事，涉及几乎所有的科学领域。卡尔非常喜欢植物，他从大自然界中采集了大量的植物标本，他还非常喜欢用显微镜观察，同时，还写出有关观察各种事物的极为有趣的散文。

儿子一开始非常害怕青虫。当他知道青虫会变成美丽的蝴蝶后，他就不害怕了。我还向他讲述蚂蚁和蜜蜂的生活习性和规律，儿子对它们的集体生活很感兴趣，专心研究了蚂蚁和蜜蜂的生活，写出了很有水平的论文。

不少父母都苦恼孩子的不良行为。我认为，孩子的不良行为是由于孩子富有精力却又无用武之地而造成的，这无疑是在浪费精力，要是将他们带到大自然中去，那么他们就不会把多余的精力浪费无意义的事情上。接触大自然能使孩子的心地善良，自古以来，和大自然感情融洽的人都是心地善良宽厚的人。与大自然接触，不仅可以强壮孩子的身体，还会使孩子的精力旺盛。城里的孩子大多由于远离大自然，很少呼吸到新鲜空气而导致心情不佳或性格怪异。

正是由于融入大自然有着其他事物不可相比的作用，我尽量让儿子多接触自然界。在家里经常安排他搞园艺，栽培花草和种植马铃薯等农作物。儿子很喜欢做这些事，每天给它们浇水、除草，观察它们的生长情况，乐趣横生。每以夏天，我会带他到森林附近住一阵子。森林对孩子来说是最好的教科书。晴天，我就带儿子到森林中游玩，让儿子学习一些诗人歌颂大自然的优美诗句。沐浴在晴空里，呼吸着新鲜空气，立足于肃静的大地朗诵古人的诗，是件非常令人愉快的事情。

卡尔还养过小鸟。他有两只金丝雀，一只叫菊花，一只叫尼尼达。他训练金丝雀很有一套，金丝雀很听他的指挥。它们能随着小提琴唱，又能站在手掌上跳舞。儿子弹钢琴，小鸟就站在他的肩上。叫它们闭上眼睛，就闭上双眼，读书时叫它们翻开下一页，它们就用小嘴翻到下一页。

此外，他还饲养小狗和小猫。在饲养这些动物时，为了调食、喂水，孩子不得不注意力高度集中，这样既培养了他的专注之神，又培养了他的仁爱之心。

罗森布鲁姆的数学教导方法

在教卡尔学习各学科知识的过程中，数学是最难让孩子产生兴趣的学科了。因为其他的学科，如地理学、动植物学等，能够让孩子到大自然中去实地接触，可以在游乐玩耍中就学到很多知识，兴趣自然会高涨。而数学是一门非常抽象的学科，它靠的是人的思维能力。因此，数学对好动爱玩的孩子来说，就太枯燥乏味了。

起初，小卡尔对数学也不感兴趣，虽然我早就通过做游戏的方法轻松地教会了他数数、数字和数钱。然而在教儿子乘法口诀的时候，就遇到了难题，儿子有生以来第一次厌恶学习了。可见就算是5岁的孩子，对于死记硬背也是不感兴趣的。后来，我将乘法口诀编成歌谣来让儿子唱，他还是不感兴趣。

这时我真的担心了。当孩子5岁时，就已经学会了3个国家的语言。他还掌握历史和文学等学科的知识，还懂得植物学、动物学、地理学，相当一个初中毕业生的水平。可是数学却是他的薄弱环节，连学乘法口诀都很困难。我担心小卡尔在学习上有些偏科。让儿子得到全面均衡的发展才是我的理想，让他在成长中拥有真正的幸福。小卡尔有偏科的倾向，这显然是不符合我培养孩子的理想，一个局限于片面的人是不会真正幸福的。

那段时间，我为此烦恼不已，即便这样，我还是没有强制他死记乘法口诀。我知道，强迫孩子学习是没有任何好处的，因为这样容易扭曲孩子的性格。

幸运的是，我内心的忧虑，在与罗森布鲁姆教授的一次幸会中被解开了。罗森布鲁姆是我的朋友格拉波茨牧师的朋友，他是数学教授，数学教学技巧相当高明。那天，我到这位牧师朋友的家中拜访时，幸遇到了罗森布鲁姆教授。

在我说出心事后，罗森布鲁姆教授一语中的："你的孩子对数学没有兴趣，不是片面发展，而是你的方法不对。因为你不能有趣味地教数学，所以他也就无兴趣去学它。你自己喜欢语言学、音乐、文学和历史，所以能有趣地教这些知识，教授动物学、植物学和地理学你也很有一套，你儿子也就能学习。对于数学，由于你自己不喜欢它，因而就不可能很生动有趣地教他，结果小卡尔不愿学习数学自然是情理之中的事了。"

在罗森布鲁姆在说完这番话后，又十分热情地教给我培养孩子学习数学的方法。我将此教法用于孩子身上，取得了十分满意的效果。

他的建议首先是让孩子对数学产生兴趣。例如：把豆子和纽扣等混装纸盒内，父子俩各抓出一把，数数看谁的多；或者在吃葡萄等水果时，数数水果里有多少种子；或者在帮助女佣人剥豌豆时，一边剥一边数不同形状的豆荚中各有几粒豌豆。

我们还经常玩投掷骰子的游戏。开始是用两个骰子玩，玩法是把两个骰子一起抛出，如果出现3和4，就把3和4加起来得7分。要是出现1和5、2和4、或是3和3时，就得到6分，这时就有接着玩的权利，每次将得分记在纸上，玩3次或5次之后，计算出总分，决出胜负。

卡尔非常喜欢这类游戏，但在小卡尔投入到做这种游戏的兴趣中之后，我仍按罗森布鲁姆教授的建议，每次游戏不超过一刻钟。理由是所有数学游戏都很费脑力，一次超过一刻钟就会感到疲劳。在这一游戏玩了两三周以后，我们又把骰子改为三个、四个，最后达到了六个。

我们还将纽扣和豆子等整齐地排列起来，依照乘法口诀来分成相应的组数，让儿子去数纽扣和黄豆各有多少，并把结果写下来，然后，再将这些结果做成乘法口诀表悬挂在墙壁上。这样，小卡尔就很容易地懂得了一二得二，二二得四的道理，更复杂的口诀也能够用这种游戏继续做下去。

为了能将数学知识运用于生活实际，我还经常同儿子做模仿商店买卖情景的游戏。儿子做店主，我跟妻子当顾客，所卖的物品按不同的计量单位，价格是按着实际的价格，钱也是真正的钱。我和妻子经常到儿子经营的“商店”里买各种物品，用钱交付所需款项，卡尔也按正规的价格表进行运算，并找给我们零钱。

就这样，我坚持按照罗森布鲁姆教授的方法来教儿子数学，没过多久，小卡尔就对数学产生了兴趣。孩子一旦有了学习兴趣，以后的教学自然水到渠成，儿子从算术到代数、几何的学习一直都非常顺利，后来他不仅对学习数学产生了浓厚的兴趣，而且还深深地爱上了数学。

决不用填鸭式的教育

对儿子，我决不使用填鸭式的教育。我对用这种办法来教育孩子极为反感。

对孩子一股脑儿的知识灌输，孩子的感知功能因此会丧失殆尽，对强行塞给大脑的东西更不可能很好地接受，对那些抽象的原理与公式，完全没有真正地理解和掌握。

打个比方，灌输式教育就像给孩子喂饭，不管孩子需要不需要，能接受不能接受，只是强塞硬灌，给孩子喂各种各样的食物，结果只能是造成孩子消化不良，不但不能达到给孩子增加营养，反而吃伤了胃，最终只能对孩子造成伤害。这样使孩子既难受，又学不到任何有用的知识，只会成为死板的知识接收器。我不能把我儿子培养成这种人。

而我的做法是，首先，唤起儿子的兴趣，然后，根据其兴趣进行恰到好处的引导。为了做到这一点，我从不对儿子灌输系统性的知识，也从不事先告诉他哪是植物学上的问题，哪是动物学上的问题等等，或是先按照课本教给他一些基础知识。这些都不符合儿童的思维习惯，我决不会这样做。与儿子一起散步时，儿子对某种事物引起注意，我就会教他相应的知识。因此，当儿子后来阅读动物学和植物学的书籍时，书上的内容对他来讲并不感到陌生，并且很容易理解。

以我教他画地图为例，由于没有地理方面的知识，他很难理解地图这个概念。不过一开始就让5岁的孩子去掌握地理课本上的东西，显然会很容易丧失兴趣。我的方法是：对儿子的地理教育，一定要身临其境，这样可以对地理学上的概念有一个直观生动的认识。

那时候，只要我一有空，便会和儿子一起去周围的村庄散步，叫他注意观察不同的地形、地貌、河流的走向、树林的分布等等。为了让孩子有全面的了解，我们走遍了方圆几百里的所有区域。儿子因此兴趣浓厚，从不叫苦叫累。晚上回到家时，他还把当天的所见所闻详细向他的母亲讲述一遍，从中我们发现他对地理环境的描述已经相当准确。

实地勘察一段时间后，对邻村的情况有了基本了解，我就让儿子带着笔和纸，登上我们村子附近的一个小山丘，瞩目远眺，以前走过的地方全在眼皮底下，我还适时地向儿子提问有关周围的地名，他不知道的地方就给他说明。在对这里的全貌有了一定的了解后，我就要求儿子画出周围的地理略图。因为准备工作做得比较充分，他画出的略图大致准确。然后我又带着他循原路去散步，一边走一边记，在略图上添上道路、树林、河流、丘陵等。这样邻村的地图便被儿子画出来了。

等到这些工作完成以后，我们俩又去书店买了这个地方的地图，将画的和买的地图进行对比，并对有错误的地方作了修改，最后，儿子得到了他平生第一次由他自己制作的地图。卡尔的母亲很为儿子骄傲，还把地图镶嵌在镜框里，挂在客厅的墙上，唬住了不少客人，他们都难以相信这样精细的地图竟是一个5岁孩子所作。就这样，我深入浅出地教会了儿子难以理解的地图概念。并且制作地图还成了儿子的一大爱好，以后不论去哪儿旅行，他都要亲手制作一份当地的地图。

在教会了儿子一些动物学、植物学和地理学的基本知识后，我又用同样的方法教会儿子物理学、化学和数学的很多知识。

天文学则是由塞肯得罗夫的梅泽堡贵族来教授的。在此之前，为了让儿子对天文学产生兴趣，我让他多看神话书，带他去天文台，用望远镜观看天体，还和一些天文学者交上了朋友。他们告诉我儿子，天文学多么的奇妙有趣，鼓励他好好学习，这一切都激发了儿子对天文学的兴趣。

卡尔的天文学老师，塞肯得罗夫伯爵是一位有着高尚品德的人。他不仅是个贵族，还是个了不起的学者，有着高尚的心灵。塞肯得罗夫伯爵既不是我的朋友，平时又与我们没什么来往，他纯粹是仰慕我儿子的神奇才华，而来看望卡尔时才与我相识的。

一接触到我儿子，伯爵就深感惊喜，因为他发现，卡尔的智力远远超过了人们的传说。由于塞肯得罗夫伯爵爱惜人才，随即把卡尔叫到自己的家中，用自己的望远镜亲自教他。伯爵是个以学为乐的人，除了有观察天体的天文学工具外，还有许多研究物理学和化学等方面的器械和数量可观的书籍。他非常大方地让卡尔利用这些器械和书籍，因而也帮助他自由自在地学到了各种知识。所以，卡尔能有今天的成绩，与这些善良人士的真心帮助是分不开的。

正确面对孩子的提问

不少父母认为，处于这一阶段的幼儿，仅对玩耍感兴趣，这实在是一派胡言。事实上，幼儿的究理精神从两三岁起就已经萌芽了。具体表现就是开始向大人提问，并且提出的问题越来越多，而且千奇百怪。这是值得他们高兴的事，这说明孩子开始对这个世界进行思考了。

不过，我发现很多的爸妈不仅不为孩子的提问感到高兴，反倒觉得厌烦。他们大都是随便敷衍孩子提出的问题，并不给予耐心地解答。这是非常要命的。这种态度实际上是在压抑孩子的究理精神。要明白，在孩子的智力刚刚开始萌芽之时，如果不向他们提供适合他们玩耍的对象，他们这种已经萌发的究理精神就会白白地枯竭掉。相信这是每位爸妈的都不愿意看到的。在现实中，正是爸妈自己的做法导致孩子的潜能枯竭，直到孩子上学后才惊呼："为什么我的孩子成绩这样糟糕呢？"这些爸妈只知道把责任推得一干二净，却从不对自己的行为进行反思。

那么，正确的做法是怎样的呢？无论自己有多繁忙，做爸妈的都应该做到孩子问什么，就回答什么，决不能嫌麻烦，敷衍了事，一定要认真，合理地给予解答。只有这样，才能使孩子有能辨别善恶美丑，才能发挥出孩子的潜在能力。反之，孩子就会对这个世界没有思考和认识，这样的人越多，就越成为社会的累赘，他们的存在更不会给人类带来任何好处。

假如对一个人施以一种所谓消极的幻觉暗示，那么他就会看不到眼前的人和物。如果我们对孩子实施的是这种催眠术式的教育，那么，后果将是多么的可怕！这就是说，我们的教育决不能使孩子陷入这种消极的幻觉状态中。我教育儿子的真正目的，就是要帮他打开智慧之门，使他能够敏锐地观察到社会上存在不合理的现象，洞察出社会上的矛盾和缺陷。

我现代人类应当有崇高的理想，决不能像亚当和夏娃那样，只满足于在不知自己是裸露着身体的情况下，过着快乐的天堂生活。所以，我决不会让卡尔成为精神上的盲目乐观主义者。

要想梦想成真，就必须重视孩子对世界最初的探索，积极解答他们提出的每一个问题。

在解答孩子的问题过程中，面临的重要问题是，爸妈不能用权威压抑孩子的天性。孩子除了不能受清规戒律的束缚，也不应受到权威的压抑。否则，孩子的辨别能力就会萎缩。这样，也就无法谈及有独特见解和首创精神。再则，它还使孩子形成病态的心理暗示。长此以往，他们在精神上就会产生种种缺陷，所以，为了培养孩子的辨别能力，不管是在教育中，还是在具体的行为指导上，都不允许用权威去压抑他们。

爸妈是人而不是神。爸妈们常犯的一个错误，就是当孩子提出问题时，爸妈为了顾全面子，就随便给出答案，不管这个答案正确与否，也不管这个答案孩子能否接受，就以自己的答案为权威让孩子来接受。这是极其错误的。

我的做法是，当卡尔提出问题时，我总是给予鼓励，并耐心地作答，决不欺骗儿子。在幼儿教育上，我认为，没有什么比教给幼儿错误的东西更可怕了，因为，最初的印象往往是最深刻的，加之这时的孩子没有辨别能力，这个错误可能会影响孩子一生。

所以，对儿子的教育，我竭力排斥那些不合理的和似是而非的知识。在解答儿子问题时，我尽量做到，我的说明不难懂，并充分考虑到孩子在现有的知识与思维能力下，能否完全加以接受。并且我从不把自己的答案作为权威，让儿子死记。我从不认为由于我比儿子懂得多，就有资格在他面前充当权威。当儿子问到我自己也不懂的问题时，我会向他承认。

比如，有一次，儿子问我有关天文学方面的问题，我就直截了当地回答说："这个爸爸也弄不明白。"于是，我就和儿子一起翻书，去图书馆查阅资料，一起把那个问题弄明白。并且我还向儿子表示感谢："如果不是你今天的提问，爸爸至今也弄不懂这个问题呢。所以你以后要多多提问，让爸爸和你一起学习知识。"正是由于我的鼓励，才使儿子提问题的热情高涨，提出的问题也更多。

等到儿子再大一点，懂得的知识更多一点了，他再提出问题时，我就不再立即给出答案，而是让他先思考一下，尽力自己去找答案。如果儿子给出的答案和我的不同，我也并不一口否定，而是帮他分析，找出错误。有时候我会说："其实你的答案也有道理，也许是爸爸错了，我们去看看书上怎么说吧。"

在整个教育过程中，我坚持平等原则，因此而培养了儿子勇于探索、追求真理的精神。

"读万卷书"，更要"行万里路"

在对儿子教育的过程中，我除了教书本上的知识，还注意利用一切机会来增长孩子的见识。看到建筑物时，我就会告诉他那里面有什么，坐落在哪个位置；看到古堡之类的建筑，就告诉他古堡的史迹，同时还告诉关于古堡的种种轶闻趣事。

头脑中只装有书本知识的人，是眼光短浅，心胸狭隘，不会成为真正的学者。我不想小卡尔将来成为这样的人。因此，在孩子两岁以后，还是走亲访友还是购物，也不论是参加音乐会或是看歌剧，我都会带着他，从小就让他与各种身份的人士来往。

通过这样的锻炼，儿子的社交能力有了明显的提高，他从不怯生和怯场，越是人多、重要的场合，他发挥得就越好。孩子在作出成绩之后，必须要经常出入一些重要场合，跟王公、贵族，甚至国王打交道，他都有非常得体的表现，因而，给人留下良好的印象。我曾见过一些在学问上十分优秀的人，由于缺乏社交经验，他们在出入正式场合时畏缩慌张，很不雅观。

为了增长孩子的见识，开阔他的眼界，只要时间允许，我就会带他去参观博物馆、美术馆、动物园、植物园、工厂、矿山、医院和保育院等。在参观前，孩子先通过大量有关的书籍，对所参观的地方有个大致的了解，然后再身临其境，以获得感知信息与知识的真实性。在这时，儿子的思维尤其活跃，有着各种各样的疑问。对儿子的疑问，我总是耐心详细地解释，决不敷衍，并且尽量做到通俗易懂、深入浅出，只有这样，才能把知识学活，才能够灵活地运用。

参观事物只是这类教育的一小部分。每次参观回来，我总要求孩子向他母亲详述所见所闻。这样，孩子在参观的时候总能留心观察，认真听取我或者导游的介绍与讲解。这样小卡尔就能掌握更多的知识，也收获的更多。

孩子 3 岁以后，我不再局限于哈勒这个地方，开始带着他去更远的地方旅游。在他 5 岁的时候，孩子就在我的陪伴下，游览了德国绝大部分大城市。

在旅途中，我们不仅游览名胜，还登高远望；既去寻找古迹，也去凭吊古战场，还参观了无数的古堡、宫殿、园林、教堂。参观回到旅馆后，我就让卡尔把旅途中的所见所闻写信告知他的母亲和朋友。回到家后，儿子还要向朋友们口述自己的见闻和切身体会。

6 岁时，儿子已经成了洛赫附近见多识广的孩子了。见识甚至比成年人还广。人们有想了解地理、历史方面的真实情况或奇闻轶事就会来找卡尔咨询。后来，小卡尔干脆写了一本游记，将自己的旅途见闻全部记述了下来，大家都看得津津有味。

当然，有人不认同我的做法，认为这样做太浪费，旅游用的钱不如用来给孩子买书收获更大；还有人说，如果我不这样，就不会连孩子上大学的费用也负担不起。虽然我只是个穷牧师，收入微薄，为了能有出门的旅费，全家人只得省吃俭用，但我认为这一切都是值得的，从不后悔。只要能满足孩子的求知欲和追求真理的精神，我决不吝惜体力和金钱。为了让孩子更好地了解魔术，我曾不惜重金，请魔术师现场表演解说。类似这样的事情还很多。

小卡尔生长在内陆地区，但他很喜欢看海洋方面的书籍，尤其在看了哥伦布、麦哲伦等航海家的传记以及《马可·波罗游记》以后，他就渴望看到大海。于是，我就带他去了地中海。生平第一次看到大海，小卡尔异常兴奋。我们父子俩在海边拾贝壳，采集海藻，拾水母和海星。我又向他讲述了这些海产品以及海底生物的各种知识后，使他对神奇的海底世界有了一些基本的认识。我们在沙滩上做游戏，比如堆山、凿河、围湖、垒岬、修湾、筑岛和封岛等等。

海边真是让孩子形成地理概念的最好地方。我把地球仪带到海边，告诉他地中海的位置，越过地中海就能到达非洲，非洲大陆的两边是太平洋和大西洋，越过太平洋就可以像马可·波罗那样到达中国，而越过大西洋就可以像哥伦布那样到达美洲。就这样，孩子对地球的概念明确起来，学会了世界地理。

教育孩子，我坚信“百闻不如一见”。根据我的经验，读万卷书，更要行万里路，行万里路是读万卷书所无法比拟的，现实世界能教给我们的，永远比书本教给我们的更多、更丰富、更生动。

在玩耍中锻炼孩子的能力

玩，不仅是孩子们的一种喜好，更重要的是，通过玩可以逐步开发孩子的智力。小卡尔就是通过玩，从而培养出了良好的注意力、观察力、记忆力、想象力、操作能力。智力游戏就是一种重要的方法。

在教育卡尔的过程中，我融知识于游戏中，把重点放在认识事物、传授和巩固知识上。通过游戏，孩子自然加深了对事物的认知，并且掌握得更好。例如“哪儿错了？”、“什么动物吃什么？”等等就属于这种情况。

在游戏中我还有意识地训练儿子的正确发音，要他准确地说出一些常见的同义词、反义词，极大丰富了他的词汇。像“动物怎么叫”、“指出相同颜色的物品”、“说出正反词”等都属于这类语言训练的游戏。

有时候，我让孩子看清桌上或盘里存放的东西，然后再悄悄地取走或调换，然后让孩子仔细观察，说出取走或调换的物品。问他“什么东西不见了”、“什么东西变了”。这类游戏能够训练和发展孩子的观察力、注意力、记忆力、思维能力。

有时，我还会让卡尔闭上眼睛仔细听我击掌，敲桌子等，然后让他说出我敲击的次数。我平时就是运用这种方法来训练孩子的注意力、记忆力和观察力的。需要注意的是，玩这类游戏时，一定要站在孩子的立场来思考问题，不要急于求成。要知道，做一些孩子不能接受的事，结果一定得不偿失。

在做游戏的过程中，儿子如果表现出超常能力，我就会适时增加游戏的难度。如果他表现欠佳，我也尽量地给予他更多的关怀，来激起他的兴趣，让孩子在成功的乐趣中不断进步。

在游戏中，尽量做到深入浅出，通俗易懂，通常是让儿子可以理解的，或者是看得到的事物，尽量让游戏具体、直观、形象，而且要儿子亲手做一些小实验，去发现其中的一些奥秘。

在开发孩子智力时，爸妈应当结合孩子的年龄和水平，有效地选择和编制游戏。游戏的内容不能太易，也不能太难，否则会起到消极作用。卡尔三四岁时，我主要采用具体形象、实物跟动作相联系的方法。四五岁时，难度再大点，内容更深些，但还是在他力所能及的范围之内。我从不用古怪的问题去为难他。

在玩游戏之前，我会用简洁生动的语言向孩子讲明游戏规则，有时也配以游戏实际演示，以便帮助他玩好游戏。

我认为，观察力在孩子的智力和心理发展过程中起着重要的作用，良好的观察力直接影响着孩子的智力发展。因此，我毫不放松地对孩子进行有效的训练。我不失时机地带他去参加各种室外活动，让他切身体验外部世界，丰富其感性认识。我不断地诱导儿子用看、听、说、做、尝等方式参与游戏，让他形成善于观察的好习惯。游戏中我还加强对孩子的语言指导，促使他发挥语言的作用，去分析已感知到的事物，孩子的观察力可以通过这样的方法得到有效的发展和提高。

在孩子的心目中，游戏占有重要的地位，枯燥乏味的游戏容易分散孩子注意力，只有浓厚趣味的游戏，孩子才会毫不倦怠，全神贯注。注意力是一种心理特征，它伴随着感觉、知觉、记忆、思维、想象等心理过程。注意力的集中和分散，直接影响着孩子的发展。如果漫不经心、注意力不集中，那他就不能取得较大的进步。因此，我非常着重培养他的注意力。我尽量把游戏做得有趣，这样就容易将他的注意力集中起来。

在游戏的过程中，我时刻不忘锻炼孩子的记忆力。记忆在孩子心理成长过程中起着举足轻重的作用。孩子常常是凭记忆去回忆和感知事物，从而促进心理的发展。记忆力的差异主要表现在记忆速度、准确性、持久性、准备性和灵活性等方面。记忆对孩子的个性、情感、意志等都有深层次的影响。我尽可能的想出办法，更好地去发展儿子的记忆力，细心地为孩子寻找丰富的游戏题材，发现那些具体、直观、生动的形象，经过不断地重复，他的记忆就越发清晰。最终，我最终取得了良好的效果。

我非常注重发展卡尔的观察力、注意力、记忆力，更注重培养他的想象力和创造力。儿子会根据自己有限的知识和生活经历，选择自己喜欢的主题和内容，用自己喜欢的东西和材料。他虽然是以模仿为基础，但可以自由地发挥想象，创造性地构建自己美好的生活。

让孩子毫无拘束、主动积极、生动活泼地模拟和创造他所想要的世界，是我在游戏中的基本思想。经常让孩子自己去构思主题、安排情节、分配角色、制定规则。让他自主地去构思、策划、组织和实施。这样，孩子的创造和解决问题的能力得到了充分的发展。在玩的过程中，我和孩子友好相处，相互协调，有时和他一起出主意、想计谋，通过对孩子进行这样的训练，他的协调能力也得到了很好地提高。

很多事情在孩子的生活当中，都会引起他们的兴趣，而且会成为他们最好的游戏。例如：下雪时，他们可以去堆雪人、打雪仗；下雨时，他们可以去挖沟渠排水；他们会用泥沙和石块建造神秘的城堡、人物和形态各异的小动物，似像非像，妙趣横生。这样的游戏会让他们兴致盎然，乐此不疲。搭房子是卡尔很喜欢的一种游戏。游戏当中，他对前后、左右、上下、中间、旁边等空间有了认识，逐渐形成了高矮、长短、厚薄、轻重、大小等观念。过程中，他学会了有计划、有步骤地进行设计，既有了成就感，又感受到了无穷的乐趣。

搭房子的游戏，要求手脑并用，这样，肌肉得到锻炼，手眼得到训练，大大增强了动手能力，因此他变得心灵手巧，潜力得也到了充分发挥。由于在着手之前，脑子里面必须要有房子的形状，于是孩子的形象思维能力也得到了锻炼。

每当卡尔玩搭房子的游戏，我都给他很多的帮助。我时常引导他，要对搭建的房子进行充分想象，想象得越具体越好。我有时会利用现有的一些模型和图画去加深儿子大脑中的印象，引导他对房子形成具体形象，以便游戏顺利地进行下去，我这样做主要是为了锻炼他的形象思维能力。

除此之外，儿子不学习了一些有关建筑结构的基本知识和方法，我还告诉他怎样将木块铺平，如何去延伸这些木板，如何才能达到合理的受力效果等等。

有人认为，创造力在孩子长大到一定程度后才会具有，这就大错特错了。爸妈应该懂得：一个孩子的创造力，在他开始懂得玩耍时就已开始了。

第五章

将孩子培养成全面发展的人

是否神童并不重要

当卡尔日渐成长并学有所成时，人们就对我议论纷纷，从各方面去猜测我培养孩子的动机。有的认为，我是为了造就一个非凡的学者；也有人说，我想把他培养成一个一鸣惊人的神童；甚至还有人认为，我培养孩子是为了满足个人的虚荣心。

听到这些议论时，我感到十分难过。他们误解了我，更误解了我的教育目的。我只是为了把孩子培养成一个全面发展的人。正因为这样，我才尽最大努力和一点点智慧，在不影响工作的情况下，引导儿子向健康、活泼、幸福的方向发展。

我喜欢身体素质和文化素质全面发展的人。我不赞成孩子片面的发展，这样对孩子今后的发展很不利。每当看到孩子只热衷于希腊语、拉丁语，或者数学时，我就立即指出，并想办法纠正他的这种倾向。

有人认为，我只是为了发展孩子的智力，这是对我的错误看法。我不主张只发展孩子的智力。我对智育的付出远不及为德育的付出，我不想把孩子变成一个聪明而不明事理的人。孩子是否神童并不重要，重要的是要有健全的人格。

我自认为自己是一位虔诚的牧师。卡尔性情方面的培养，我一直是特别注意的。我不想让卡尔成为油腔滑调，胡作非为的孩子。否则，人们就会说："他是牧师的儿子，整天在读圣贤书，却是一个没有教养的人。"

这样的人，即使才华横溢，也毫无意义。因此，卡尔从小就受到特别虔诚的教育，他熟读圣书，尤其是基督教义，他会按照教义的指导行事。

无论是我的亲朋或是近邻，绝对不会看到我对孩子毫无理由的娇宠，如果孩子犯了错，他一定会得到纠正。我往往在尊重儿子独立人格的前提下，对他进行应有的管束，让他明白，他不能随心所欲，欲罢不能。

我教育他以礼待人，对自己的爸妈更不能例外。让他知道，只有懂礼貌、明事理的孩子，才会受到人们的喜爱和尊重。

儿子很小的时候，我就教育他要学会独立生活。宠爱与娇纵只会误了孩子，使其在不良的轨道上发展。我让儿子学会互敬互让和进行自我约束，懂得为自己的行为负责。作为父亲，我也必须让孩子养成独立的良好品德。

在孩子学会许多知识的同时，我并不想让他成为那种傻头傻脑、面无表情、难于接近的人，我应该对孩子成人后的行为负责。

如果我的孩子满腹经纶、知识丰富，却是一个不能适应社会的人，不能对他人有所贡献的话，那我就会有一种强烈的失败感。

从儿子很小的时候起，我和他母亲都是非常悉心地照料他的，但从不娇宠、溺爱他。

我几乎不把孩子抱在怀里，而是让他随便地爬。爸妈不应该是他的保护神，而应该是孩子最早的老师。如果小卡尔不小心摔倒，我很少去扶他，而是让他自己站起来。孩子应该从这些小事中学会独立，认识到不能永远依靠爸妈，而只能靠自己。

我一直认为，培养孩子的独立能力，才是对孩子的一种真爱，对孩子过分娇宠，只会让孩子吃尽苦头，如果果真如此，只能是一种罪过。

缺乏忍耐和控制力，是没有修养的表现，会被瞧不起。不能忍耐，将来就不会有大的作为，就会在今后的道路上遇到困难而退缩不前。在家中，即便儿子受到伤害而大哭，我也不过分地给予安慰和同情。长此下去，儿子就会渐渐明白，只能依靠自己，不管是哪种痛苦，都不应该求助别人，要忍耐。孩子坚忍不拔的性格就在这种教育下慢慢养成。坚忍不拔，是最了不起的美德。它使生命之树长青不衰。

就像有人说我想造就神童，想一鸣惊人，这是一种偏见，更是一种诬蔑。我自始自终都没想过要把小卡尔培养成所谓的神童。如要说我想通过这样而博得名声的话，那简直就是对我的一种侮辱。

在我看来，所谓的神童只不过是等同于温室里的花草，而我想要的是一个健康、全面、正常的孩子，而不只是在某一方面超常、短暂的神童。

这就是我教育的方向。

培养孩子的同情心

我与卡尔的母亲尽心尽力来培养孩子在常识、想象力和爱好等方面的能力,不希望孩子在将来成为一个没有爱好和常识的人,同时我们还努力培养儿子的情操和情感,使他具有高尚的品德和爱憎分明的性格。

我力图让他懂得如何去爱别人,什么是同情,什么是人生中最美好的东西。具有同情心的孩子就不会霸道蛮横,不讲理,他们会去做对社会有益的事情,比如助人,分担他人痛苦等。这使孩子得到人们更多的青睐和喜爱,成人后更能与朋友、家庭相处融洽,与他们保持良好的人际关系。我常常告诉小卡尔关于爱的魅力,并与孩子说:"上帝赐给我们最美好、最伟大的力量就是爱,人与人之间要充满关爱。我们每一个人都接受过他人的帮助,我们应该随时准备着把这些恩惠转为对别人的关心。一个具有同情心的孩子,他的心灵将是无限的美好。"

我曾经不断地教导卡尔,我们每一个人都要关心他人,在我们的一生中,我们随时都会不同程度地受到他人的帮助和关怀,我们也应该随时准备再把这些爱,传递给需要的人。我将尽我最大的努力,把我有限的知识传授给儿子。我经常给卡尔讲述关于爱的篇章,和一些古代圣人的故事。

在一个心旷神怡的傍晚,和往常一样,我牵着卡尔的小手一边散步一边耐心地解答他提出的问题。这时一个衣着褴褛的流浪汉从我们身边走过,这个流浪汉却引起了卡尔的注意。卡尔仰起头问我:"这个人为什么要流浪呢?他需要什么呢?"和往常一样,我要让他自己先去思考一下,并没有马上回答他的问题。但这一次,卡尔并没有像往常那样反复追问,而是挣脱了我的手快步地追上了流浪汉。

"先生,您为什么要流浪?您需要什么帮助吗?"

"我需要一个面包……"流浪汉哈哈大笑起来,当他看清是一个只有5岁的小孩,也许他从没想过,这么小的孩子能够帮他什么。于是他摇了摇头,继续向前走去。

"先生,等一等。"说着,小卡尔便向家的方向飞奔而去。

流浪汉停下来给我打招呼："先生，这是您的孩子吗？"

"是我的孩子。"我回答。

"多可爱的孩子啊，您真幸运……"

于是，我和流浪汉在路边攀谈起来。他告诉我他的家乡，给我讲他在流浪生活中的见闻和他对生命意义的感触。

不多久，小卡尔气喘吁吁地跑了回来，手里拿着两块面包。他先看了看我，见我微微点头表示赞许后，卡尔将两块面包送给了流浪汉。

"先生，这是我和我的家人送给您的。"孩子把面包递到流浪汉的手中，他的神态和动作似乎都要求流浪汉接受他的给予。

"我终于又看到了世间的美好和温暖了。"流浪汉高兴而又感动地说。

事后我问孩子："你当时怎么会想送面包给流浪汉的？"

"我想你和妈妈都会赞成我的做法，因为你曾经对我说过，人只有行善，才能真正幸福。"

很多的孩子，不论是男孩还是女孩，同情心在成长的过程中都能自然而然地产生。这似乎是一种天性。当孩子有了认识的能力时，他就能分辨出别人的不同心理，并能用自己的能力来表现自己的关心。

有一些孩子不知道关心他人，除了有家庭的不幸外，再就是对孩子不适当的教育。孩子对是否具备爱心，正确的家庭教育和爸妈的品行起着决定性的作用。

我教育孩子，不只让他记住一系列道德规范，而是让他在现实生活中去体会什么是真正的爱心，什么是真正的善良。

我常告诉儿子，做一个高尚的人是人的一生当中最大的幸福，让他知道高尚的品德比渊博的知识更为重要。高尚的人善于控制自己的情绪，还能为别人分忧解难，更能够理解别人的思想感情。

正是由于我们的教育，卡尔从小就懂得，成为一个品德高尚的人，远比一个仅有丰富知识的人更能够受到人们的尊敬。

如果你希望孩子长大后具有爱心、同情心和责任心，那么，从现在开始对他进行培养，特别是寄予他一些希望。我们也是这样培养小卡尔的。在卡尔很小的时候，我们就希望他能成为一个具有同情心的孩子。我不担心孩子会对我的期望进行反对，更不会减少我对他的期望；我绝对不会因为担心期望的破灭而去放纵孩子。我对儿子充满了的信心，相信他将来一定会成为一个男子汉。

不管孩子有多小，我都与他平等相待，从来没有因为他是个孩子而小瞧他，也从来没有放纵娇宠他。在家庭中，我们都是平等的。

卡尔在3岁时，我要求他独立完成力所能及的事。事实上，孩子在这方面完成得相当出色。那时，他已经能够帮助母亲做一些家务，比如，帮忙把餐具摆好，擦去桌上的灰尘等等。随着年龄的增长，儿子能够做的事也渐渐地多了起来。

我告诉孩子，帮助别人是发自内心的善良，也是一种爱心的表现，其动力来自于心底的善良。善良是一种优秀的品质，它同时也具有伟大的力量，是一种掌握在人们手中的最有力的工具。

“像天使般的纯洁”，这是人们对卡尔的共同赞词，同卡尔有接触的人都十分喜欢他。他虔诚而富于爱心，是个和蔼可亲的孩子；他为人亲切，从未与人发生过争吵；他热爱自然，友善地对待世上的一切，不要说是对动物，即使是一朵野花，也会给予备至的关爱。

性格就是能力

我认为，性格就是能力。一个性格开朗、直爽的孩子，会被很多的人接受，通过广泛的交往，今后就能够适应社会，长大以后，就会有更广阔的人生。一个孩子如果性格孤僻，他的交往活动就受到限制，交际面就会很狭窄，做任何事情都很难与人合作，最终导致了失败，从某个方面来说，性格是决定一个人成功的关键。

我对儿子的教育，除了科学知识外，还特别注重培养他优秀的性格。我一开始就从点滴的日常生活小事上对他进行长期的性格培养。

性格，是在孩子的生命力与环境条件相互作用的过程中逐步形成的。刚生出来的婴儿，绝对不会有什么开朗、直爽的性格或者是孤僻内向的性格。

有些儿童性格内向，不善言谈，有些儿童性格开朗活泼。性格不是天生的，也不是孩子们自己创造的。原本很开朗的孩子，当他的能力在现实生活中得不到充分锻炼时，就很难适应社会生活，总认为自己脱离了社会关系。结果就会导致孩子原有活泼的性格渐渐地消失，反而会造成一些不太好的性格。

人的性格会改变，如果生活环境发生了变化，孩子的性格也会发生变化。这种变化的性格是为了适应新的生活环境而造成的。

性格的基础却是在早期生活中打下的。早期的生活习惯、爸妈的态度、家庭气氛，都会对孩子的性格产生潜移默化的影响。因此，早期教育对孩子性格的形成尤其重要。

在卡尔的成长过程中，我一直用爱护的目光去了解他的内心世界。我就是想在卡尔感到烦恼时，及时地给予关怀和帮助。当孩子遇到一些不顺心的事时，我会尽量想办法让他把不愉快的事情说出来，我希望孩子能够成为开朗而又快乐的孩子，而不是将烦恼闷在心里。

有一次我回家，看见儿子独自坐在院内发呆，忧伤之情溢于言表。因为他的一直比较开朗，今天的情形就让我感到奇怪。我就蹲在他的面前，问他发生了什么事。

"儿子，怎么不高兴啦？什么事让你不开心呢？"我问道。

卡尔并没有问答我的问题，只是抬头看了看我，然后轻叹一口气，又低下头去。

我继续接着问道："儿子，你到底有了什么不开心的事呢？"

儿子仍然沉默不语。

"儿子，爸爸最爱你了。有什么事你不应该瞒着我。你每次有困难，不都是爸爸帮助你的吗？这次为什么就不说话呢？"看见孩子今天的模样，我断定他一定有难言之隐，或是有一件对他来说挺大的事。

看到孩子还是不开口，我继续耐心地劝导："卡尔，爸爸对你最大的希望，就是想要你成为一个快乐的人。其实，任何问题都能解决，只要你有一颗快乐的心。"我继续开导他。

"爸爸，我觉得我不是个男子汉。"卡尔终于说话了。

"为什么？你怎么会有这种想法呢？"我奇怪地问儿子。

"因为我遇见了肯特尔，他爸爸是村里的一个农夫。他嘲笑说我不够健壮。他还脱去了上衣冲着我炫耀他的肌肉，他还说像他那样的才能称得上是男子汉，而我不是。"

其实卡尔的身体一直非常好，也很健康，但儿子确实算不上是一个非常强壮的孩子。本来这个问题算不上什么问题，但让他受到伤害的是肯特尔说的话。我弄明白原因后，给卡尔讲了一些有关男子汉的道理来开导他。

“卡尔，一个男子汉并不只意味着身体强壮，你要知道，真正的男子汉需要有智慧与坚强的毅力。并且有勇气承担生活中的一切困难和挫折。你仔细想一想，你作为一个孩子，就已经掌握了那么多的知识，又懂得那么多的道理。等你长大成人，这些知识和道理就慢慢会转化成智慧。而且，我一直认为，你是个勇敢的孩子。尽管你身体不算最强壮，但很健康。况且你的学识已远远地超过了他们。在我的眼中，你一直是一个非常勇敢善良的孩子，以后也会有多人这样认为。肯特尔嘲笑你是一种没有修养的行为，你大可不必去理会他的无礼。他是农夫家的孩子，每天要帮助家里干活，而且年龄也大，比你健壮些是很正常的事啊。我想，等你再大一些，经常保持锻炼，以后肯定会比他强壮”。

“你还要知道，作为一个男子汉，最重要的就是要有自己的主见，能够独立思考问题是一个男子汉必备的素质，这样才不会轻易地去相信别人的评论，才不至于让别人的评论干扰你的思想。”

在听了我讲的一番道理后，卡尔顿时兴奋了起来。卡尔起初的烦恼是由于受到了肯特尔不公正评价后而产生的自卑感，在他明白了其中的道理之后，烦恼很快也就消失了，又重新找回了自信心。

我不了解其他爸妈在这种情况下是怎么处理的。但是我敢肯定，在孩子遭受某种嘲笑而自卑时，最重要的就是给孩子讲清道理，打通他思想上的障碍，不然，孩子的心里会永远有个问号。常常为此烦恼，从而直接影响到他的性格，一个原本开朗活泼的孩子也许因此而变得孤僻、消沉。

对于儿子的教育，我采用的就是上述的方法，来让孩子时刻处在快乐和开朗之中，让他形成活泼自信的性格。

孩子是否成为一个全面发展、优秀的人，很大程度上取决于孩子是否具有优良的性格。

不期望孩子成为所谓的学者

我非常瞧不起所谓的学者，他们喜欢凭借自己懂得的一点专业知识，就显示他们的“高人一等”。不论对谁，或是走到哪里，总是一味地卖弄他的专业。而对于专业以外的东西，则一无所知，并且毫无兴趣。甚至连一些常识性的知识也非常地缺乏，就像一些不食人间烟火的人，他们对事实发表的一些“高见”，时常成为人们的笑柄。

我从没想过要把儿子培养成那样的人。即使把毕生精力全都放在他们的那一点专业上，最终也不会成功。他们说的话完全是一些很少听到过的、不知所云的学术用语，他们装腔作势，用自己都无法理解的句子写出一些昏庸的观点。

然而，他们却视那些具备常识和爱好广泛的青年为凡夫俗子，贬低那些具有生活活力的人。更为可笑的是，当他们看到那些装腔作势地写文章，玩弄谁也不懂的词汇的青年时，却称之为伟大、有出息。

正像某个大学教授平日对学生们所讲的“你们只要能学会希腊语和拉丁语就足够了。所谓科学和国语一边喝茶一边说着话就能够学会。”这是他们的偏见。我的孩子怎能成为这样的人？

在卡尔很小的时候，我就有意识地培养他辨别善恶美丑的能力，以及对文学、美术等的欣赏能力，这么做正是为了避免让儿子成为那样的人。因为如果没有这种能力，知识也将毫无意义。

不能培养孩子辨别能力的学校，只是一个庸人汇集的场所和向学生兜售学问的零售商店。无论他们中的大多数都忠于职守地销售教育学、语言学、博物学等知识，但却怎么也不会让人从他们的授课中感受到创造力。

我时常告诫卡尔，一个人如果没有创造力，就丝毫没有价值，即便他能懂得全世界的所有语言，看完了世上所有的书，那也丝毫没有意义。

很多学校制定出严格的规章制度，并以此来塑造出循规蹈矩的人，在他们之中很难发现有特点的人。在这种“清规戒律”中，很多孩子受到条条框框的限制，而不能够自由地发展，这样，有才华的孩子也有可能被折磨成庸人。而这样的庸人，数量再多也没有用。

发展个性，培养独特见解和首创精神，是我教育卡尔首先考虑的。唯有这样，才能让他成为个性鲜明的人，才能在成年之后拥有新的观点和思想。这样，他才能够为这个世界做一些应有的贡献。

我不希望儿子成为一个只会读书的所谓学者，更不希望成为所谓一鸣惊人的神童，我最大的愿望就是让他成为一个完美的、对世界有所贡献的人。

第六章

如何教育才不会伤害孩子

对孩子的严格要求

我对儿子的严格教育跟专制完全不同。所谓专制教育，是指爸妈强制性的压迫孩子。我决不会这么样，我对待孩子的严格教育完全取决于道理。

我极力反对专制教育。以理服人比任何的手段都更加地有力，比其他一切的强迫都更见效。正因为我坚持了这一原则，才没有给卡尔留下任何伤害。

在不伤害孩子自尊心的前提下，我会给儿子讲他可以明白的道理。我不赞成爸妈在别人面前贬低孩子，每当我的孩子做错了事，我不会当着众人的面嘲笑和奚落他。我尽量做到让孩子有“爸爸是真心实意地关心我”的感觉。每当我要求他必须做事时，我会向他说明这件事的必要性，并告诉他这是他自己的事情，而并不是强迫他去做。

要是儿子玩耍时，无意间弄坏邻居的花园或踩坏别人的草地，我绝对会让卡尔去给人家道歉。不管邻居知道与否，我都要求儿子主动去承认错误。

一天傍晚，卡尔在外边兴致勃勃地拿着一根很长的棍子，当做宝剑充当古代骑士，假装与强盗作战。我看见他又刺又砍的，有趣至极。他在这种游戏中，早已把自己当作真正的骑士，把剑法挥舞的精彩极了。我很高兴孩子做这种游戏，这对发挥孩子的想象力很有帮助，也利于他的身体健康。我从不希望孩子的生活死气沉沉，更不希望成为傻头呆脑的所谓学者。

在“激战”中，儿子“啊”的一声愣住了，原来他用“长剑”砍倒了邻居花园中的一束花。我不动声色地继续观察儿子，看他怎么处理这件事。

卡尔看见没有人注意他。他就想转身“逃跑”，这时我叫住了他。

“卡尔……”

卡尔知道无法逃脱，慢慢地走过来。

“卡尔，你知道你犯了个错误吗？”

“知道。”孩子小声地回答。

“那你应该怎么办呢？”我严肃地问他。

“我不知道，爸爸。”儿子低下了头。

“儿子，要做一个诚实的孩子，你应该马上去向邻居道歉。”我对卡尔说。

“可是，我不是有意的。”卡尔并不理解道歉的含义。

“卡尔，你要记住，错误一般都是在无意中才犯的。但是犯了错误，自己就应为自己的行为负责。虽然邻居没有看见是你干的，但你的行为确实伤害到他们。人不能伤害了别人就不负责地溜掉了，你应当去向邻居道歉。你不是在扮演古代的骑士吗？你应当像你所扮演的骑士一样是勇敢正直的。”

“爸爸，我明白了。”卡尔像一个真正的骑士那样去向邻居道歉了。

第二天早上，我碰到邻居。邻居根本没有提起花被损坏的事。他只是说了一句：“威特牧师，您孩子是个诚实的孩子。”

英雄骑士是卡尔的崇拜对象。我就用他所崇拜的对象来激励他，让他感觉道歉不是一切很难的事，也让他懂得，不论是有意或是无意中犯下的错误，都要有自我负责的勇气。在当时的情况下，我没有大声训斥孩子，因为那样既会惊动邻居，也会对儿子的自尊心造成伤害，甚至还有可能产生其他不利影响。

很多父母把对孩子的严格教育理解为专制，使得在不知不觉中把自己变成暴君，而把孩子变成唯命是从的懦夫。他们常常对自己的孩子以粗暴的方式加以管教，他们以为这样就能使孩子听话，其实，这不但不能让孩子正确地认识自己，反而使孩子对爸妈甚至对其他人产生怨恨的情绪。

我曾听过这样一件事：

有一个孩子，特别喜欢家里养的一只白羊，他总是自己牵着羊去山坡上玩耍，每看到心爱的羊悠闲地吃着嫩草，就会特别愉快。在他的心里，早已把那只羊当成他最好的朋友，他把自己听来的故事和幻想都讲给羊听，他觉得和羊在一起，是最幸福的事情。

有一次，孩子仍像往常一样，带着小羊去山坡上玩耍，他在温暖阳光的照射下躺在山坡上睡着了。他还梦见自己跟小羊一起玩乐的情景，但是，醒来后发现小白羊不见了。这只羊通常是不会自己走远的，可是现在的确是失踪了。孩子心急如焚，寻遍整个山坡也毫无线索，他担心自己最心爱的伙伴会永远地离开，伤心地哭了起来。

天黑了，他跑回家把这件事告诉了父亲，让父亲帮忙找回小羊。但是，孩子万万没想到，父亲得知羊丢失后，不分青红皂白，就举起手来把孩子打得鼻青脸肿，还用棍子将他的额头给打破了。父亲恼怒地对孩子说："你给我听着，你要是不将这只羊找回来，你也就永远不要回来。"说完，就将孩子锁在门外，不准他进去，孩子伤心极了。他一个人在黑暗的山上奔跑，他始终想不明白，父亲为什么要这么狠心地打他，他自言自语地说："我并不是故意的啊，小白羊是我最好的伙伴，它失踪不见了，我也一样的伤心难过。父亲因为我弄丢了羊，就不让我回家，难道羊比我还重要？"

没过多久，孩子抬头看到不远处有一个白色东西，于是，他悄悄地走近，发现那正是丢失的那只小白羊，还在快乐地吃着嫩草呢。可是，受到父亲粗暴对待的孩子，一反常态，不是像以前那样高兴地跑过去，轻轻地抱起这只小羊，他举起了身边的一块大石头，哭着对小羊说："都是因为你，让我挨了打，因为你，父亲才会这样对待我。"孩子边哭着说，边将石头使劲地向小羊的身上砸了过去。

第二天，人们在山坡的一块岩石后面发现了那只已经死去的羊。而那孩子也没有再回家。

可以想象，那个受到毒打的孩子，心里是多么的痛苦！要不然他是不会亲手杀死自己最心爱的朋友的。爸妈的粗暴和专制，在孩子身上留下了永不磨灭的阴影，可能会将一个原本善良的孩子变成魔鬼般残忍的人。

不压制孩子的理性和判断力

教育上一个至关重要的问题，就是不蒙蔽孩子的理性，不破坏孩子的判断力。孩子一旦失去正常的判断力，就不能明辨是非，一生都不可能正确地判断事物的好坏了。

如果儿子鲁莽对待人家，我不会马上斥责儿子，我会首先向对方道歉："我儿子没见过世面，因此，才会说出这样冒昧的话，请您不要介意。"这时孩子就会知道，自己可能说错了话，之后他一定会探问原因。

事后，我就向他解释："卡尔，按理来说，你刚才说的那些话，也没什么不正确，其实我也是那样的感觉。不过这种话在别人面前说，就不太适合了。那位先生听了你的话之后，羞得满脸通红，由于喜欢你又碍着爸爸的面子才没有作声。但是人家一定很生气，因为你说了那些不得体的话。”

我以事论事，这样绝对不会伤害他的判断力。

为了说明这种方式的优越性，我可以对它做进一步的论述。如果我对孩子提出批评以后，他继续反驳，我该怎么办呢？这时，我会进一步开导他：“是的，你说的是真的。但是别人很可能有他自己的想法，再说，即便这样，你也没有必要非将它说出来不可。因为那是人人皆知的事，你没有发现别人是沉默不语吗？如果你认为只有你才知道，那你就太自作聪明了。”

“再说，大人指责孩子的缺点，也无可厚非，因为孩子在成长过程中，有许多缺点，让大人们指出来，不是件难为情的事，更不是什么坏事。即使这样，人们对你的缺点，不是都装作不知道吗？如果你觉得人们都没有了现在的缺点，那你就大错特错了。事实上，人们都已知道你的错误，虽沉默不语，其实是给了你很大的自尊，不使你在大庭广众面前丢脸罢了。这样，你就明白人们对你的好意了吧。反之，你也应该这样。自己不愿做的事，绝不要让别人去做，道理就是这样。因此，在人前面揭露他人的错误和弱点是很不礼貌的行为。”

卡尔听了我的话后，他肯定仍会迷惑不解，因为孩子还不具备成年人那样复杂的心理，这种为人处世的方法，很可能被视为不诚实或是过早地世故。但我觉得这样做也有一定的道理。

要是卡尔还是很不理解地问我：“那么，这不就是在撒谎骗人？”我就会继续开导孩子：“你绝对不可以对人撒谎，要是撒谎了，你就会成为一个不诚实的孩子。你只要不说话就可以了，根本就不必说谎。要是大家心里都容不下别人，世界上就会有很多争吵，那我们也就不能生活得安定快乐了。”不过，我对儿子是不用费这么多口舌的。我只要稍微提醒一下，卡尔就会明白错在哪里了，并会立即改正。

从某种意义上说，我的方法可以称为“成人化”的教育，之所以能取得如此成效，还得归功于儿子的语言潜能开发到位。由于儿子语汇丰富，通达词义，所以一点就透。

不少父母，见到孩子的不良表现后，大都当面斥责，有的还动手打孩子，说自己的孩子不礼貌，但从未对自己进行反思。

我可以举出一些实例，来阐明我的教育方法，我相信事实胜于雄辩。

我的朋友安多纳德太太，儿子跟我儿子同名，比小卡尔大两岁，也是一个非常机灵的小家伙。但我发现他有很多坏习惯，比如，欺负比自己小的孩子或喜欢揭人私短等等。

有一次，我在路上偶然碰到安多纳德一家，我友好地与他们打招呼，并特意摸了摸大卡尔的头以示友好。

“威特牧师，我觉得你就像一具尸体，你看你的脸多苍白。”大卡尔毫不回避地指着我大声嚷嚷。

他说的是真话，这两天我受凉感冒，脸色苍白也是很正常的事。如果是小卡尔，他绝对不会说出这样的话，他知道这种话是不礼貌的。更何况，大卡尔所用的词汇是那样的令人难以接受。

我当然不会为了一个不懂事的小孩子生气，但当时却也不知该怎么说才好。这时安多纳德太太气极了，她采取了我从来都不会采用的方式来制止孩子。

“你这孩子简直是太不像话了！你怎么这样对威特先生说话。”她狠狠地甩了她孩子一记耳光。

我急忙上前劝阻。可是，大卡尔并没有因此而收住他的话：

“我说的是实话，你看看他的脸……我没有瞎说。”

“你打我干嘛？你打我干嘛……”大卡尔冲着母亲表示反抗。

安多纳德太太害怕极了，她只能拖着大卡尔逃跑似地离开。

看着他们远去，我叹了叹气。大卡尔挨顿毒打是无疑的。

我早就听说，大卡尔有揭人短处的坏习惯，但这一次，他可能不是故意的，他只是不会用适当的语言来表达他的看法而已。如果他对我说：“威特先生，您的脸色怎么不像往常那样红润呢？生病了吗？”

这样，其实他表达的意思相同，但传达的意义却不同。前者是那样的刺耳，让人难以接受，而后者却带有对别人关心的感情，会让人感到丝丝的温暖。

至于安多纳德太太的做法，则更不正确，她不应当只是对孩子进行惩罚。她应该用一种大家都能接受的方式来处理此事，而不只是惩罚孩子。从这一点看来，她对孩子平时的教育确实是不够正确的。

由此可见，拥有丰富的知识语言，对孩子更加明辨事理是多么的重要！

我真希望爸妈们都能够明白这个道理，不然，像大卡尔那样的孩子，将不会有幸福美好的人生。

不错误地批评孩子

对孩子进行批评，最重要的是要让孩子心服口服。这句话说起来简单，做起来却很难。

这就要求爸妈教育孩子首先要用能够理解的道理和事例，如果你不能让孩子完全理解，那怎么以此去教育孩子呢？要给他说一些容易理解的道理，不要讲那些高深莫测的东西，书本上的道理可以讲，但不能用费解的文字，那种学究式的大道理孩子一般是很难接受。

特别强调：批评孩子不等于惩罚孩子，或把孩子当做自己的出气筒。要知道，爸妈的言行都有可能对孩子产生永久性的影响。我在对卡尔的教育过程中，一直特别细心地观察他所做的事，尽量去理解他。即便某件事需要对儿子进行批评时，我也会弄清事情的真相后再作评价。

例如，有时候，我突然发现儿子对学习的兴趣大为下降，这种情况，不能不引起我的注意。因为卡尔是一个一直热爱学习的孩子。这时，我不是想到“这个孩子不勤奋学习”，而是会问自己“卡尔怎么啦，他遇到了什么问题或不愉快的事吗？”而不是马上去训斥儿子，而是寻找一个合适的时机耐心地和他交谈。

有一次，我发现他手里捧着书发呆，我知道儿子表面上是在看书学习，实际上却没有翻过一页书，思想不知早已跑到哪里去了。休息时，我对他说：“不管做什么事，都要专心致志，只有集中精力才会效果显著，如果心不在焉，即使花费很多时间，也毫无意义。不集中全力去学习和工作，等于浪费生命。”

“爸爸，您注意到我学习时开小差吗？”卡尔看着我小声地说。“是的，我注意了。你不是一直对学习保持着浓厚的兴趣吗，可今天怎么走神了，忽然对学习不感兴趣了呢？”“不，爸爸……”卡尔没有立即回答，稍微想了想才对我说：“我对学习仍是兴趣十足，尤其是在我掌握了那些知识后，我真的感到了幸福。”“那你今天怎么在学习时走神呢？”我不解地问。

“只是……只是……”卡尔难以张口说下去。

“只是什么？”我猜疑儿子心中肯定有解不开的疑问，于是我耐心地对他说，“告诉爸爸，好吗？有什么疑问爸爸可以和你一同解决。”

“只是我今天突然想到，学那么多的东西会有用吗？”卡尔说出了他的心里话。

“我如果学习一些手艺可以做很多我实用的东西。好比学习木匠活，可以做家具和建造房屋，学铁匠活，可以制造炊具和农具，但我学了那些语言和诗歌，能做什么呢？难道只是为了好玩吗？”

我听了卡尔的说，喜不自禁，因为我知道，卡尔已经开始向深层次思考问题了。现在是对儿子进行深层教育的大好时机。于是，我对儿子说：“孩子，你能想到这个问题，我非常高兴，这说明你在认真思考。”

我首先对他的这一行为，表示肯定，然后尽我的力量，去帮助他解决疑难。

“首先，知识是一切力量的源泉。比如说，如果你没有力学的基础知识，你就不会知道一座房屋需要多大的木材去支撑它；如果不会数学，你就不会预算耗材，更不会选择最合理的设计；如果你没有审美知识，你就不会能建造出漂亮的房屋；如果没有知识作为基础，这样的木匠可能永远也建造不出房屋，他除了每天只能对着木头发呆，还能做什么呢？”

卡尔听后不禁笑了起来。我又接着说：

“如果铁匠不懂火，怎能将铁熔化变形，怎能做出那些炊具呢？如果连这个最基本的道理都不懂，那么这个铁匠就不算是一个真正的铁匠了。”

我做了一个用咬牙的动作，“你猜猜会有什么结果？”

“一定会把牙摘掉的……”这时他大笑起来。

我也被逗乐了，我又对他说：“诗歌、文学、绘画、音乐、哲学，这些都是人类智慧的结晶，是世界上最美好的东西。还有语言文字，这些是只有人类才具有的。为什么要你学习各种不同的语言呢？目的是让你去了解不同国家、不同地域的文化。”

“你说你喜欢但丁，不懂意大利语，你是不可能真正地去理解但丁的。他所写的那些美妙的诗句，只能用意大利语，才能更好地体会。”

我接着说：“更为重要的是，孩子，就像你自己说的，你在学习中体会到了快乐与幸福，难道这还不够吗？一个人有了快乐和幸福，他还企求什么呢？”

此时的卡尔异常兴奋，心中的疑团早已烟消云散了。

孩子能够学有所成，关键在于他的求知欲和学习中体会到的幸福感。作为父亲，对儿子的疑问，当然应当给予耐心的帮助和解答。爸妈要是对孩子的行为只是片面地理解而不去思考，那么，不但不能帮助孩子，而且还会产生一些负面的影响。

假如，卡尔学习开小差了，我责骂他而不是关心和帮助他，那么情况就会完全不一样了。

比如，当我看见儿子捧着书发呆，只是做做样子，并没有翻动一页书的时候，我非常生气地冲上去打了儿子一记耳光，并且严厉地对孩子说：

"臭小子，你到底在想什么？"

儿子惊呆了，支支吾吾地说："我，我正在学习。"很明显，儿子在撒谎。

于是，我冲着他大吼起来："还在撒谎骗，你知不知道学习时，开小差是不对的？"

卡尔不作声。那我更生气地大声问："小兔崽子！你没听见我的话吗？"

儿子本想跟我说出他的一些想法，这时候，却不知说什么好，一直说不出话来。然后我继续训斥他："你想什么？快说，让你学习，你却坐在那里发愣，太不像话了！"

"我在想学这些东西有什么用"，卡尔鼓足勇气表达出他的想法，"铁匠能够制作农具，木匠能够修房子，学这些语言和文字有什么用呢？"

我听了儿子说的话，又生气地给了他一记耳光，骂道："没出息的东西，简直不求上进，甘愿去做那些靠体力吃饭的粗人，我简直白教你了……"

"可是，我不懂，我真不明白……"儿子感到很屈委。

"什么不明白？我叫你学你就学，没有什么懂不懂的！"

用这种态度来对待儿子的父亲，是不称职的父亲，这样做既失去了一个教导孩子的良机，又伤害了孩子的自尊心，更为糟糕的是，会给孩子留下极恶劣的印象。他因此会形成一种观念：学习是一件可怕的事，学习的目的就是为了讨好父亲。

幸好我不是这样。

如此教育，怎么能够培养出人才呢？孩子本身的求知欲瞬间荡然无存，还能说些什么呢？

这种垃圾教育，会让孩子将来变得自私、凶残、虚伪和懦弱，还是没有的好。

绝不伤害孩子的自尊心

自尊心每个人都有，就算是孩子也不例外。我坚持认为，要像尊重成年人一样尊重孩子，把他们当成年人一样来看待。

严格教育孩子是正确的，但严格的前提是不伤害孩子的自尊心。孩子的自尊心一旦受到了伤害，后果是十分可怕的。一个本来坚强好好可以取得巨大成就的孩子，一旦失去了自尊心，就会很快成为一个懦夫，一个无赖。

信任，能够使孩子们变得自尊。无论大人还是孩子，得到别人的信任，就能够自重。不许孩子干这，不许干那，往往适得其反。如果给他们以信任，耐心地说服他们，这样才会有好的效果。如果爸妈始终把孩子当坏人对待，那他就有成为坏人的可能性。在爸妈的压力下，孩子就会渐渐失去做人的信心，最后，他们的自尊心将不复存在。

卡尔和我们一起用餐时，我会把他当做是大人，和他一起聊天，讨论饭菜的味道。与他谈论的话题也都是他所懂得的话题，与他平等交谈。有的爸妈，在吃饭时不让孩子说话，爸妈严肃得吓人，孩子的感觉不是在吃饭，如同在受罪一样。甚至还在饭桌上把孩子的缺点全部翻出来，像是审问一样。这样，孩子不仅得不到吃饭的乐趣，还影响了食欲。更重要的是，给他们心理上造成了影响，孩子们会产生强烈的自卑感，觉得自己一无是处。这样的爸妈，置孩子于自卑、畏缩的状态中，那还谈什么自尊心呢？

还有些爸妈，为了使孩子容易管教，故意用严厉的方式来对待孩子，让他们处于畏惧自己的不平等地位，搞得自己像一个君主，孩子像一个奴仆。这样的教育，很容易让孩子变得胆小、怯弱，变成一个失败者。在家里，卡尔是我们所有人的好朋友，我们和平相处，平等相待，相互尊重。

不仅孩子，成年人有时也会有很多的问题不合逻辑。所以，不论孩子提出多么滑稽的问题，嘲笑是不可取的。相反，应该亲切耐心地给予解答。如果爸妈嘲笑他，他就会因害羞，而不再提出问题，甚至不再思考问题。孩子获得知识的向导，就是提问，只有善于提问的孩子才可能有强烈的求知欲，从而有学习的动力，所以，爸妈应当充分地利用孩子提问的时机，向他们传授知识。

对于不明白的问题，家长可以问问别人，也可以经过查找资料研究之后再作回答，但决不能敷衍和欺骗他。如果孩子知道他被欺骗和戏弄，他就不再信任爸妈了，他就会成为一个不知羞耻、粗鲁的人，后果将不堪设想。不少人就是因为小时候受到爸妈的戏弄误入歧途。

对于卡尔我从不敷衍，更不戏弄于他。我一向对卡尔提的问题都非常耐心，因为欺骗是一种罪行，是上帝所不允许的。如果做爸妈的，欺骗了孩子，孩子会不再信任你，同时他也学会了欺骗他人。

有一次，一位父亲自豪地对我说："我的儿子将来一定会成为大政治家。"我很奇怪，他解释道："昨天，我儿子把他母亲储藏在橱柜里的菜给吃了，把剩下的抹到猫嘴上。"

这样的父亲是无药可救的。他以儿子的欺骗行为为荣，可以断定，他儿子的欺骗行为都是从他那里学来的。

很多父母认为孩子做不了任何事，孩子的任何事情都由爸妈包办。结果导致很多孩子很不自信。卡尔的母亲从他婴儿时期起，就耐心地教他帮妈妈扣住衣服上的纽扣。尽管他不会扣，很费时间，但是，他的母亲觉得这是对孩子最好的动手锻炼，总是耐心地让卡尔帮她扣。我认为，这确实是有利于儿子锻炼自己的好方法。

让儿子从小就给母亲扣衣服扣，除了可以练习他动手能力外，还增强了他助人为乐的观念。虽然，卡尔的母亲也花费了很多时间去教孩子穿脱衣服和鞋帽。作为对孩子的一种教育，这是值得的。

很多家长过分地宠爱孩子，视孩子为宝贝，生怕孩子受一丝伤害，不让孩子尽情地玩耍，从而让孩子的身体和大脑没有机会得到锻炼。甚至，有时候会担心孩子看书学习会损伤大脑，就不对孩子进行教育。这是十分愚蠢的做法，只能让孩子变得一无是处。

为了孩子听话，不少父母用恶魔和幽灵等吓唬孩子，以致孩子整天精神恍惚、精神错乱、怯懦、胆小怕事。爸妈应该端正自己的思想和态度。由于孩子都很信任爸妈，爸妈说的话他们都信以为真，爸妈只要注意引导，孩子就不会产生胆小害怕的心理。

我给儿子讲过很多故事，有时也讲神话故事，但我总会告诉他，神话是人们编造出来的，是并不真实的。我经常给儿子讲一些光明的、积极向上的英雄故事，通过故事，让他懂得一些人生的道理。

我认为，家庭是孩子的乐园，是他们爱与欢乐的殿堂，但并不意味着放纵他们。孩子们应当在爸妈的关爱下健康成长，让他们从小就在爸妈心中树立起自信，而不是由于不当教育，让孩子们失去做人的最重要的自信和尊严。

第七章

教孩子如何玩耍和选择朋友

有节制地与伙伴交往

我让卡尔有节制地与伙伴交往，目的是让儿子保持健康的心态。

卡尔十分受伙伴们的欢迎，他从不跟别人吵架。对于坏孩子的不良行为，儿子也不会争吵不休。直到今天，他跟伙伴们之间都没有发生过争吵。在大学里求学时，他常常跟同学们讨论学术上的问题，儿子非常注意不去伤害友情。卡尔比同学们小很多，一些同学因此妒忌他。但是，儿子都处理得理智宽容，以致赢得很多友谊，有些人甚至跟儿子非常要好。我为此感动不已，非常感激这些善良的人们。

我从不阻止儿子跟伙伴们的玩耍，但是，却要孩子在我的监督下进行有节制的交往。只有这样，孩子们就会相互忍让，更不会想到去做违法的事，这样就避免了孩子不良行为的发生。

这样的教育方法，结果令人非常满意。儿子没有染上恶习，就不会去惹是生非。甚至还能巧妙地化解别人的挑衅。因而，跟卡尔交往过的人都会喜欢他。

我带卡尔游玩过很多地方，临别时，那里的朋友总是不舍得让我们离开。从上面的事实可以证明，儿童要是没有伙伴就会失去童年的乐趣，并会变得孤僻这一观点是很不正确的。我坚决反对那些由于孩子们喜欢在一起玩耍，就要按照孩子的意志去行事的做法。

游戏只能是游戏

成年人身上的诸多毛病，如滑头滑脑、放纵、不能自制、任性，大多是由于小时候受到不良管教的结果。

对孩子放任而不加以管束，他就很可能不加选择地和任何一个孩子在一起玩，从而有可能染上各种不良的习惯，有时还有可能形成一些坏毛病。我经常看到有些没管教的孩子赌博、打架、漫骂。不知有多少次，我去为他们劝解，并为这些孩子拉过架。

每次看到这样的情景，我都非常寒心。本可以成为有礼貌、有学识的孩子，可非常遗憾，他们没有受到良好的教育。

这些没有受到管教的孩子很野蛮，不明事理，即便是在玩抛雪球游戏时，有的孩子也去故意选择那种像石头一样硬的冻雪块来伤害对方，甚至，常常互相投掷石头块造成流血、受伤事件，更为严重的是，眼睛被打坏而永远地失去了光明！

卡尔也曾有一群小伙伴，可是，当我发现那些孩子很野蛮时，就不让儿子跟他们一起玩耍了。我当然无意指责那些孩子，而是说他们毕竟太小，不很理智。他们因为没有得到爸妈正确的指导，从而会做出一些傻事来。

安迪是一个健壮的男孩，可以说是那一群小孩子的领袖。他威严、聪明，而且有非常强的组织能力，他将自己的“人马”管理得井然有序，常常组织一些小孩玩打仗的游戏。然而，有一天，这位“英雄”终于被“敌人”打倒了。

那天，安迪带领小伙伴玩攻城堡的游戏，他将小伙伴们分成敌我双方。安迪带领一些小朋友守城堡，其余的一些小朋友扮作攻城的敌人。安迪挥舞着手中的宝剑与木棍，英勇地站在一辆马车上。他一只脚踩在高大的马车轮上，大喊：“把敌人打下去……”好不威风。

当时，卡尔也在其中，他和安迪并肩作战。“敌人”将石块、树枝向他们猛烈地投掷过来。安迪用“宝剑”，把它们一个个地挡翻在地。

“一定要守住城堡！”安迪和他的伙伴们的想法很一致。可是，敌人的冲锋越来越猛，安迪终于招架不住了。

这时，“敌人”中的一个头领从后面冲到了马车上，趁安迪不留神，狠狠地踢了他一脚，安迪惊叫了一声，滚下马车。

当时，我在家中就听到了惊叫声，那时，我正在家中接待一位客人。不一会儿，卡尔就慌慌张张地跑回了家，还未进门，他就惊恐地叫喊道：“不好了，爸爸，出事了……”

卡尔惊惶失措，我断定发生了很不一般的事。我和客人跟着孩子匆匆赶到事发地点。那种血腥的场面令我终生难忘，连我的客人都惊恐万分。

听孩子们讲，当安迪从马车上摔下去的时候，刚好踩在一把放在地下镰刀的木柄上，不幸的是，那把镰刀从地上弹了起来，刀锋正好刺进安迪的大腿里，安迪倒在地上痛叫。没有哪个孩子敢去取下镰刀，安迪的腿上全是血……那情景实在太恐怖了。

“安迪真是个大英雄！”事后卡尔这样评价安迪。

“儿子，你怎么认为安迪是一个真正的男子汉？”

“是的，他是为了保护城堡才受的伤，他表现得很勇敢。”卡尔充满敬佩的目光。

“不，完全不是这样的，儿子。安迪的做法不是英雄所为，至于把他从马车上推下去的那个孩子，更是无知。”我说。

“爸爸，您不是说过做人应该勇敢吗？您能说安迪不勇敢吗？”

这时，我才发现孩子太单纯，他们分不清不该做的与该做的。

“儿子，今天你们在做什么？”我问儿子。

“我们在玩攻城堡的游戏。”

“对了，那只是一个游戏，不是真正的战斗。”我抓住“游戏”这个字眼开导他，帮他分清真假。

“孩子，我知道你喜欢那些英雄人物，可是，英雄并不意味着鲁莽，并不意味着不顾一切地打打杀杀。”

我抚摸着孩子的头，仔细地给他分析。

“既然是在玩游戏，而且你们都是好伙伴。为什么非要真打呢？这种游戏很容易把朋友变成敌人。你看，安迪很有可能会永远记恨把他推下去的那个孩子，因为他受到了伤害。如果安迪把他当做仇人的话，那是很可悲的，因为仇恨会产生邪恶。安迪也许还会找机会去为自己报仇，那就太可悲了。我不愿看到你的伙伴之间产生仇恨。”

卡尔听了我的话，顿一顿说：“可是安迪的确很勇敢啊。”卡尔仍然没明白其中的意思。于是我又对卡尔说：

“我相信他是个勇敢的孩子，也很聪明。但如果因为游戏而成为一个累累负伤的孩子，长大后什么也做不了。如果他想成为将军，那么现在就应该懂得保护自己。一个缺胳膊少腿的人，怎么能够去领导军队打击敌人呢？”

“你们是孩子，不能把握好游戏的分寸。要知道，游戏只能是游戏，不能真刀真枪地干。如果在真正的战场，敢和敌人去拼个你死我活，那才算真正的英雄！”

“爸爸，我懂了。”这时儿子才真正明白了我的话的含义。

孩子们在游戏中的伤害源于他们的无知。如果爸妈不能对他们加以正确的引导，那后果将是不堪设想的。

我时常告诫卡尔，不要去参与孩子们的斗殴打架，这种伤害比玩游戏中的伤害更甚。这不只是对身体，更重要是在孩子幼小的心灵中留下阴影。

天下没有什么比孩子心灵中产生的仇恨更可怕的了。仇恨能让一个人不善待他的爸妈，蔑视周围的人群，更加陷他于孤立无助的境地之中。

有些儿童不能分辨是非善恶，就是由于爸妈没有正确教导，因为爸妈没能使他们愉快地度过童年，他们闲散无聊，不懂得世界上还存在很多美好的事物。他们不知道读书，不知道书本的魅力，更不会在文学、艺术中去寻找快乐。孩子没有得到正确的指导，怎能够幸福呢？整天无所事事，打架、欺负他人，更有的沉浸在邪恶的赌博之中。孩子们假如这样度过童年，我不敢想象，这些孩子会有怎样的将来。

没有得到良好家教的孩子是不幸的。

世俗的人们会认为，孩子性格的好坏和才能的高低都是天生的。他们经常说：“我的那个孩子糟透了，简直不学好，怎么教他都没有用。”每当听到这样的抱怨，我都感到悲哀。你都对孩子失去了信心，那么这些弱小的孩子还能有美好的前途吗？我可以毫不客气地警告这样的人：你们不配为人父母。孩子本身是好的，孩子的错都是因为你们的过错。

正因为如此，我对卡尔选择伙伴有着严格的要求。我尽量让儿子和那些有相同爱好的孩子聚在一起，他们可以在相同的志趣上一起学习，相互之间能够学到一些好的东西。

我经常看到卡尔和孩子们一起朗诵诗歌，或是扮演某个戏剧里的角色，有时候他们又为某个问题而争论探讨，我会为此而感到非常的高兴，这正是我很乐意看到的事情。

在游戏中体验人生

我最大的幸运，莫过于我娶了一个好妻子。她是一个善良而聪慧的女人，更是一个能干和有责任心的伟大母亲。教育儿子，她也付出了大量的精力，卡尔能有这样的母亲，是他的最大幸福。

卡尔的母亲与其他母亲不同。例如，当我给卡尔买了炊事玩具后，她不是把炊事玩具交给孩子撒手不管了，她会很好地利用这些玩具来开发儿子的潜力。

卡尔的母亲经常能够一边做事，一边解答卡尔提出的问题，并且还监督卡尔，让他用炊事玩具来练习做各种菜。她还通过各种烹饪游戏使孩子能够享受到生活和增长知识的乐趣。

有时，卡尔会扮演成家庭主妇的角色，而让母亲充当厨师。这样，有了什么事情妈妈就得向卡尔进行请示。如果卡尔下达的命令不得要领，那就没有资格再当主妇，而降级为厨师。重新当上了家庭主妇的母亲，就会发出各种命令。例如，命令卡尔洗菜，或者去拿取某种佐料等等。

如果卡尔将事情弄错了，没拿到该拿的佐料，那他就连做厨师的资格也没有了，只好被开除。

我时常听卡尔的母亲兴致勃勃地给我讲她和儿子之间进行的有趣游戏。

一次，她对我说："让卡尔当妈妈，我当孩子，真是有趣极了。这时，卡尔就给我下命令，而我故意不配合他，不好好做或者干脆不做。如果卡尔没有看出来，那他就没资格再做母亲。

但是，卡尔一般都能观察出来，还一本正经地给我提意见。那时，我就说：'请原谅，今后一定注意。'有时我故意不认账，这时，卡尔就用我训斥他时的口吻来训斥我。"

"有的时候，卡尔当老师，我当学生。如果我有意把卡尔讲得很成功的地方说成是失败的，他就会批评我。"

通过这类游戏，卡尔在今后的生活中掌握了更多的成功经验。

做类似这种演剧式的游戏还有很多，有时像演剧本一样地行表演。比如，他们常常表演某个故事或者书本上的某个历史事件的某些情节。有时还在游玩过的地方，做“旅行游戏”等等。通过这些游戏，小卡尔学到了有关历史和地理等方面的知识。

有时候，我也会和孩子做类似的游戏。我们会玩扮演将军和士兵的游戏。有时，他可能是一个威武的将军，来指挥我这个士兵；有时，他又会扮成个冲锋陷阵的士兵被我指挥。儿子无论是当将军还是当士兵都非常地活跃。

根据自己的体验和理解，儿子常常把自己所扮演的角色演得形象逼真，他充满了想象力和自主性。他会根据自己的体验去扮演不同的年龄、性别、身份或职业的人。

这些游戏对儿子有很大的帮助，不仅培养了孩子的独立、记忆、观察、判断和创造能力，还满足了他的好奇心，并且可以充实孩子的精神世界，有利于增强他的语言和组织能力。

书中的故事对儿童来说具有很大魅力，是儿童的精神食粮。我跟妻子经常教导卡尔要将书中的人物、故事表演出来，有时我们也参加孩子的表演。

这确实是一种很有意思的游戏，我们成年人玩起来都觉得很开心。做游戏能够让孩子对故事的印象更深刻，而且还能增强他的创造力。卡尔在做游戏时，运用各种动作去演故事中的情节，还扮演了形形色色的人物，通过这些锻炼，增强了儿子的审美观。

我常常为卡尔选择一些健康活泼、语言优美、角色可爱、比较容易表演的故事，和儿子一起做游戏。情节简单的游戏，方便理解和记忆。一般来说，选择的故事对话越多，对培养他的语言能力越有帮助。在表演之前，我会把故事的大致情节给儿子讲明白，不仅让他清楚自己扮演角色的语言和动作，还让他明白整个故事和其他角色。比这重要的情节我都更加仔细讲述，让他很好地理解来加深印象。

我还让孩子参加游戏的准备工作，并为他创造一种环境和气氛，来增强孩子的表演欲望。我时常告诉儿子，不要太拘泥故事本身，以此可以大胆想象，表演时可以自由地发挥。对于一些特定剧情的表演，如爬山、过河等，在没有表演道具时，我就教他用象征性的语言和动作来加以表现。

在表演过程中，我一般会进行适当的指导，让儿子知道自己干些什么，充当什么角色，并对自己担任的角色产生兴趣。有时候，我会为儿子做一些表演性的示范，但从不要求他一定要照着我的表演动作去做，因为这样会减少给他想象和创造的机会。

为使游戏更有趣味，我还设计了不少形状各异的木块，让孩子来玩，儿子兴奋地用这些木块盖房子、建教堂、修塔、架桥、或者修筑城堡。由于建筑游戏需要做游戏者仔细动脑筋，因此，这些做法对孩子智力的开发大有好处，这也有利于锻炼儿子的毅力。

有一次，儿子花了很大的工夫，才用木块搭起了一座有外围城墙的大城堡，还造了一座通往城外的精致小桥。卡尔兴高采烈地叫我去观看时，一不小心，他的衣角扫在城堡的上部，高高的钟楼一下子坍塌了，并且把其他的房子等建筑物也砸坏了，甚至连他精心搭建在城外的那座令他很满意的小桥也荡然无存，儿子精心建造的城堡转眼间变成了一片废墟。

我看到他时，他正愁眉苦脸地坐在那里，望着一堆东倒西歪的木块发呆，我心中已经隐隐知道发生了什么事。卡尔一看我走过来就对我说：

"爸爸，它被毁掉了，是我不小心毁掉了。多可惜呀！这么美的城堡……"卡尔说着都快要哭了出来。

我安慰儿子说："儿子，既然是由于不小心造成的，就不必去抱怨，更不应该难过。能做好第一次，也一定能做好第二次。干嘛不重新做一个，也许还会更好呢。"

卡尔在听了我的话后，马上又振作起来。其实我知道，这事说起来容易，做起来难。因为卡尔搭建的是一组很复杂的城堡。要他做第二次，非要有很强的耐心和毅力。但我相信儿子能够做到。

不出我所料，不多久，卡尔终于重新建成了城堡，并邀请我去欣赏他的作品。

当我看到儿子那精美的建筑作品后惊叹不已，压根没想过他会做得如此精妙。

儿子高兴地对我说："爸爸，我认为这一次比前面那个做得要好一些，因为我在做第二次的时候，又对它做了不少的改进。并且做得快了许多。"

我兴奋地对儿子说："祝贺你，儿子，真了不起！"

这种结果是肯定的。由于有了第一次的经验，只要孩子有足够的信心开始第二次，那么就会有更好的成果。

除此之外，我还教儿子做与生活有关的各种游戏，但这只是在他很小的时候。我在那个时期，努力通过游戏让儿子得到全面发展。

我认为，与孩子做游戏时也要注意方法，能开动脑筋的游戏是最适合的。这样孩子就很少会感到枯燥无味，也就不会借此哭闹滋事。

虽然儿子玩具很少，但是他会用有限的玩具，愉快而幸福地玩要着。即使在漫长的冬天，他也不会感到无聊。

我和儿子做的各种游戏

游戏不仅是一种娱乐，只要善于利用，也可以成为孩子学习知识的有效的方法。

孩子哭闹不休，爸妈经常是给玩具或糖果等。我为爸妈们采用这样的方式而感到难过，实际上，这种做法是不可取的。因为孩子的乐趣不只是吃喝玩要。孩子除了味觉的乐趣，还有视觉和听觉等其他乐趣。在卡尔小时候，为了不让他哭，他的母亲就给他颜色鲜艳的东西或是敲钟来哄他。孩子吃喝过多，不会有好处，往往会变得迟钝，容易生病。

为了孩子各方面能力的长足发展，我准备了与之相配套的游戏。我还为他准备了一个卡尔运动场。那里有各种器具，有的可以用棒子敲打，有的可以悬垂，这样可以练就他发达的肌肉。孩子做游戏不能盲目，要求必须有一定的目标性，使他在精神上、身体上、道德上等各方面的能力都成长起来，不可使他空耗精力。

做与孩子爱好一致的游戏，也是十分必要的，更容易开展，因为这是孩子的本能。经常玩能够培养孩子兴趣爱好的游戏，非常的重要，开展起来也不是很难。

我和儿子经常玩瞎子摸象的游戏。事实上，几乎所有孩子都爱玩这种游戏。具体的玩法是：把孩子的眼睛蒙上，给他各种物品，让他猜是什么东西；或者，让孩子在屋子里摸索，碰到一件东西，就让他猜是什么，这类游戏能有效地发展孩子的触觉。

为了发展孩子的视觉，我们也做一些数数的游戏。把一些小物件放在桌上，让儿子看过后，准确地说出物品的个数。我利用一切机会和孩子做类似的游戏。比如，在饭后，见到盘子摆着的苹果，我马上就问：盘子上有几个苹果？或走路时，见到路旁的东西，就问：那是几个？甚至，在另一房间里的桌子上放上各种不同的物品，让孩子看一眼，马上让他说出是些什么物品。

这类游戏，确实可以使孩子视觉变得灵敏，记忆力得到提升。

训练视觉的游戏还有很多。比如，让孩子在室内准确地找出家里的某件东西。首先，我会提示，这是什么颜色的物品，并给他一定的线索和机会。要是孩子连续猜了多次，都没有猜对，就得变换角色，轮到他说我猜了。

我们还做乘法口诀的游戏。把 5×7 或 8×9 写在口诀卡片上。让他把这些卡片字朝下摞起来，一张一张地往外抽，抽出一张翻过来看，尽快地说出结果。如果不能马上说出或说的不对，我便说出来，并把说对的卡片拿走。

为了让孩子进行自我控制，我还和他做“模仿铜像”的游戏。我让他摆出某种姿势，然后开始数数，在规定的数字内不许改变姿势，这样做的目的，是让他学会控制自己的肌肉。据说希腊人喜欢做这种游戏，恐怕就是通过这种游戏，他们才锻炼出了他们那优美的动作吧。

为了培养小卡尔的判断能力，我经常带着他四处散步，第二次去的时候，我就让他带路。这以后，小卡尔从 18 个月起，就可以带着他的母亲和女仆人四处游玩，而不会迷路了。

我还教儿子搞园艺，让他在高兴的同时，还锻炼了身体和智力。卡尔刚学会走路，我就在院子里给他开辟一块小园地，并买来小铁锹和小铲子等工具，教他播种、栽花、除草、浇水等。这样，他又有了新的兴趣，并且在劳动中逐渐培养成了忍耐精神。

前面提到的卡片游戏，是从纸牌游戏中发展来的，这类游戏，既能提高孩子的记忆力，又能促使他动作敏捷。我把孩子所有的功课都编成卡片，和他一起做游戏，让他在这种巧妙的游戏中，轻松愉快地学习各种知识。

第八章

随时注意夸奖孩子的妙处

孩子信心的源泉

“你是非常聪明有能力的孩子。”这是我在教育尔尔时最常说的一句话。每当卡尔遇到困难和挫折时，我总是用这样的话去帮助他摆脱内心的苦恼，树立自己坚定的信心。

“相信你，你一定能够做好的。”每当孩子痛苦和失落之时，我就会鼓励他。每个人都会有信心失落的时候，更何况是一个年幼的孩子？他太弱小，在他的人生之中会遇到很多难题，而我们就要竭尽全力来支持他。孩子只有信心十足，才能在未来敢于面对一切挑战，才可能拥有幸福。

孩子的信心从何而来？来源于有效的夸奖，尤其是爸妈的夸奖。孩子需要夸奖，需要鼓励。夸奖，不仅仅表明了爸妈的信心，同时也让孩子鼓足勇气。

如果我对卡尔从小就缺乏信心，我简直想象不出他现在会变成怎样的一个人。

卡尔刚开始学习写作的时候，对自己没有丝毫信心。当他慌张地把他的第一篇作文递给我时，我就注意到他没信心，显得很有些不自在。在我读完他写的文章后，我心里清楚，那的确是篇糟透了的作文，存在着不少的问题：问题没有交代清楚，句子不完整，还有很多错别字。

但我更清楚，孩子这时最需要的就是鼓励。我不能如实说出“不好”两个字，因为这样不能解决问题，我必须鼓励孩子。

“非常不错，这是你第一篇作文，比爸爸刚开始写作的时候好多了。”儿子没有想到我会说出了这么一句振奋人心的话，他立刻就兴奋起来了。

过了几天，孩子把他的第二篇文章给我时，已经明显比第一次好多了。

自信是信心的基础。一个不自信的人，也就无所谓信心。通过有效的夸奖，可以很容易地树立起孩子的自信。

无论大人，还是孩子，不管干什么事情，如果没有自信，终将一事无成。反之，他将是无坚不摧的。

在教育中，我深深地体会到：教育最重要的就是要孩子拥有自信。

不少妄自尊大的爸妈，对孩子缺乏应有的尊重。虽然幼儿并不知道自尊的含义，但他们却拥有一颗自尊心。对爸妈的情绪，他们十分敏感，如果爸妈对他们爱抚和夸奖，他们会报之以微笑和撒娇；对于来自爸妈的嘲笑和漠视，他们会以发怒和任性来对抗。

我时刻不忘自己检讨：是否对卡尔有足够的尊重？我在卡尔的成长过程中发现，爸妈只要认真调整对孩子的态度和做法，孩子的任性是可以克服的。

仍用卡尔作文为例。如果我看到卡尔的文章一无是处，便立即给予否定，甚至骂他，这样，就挫败了孩子的自尊心自信心。恐怕以后他再也没信心去写文章了，这就抹杀了他写作的才能。

评价事情总有个优良中差。卡尔得了“优”，我自然要夸他，这能更增加他的信心。得“良”“中”，夸奖也是必要的，可以让他找找差距。即使很差，更要善于夸奖，不要让孩子有穷途末路之感，多帮孩子找原因，关键是要找出孩子闪光之处给予夸奖和鼓励。

美好的事物总是让人回味无穷，丑陋的东西总是令人避之不及。夸奖可以使被夸者产生美好的心境，从而留下美好的回忆，增加了他的自信心，他就会不断地前进。

每当卡尔做了好事时，我总不忘夸奖他。这时他总会眉飞色舞，信心百倍。我认为，只要孩子有一点可取之处，就应毫不吝啬地给予夸奖，不能过于挑剔。即使有些地方做得不够好，只要态度诚恳并愿意改正，爸妈就不应该批评他，而是要网开一面，既往不咎。

任何人都可能成功，也可能会失败，失败的时候往往比成功的时候更多。当孩子失败了，“我就知道你不行”之类的话，绝对不能从爸妈嘴里说出来，爸妈唯一要做是，鼓励并帮助他从失败的阴影中走出来。

孩子的天赋是多方面的

孩子的潜能能否得到最大程度的发挥，关键在于爸妈。只要爸妈善待孩子的天赋，他一定会乘风破浪，扬帆远航。这一点，我深有体会。

孩子的优缺点与生俱来，教育孩子应该扬长避短，这是每一个爸妈神圣而不可推卸的责任。

孩子对音乐有天生的兴趣，听优美的音乐可以使孩子的大脑得到有效的训练。如果孩子对音乐十分入迷，对音乐节奏十分敏感，那么这个孩子就可能有音乐天赋，爸妈应该用各种方法对其进行引导开发。

孩子的绘画才能是从分辨各种颜色开始的，如果孩子对颜色很敏感，并且经常在地上、墙上涂抹，那么这就意味着这个孩子可能有绘画的天赋，爸妈就应该准备画笔、颜色和纸张，激发孩子画画的兴趣，同时还应该带他去欣赏大自然，丰富孩子的视野。

喜欢背诵、说话、讲故事是孩子具有语言天赋的表现，说话特别早的孩子尤其应该引起爸妈的重视。孩子的语言天赋也跟后天训练有较密切的关系，经常与婴儿“对话”，能激起他对语言的兴趣。

语言能力是人的一种最基本的能力，因此，爸妈要多鼓励孩子小时候多说话，经过长期的练习，孩子长大后定能巧言善辩。爸妈对孩子发音不准，用词不当，绝不能讥笑，而应适时给予地引导和鼓励。要知道，孩子说错了话是很正常的事情，不说错话那才叫不正常。

卡尔在 9 岁时就能熟练地运用并翻译法语、意大利语、拉丁语、英语以及希腊语，这与我对他的鼓励有很大关系。

在我看来，想象力比其他知识更为重要，因此我把对想象力的培养放在教育的第一位。

不少人教育孩子，总是不遗余力地向孩子灌输各种知识，却忽视了想象力的培养。我认为学习知识只是开发各种能力的手段，不能作为目的。我们所要做的，就是通过教给他们知识以培养他们的各种能力，尤其是想象力。

想象力没有一个具体的目标，只有在具体活动之中才可以有效进行。孩子越小,这一点就显得越重要。

每当儿子扮演古代骑士,模仿小鸟飞翔时,我往往夸奖他做得很好,因为这是他发挥想象力的表现,其效果是不言而喻的。这样孩子年龄越大,他的想象力也就越丰富,越独特。

喜欢听故事,这似乎是孩子的天性。他们能够不厌其烦地听同一个故事,并且经常在爸妈的讲述过程中查漏补缺、添油加醋。这是一个绝好的现象。不管他加上的部分是否合理,大人都应当鼓励。

卡尔有时会虚拟一些并不存在的事情,尽管错误百出,很不合理,我也不会嘲笑他不对,而是及时予以纠正鼓励。我知道,爸妈的责任应该是夸奖他们的想象力,并引导他们继续想下去。通过对卡尔的这种夸奖和诱导,我发现孩子的想象力越来越精妙,越来越丰富。

创造力也是孩子能力的一个重要方面,除了要培养他的想象力外,我还注重培养儿子的创造力。卡尔之所以富有创造力,是因为他的脑袋里没有什么条条框框,因为,爸妈设定的这些条框在无形中就会封杀孩子的创造力。

有一次,一位老朋友来我家做客。看见卡尔正在用蓝颜色画一个大大的圆圆的东西。

他问卡尔:"孩子,你画的是什么啊?"

卡尔回答说:"是一只大苹果。"

朋友说:"可是苹果怎么会是蓝色的呢?"

卡尔回答:"我认为是蓝色的。"

朋友对我说:"我的老朋友,你应该教教孩子。他竟把苹果涂成了蓝色,你应该告诉他那是不对的。

我感到很惊讶,说:"这是为什么呢?我为什么一定要告诉他用红色呢?我认为他画得很好,也许孩子今后真的会栽培出蓝色的苹果呢。现在的苹果是什么颜色,他吃苹果的时候自然会明白的。"

孩子的创造力就是在自己的想法中发展起来的。如果用大人的标准去要求孩子,对孩子不合乎"规矩"的行为时时加以"纠正",那么孩子的创造力就会消失。

卡尔小时候,经常趴在地上,聚精会神地观察两只蚂蚁搬一颗饭粒,这是因为好奇。在这时候,我绝对不会去打扰他。有时,他还会把观察后的结果告诉我,说这只蚂蚁怎么啦,那只蚂蚁又怎么啦。这时,我会夸奖他观察得仔细。

夸奖孩子的好奇心，对创造力的培养十分有益。通过夸奖，可以使孩子的好奇心更强。我时常把孩子引向大自然，让他去观察花鸟草虫，去遥望满天星星。对于闪电雷鸣、阴晴雪雨等一切自然现象，在好奇心的驱使下，他总会不断地有问题提出来。

对于孩子的好奇心，做爸妈要耐心地加以保护，并且善于将其引入正常发展的轨道。这样孩子才能置身浩瀚的知识海洋，读书、观察、动手、搞实验，这会给孩子带来无限的乐趣，各种能力也能很好的发展。

教儿子学会面对失败

通往天堂之路的过程是漫长的，学会面对失败，我认为这是孩子迈向成功的第一步。在儿子 5 岁的时候，我就开始培养他各方面的能力了，当然我认为最重要的，就是培养他积极向上的性格。

在人的一生中会有很多失败，教育儿子如何面对失败，战胜失败，是非常重要的事。很多时候，正是因为害怕失败反而导致真正的失败；因为不怕失败反而能走向胜利。

害怕失败，孩子会产生很大的心理压力，本来能够很容易做到的事情，反而做不了；害怕失败，孩子心里会产生不做不错，多做多错的想法，丧失尝试的勇气和动力，从而始终处于一种无能为力的状态。

在这方面，我对儿子很宽容，即使儿子在某一件事上失败了，我也能够允许他再失败一次。谁都知道，孩子说话、走路，谁也说不明白，到底失败了多少次，可是最终却成功了。这不是对做爸妈的一个最好的启示吗？

如果这种畏惧的心理不能消除，时间久了，孩子就会对任何的事物都没有兴趣，就会养成不想参加任何活动的习惯，这极大地危害了他的心理健康。久而久之，孩子就会变得内向、郁郁寡欢，这样的人他的一生怎么会快乐和美好呢？

所以，儿子无论做什么事，只要不违背做人的原则，不做损害他人的事，我都全力支持他、鼓励他勇敢地去尝试。我认为，只要让他有了不怕失败的勇气，再加上正确的引导，一切都会成功。

我反对爸妈包办孩子做事的做法,久而久之,孩子便失去了独立思考的能力。不管什么事,都要爸妈出主意做决定,这是完全错误的。

我总是让卡尔去做力所能及的事情。尽力杜绝他以"我不会"为借口换取爸妈的帮助。每当儿子自己不会做某一件事的时候,我总是这样对他说"让我教你怎么做"。

由于儿子在各方面发展良好,每当遇到挫折的时候,他就会得到我和他母亲的帮助和鼓励,从中找回自信,从而形成了乐观向上的性格。

如何夸奖孩子更有效

卡尔在养成这些好习惯的过程中,夸奖的作用功不可没。很多父母可能没有意识到这一点,他们认为孩子良好行为是天生的,是理所当然的,因此就不想去夸奖孩子。其实,孩子良好的行为得不到及时的夸奖,脑海中就不会形成印象,最终,良好的行为就不能成为习惯。

然而,不少父母在无意之中采用了完全相反的做法。比如,对撒娇的孩子给予不恰当的呵护,这样,在不知不觉中就强化了孩子的不良行为。

在生活中,我经常发现孩子们有打架、浪费、偷东西、撒谎等不良行为,通常他们的爸妈采取打骂的方法进行教育。这样做解决不了任何问题,还能产生副作用。

有些爸妈坚持认为,对于孩子的坏行为,完全可以用惩罚的手段来制止其实,这是一种十分错误的认识。

这样会给孩子一种错觉,在他看来,这种惩罚似乎是一种奖励,正是这些行为引起了爸妈的重视,从而对这些行为印象更深。因为孩子往往会选择那些引起爸妈重视的行为,很多孩子习惯于恶作剧,原因即在于此。

爸妈多关注什么行为,这种行为就会逐渐成为孩子的习惯。因此,爸妈应多加关注孩子的良好行为,给予及时、恰当的奖励,而对不良行为就要漠然处之,不给其加深印象的机会。

夸奖孩子的好行为越早越好,孩子年龄越小,实施起来越容易,效果也越明显。我曾对这一问题做过研究,当孩子进入少年时代,这种夸奖就有了一定的难度。因为在这个时候，孩子的独立性越来越明显，有一个反抗爸妈的阶段。

为了让夸奖发挥更大的作用，爸妈应该明确区分孩子的情感与行为。孩子的内心世界，如爱、高兴、生气等，是孩子独有的，爸妈往往捉摸不透，但孩子高兴或生气时所表现出来的行为确实是看得见、摸得着的，是爸妈可以给予正确引导的。

因此，爸妈虽然难以控制孩子的情感，但是却可以监控孩子的行为。所以，对孩子的夸奖，应是他的行为而不是他的情感。

作为爸妈，主要是对孩子好的行为给予及时夸奖。对于孩子有无良好行为，爸妈不能着急，只要孩子表现出良好的行为，爸妈就应该及时进行正面强化，巩固这种行为。

我一般以情感与物质两种方式对卡尔进行夸奖，我深深地感到，情感方式往往比物质方式更有效。

情感方式有表扬、亲吻、拥抱等口头或身体的行为。这种方式对于爸妈来说是无穷的，千万不要吝啬。

物质方式是一种补充方式，如给孩子他所喜爱的东西等等。只要得到了奖励，卡尔就会欢欣鼓舞，他并不会在乎奖励的多少。

在教育卡尔的过程中，我发现在他年龄很小的时候，大多数情况只采用情感方式奖励就足够了，情况特殊时才给予物质奖励。

但是，我对卡尔的夸奖并不随意，否则，他就无法知道我是在夸他。我总是在他表现出良好行为时才给予夸奖，并且告诉他原因。

每当卡尔用值得提倡的方式做事时，我就抓住时机给他奖励。我认为这样对于培养他良好的行为具有十分重要的意义。如果当他学会了新的行为，并且能够地理智地去实施时，我不是每次都给予夸奖，而是隔一段时间有针对性地夸奖。这种夸奖要让他感到意外为好。

让孩子以自己的行为去获得奖励，他就会继续表现他的良好行为。

因为已经形成习惯，孩子就知道怎样做才能博得别人的赞同，并为此而感到满足和高兴。

在此，我建议那些爸妈，要去发现孩子身上的闪光点，尽量夸奖孩子的良好行为。同时，也要做到不要揪住孩子不良的行为不放。对于那些个性很强，精神旺盛，从不受别人指使的孩子更应该这样，你的孩子一定会变得听话起来。

第九章

努力培养孩子的良好品德

为卡尔做“行为记录”

我花了很大的精力来培养孩子的善行，卡尔很小的时候，我就用有关善行的故事去影响他。只要孩子做了好事，我就及时给予表扬：“好！做得好。”有时，当着他母亲和亲友的面也表扬他：“卡尔今天有一件事做得很好。”

当然，我会把握分寸，以免儿子会骄傲自满。我也不会放肆地张扬这些事，只是对少数人提及。

卡尔稍大一点后，我就教他背诵一些有关道德修养方面的诗歌。我认为，德国有很多歌颂仁爱、友情、亲切、有度量、勇气、牺牲等良好品德的诗篇，这些都是极其宝贵的财富。我总是让儿子感受这些美好的诗篇，因此，卡尔很小的时候，就可以非常流利地背出这些诗篇。

为了鼓励孩子，我为他做了一个“行为录”，将他做的好事记录下来，留做永久的纪念。这使得卡尔立志要做一辈子好事。

卡尔在孩提时代，总会为自己的好事上了“行为录”而欣喜若狂，他经常翻阅这本册子，总会流露出幸福快乐的表情，我相信它可以成为孩子最幸福的回忆。

我对儿子善行的教育，与我培养其他良好的习惯一样，从不强迫他去做任何事，而是让他感到，这样做是一件快乐的事，在此基础上，让他自愿地坚持做好事和在克制自己中体会到喜悦。

当然，让孩子理解和记住这些喜悦，不是一件轻松的事情，不过也不是绝不可能的事。我相信，只要耐心教育，孩子一定能够从善行和克制中找到乐趣。

我精心培养卡尔的善行，是为了使他成为一个高尚的人。为此，我经常告诫卡尔，善有善报，恶有恶报，并给他讲一些做坏事遭到报应的典型例子。

不少父母在孩子成长过程中对孩子的一些不良行为会常常抱怨：

“孩子为什么总是说谎？”

“孩子为什么很任性？”

“为什么没有善心，不会善待小动物？”

面对这些问题，爸妈感到既困惑，又无奈，他们常常因为教不好孩子而感到难过，甚至有了当初不让儿子出生的想法。

也有的爸妈说我竭尽全力来教他，却不知他这些没有道德的行为如何改正，他一点也不善良，不懂得体贴人，任性、霸道、撒谎，没有一点悔过的意思。

不管怎样哀叹，我坚信，没有教育不好的孩子，只有不当的教育。

人不可能随心所欲地生活。社会道德法则会约束人的行为，它并不是空洞的理论，也不是高深的观念，而是情感和行为的规范。孩子刚开始的约束来自于他身边最亲近的人。要是孩子最亲近的人善良正直，这种优良品德就会影响到孩子，让孩子受到教育。爸妈关心孩子们的健康成长，主要是让他们精神充实而丰富，而不是只懂得物质上的享受。

培养善良、有责任感的孩子，是对爸妈最基本的要求。孩子们是否能正确理解美善，决定着他们能否成为善良、有责任感的人。一旦我们在这方面稍加放松，不良习性就会趁虚而入。一个丧失道德良知的孩子，会伤天害理，冷漠，没有任何的同情心，以致成为社会的罪人。他们认为伤害他人，扰乱社会是理所当然的事情。当他们的罪行被社会揭露时，人们会感叹，这原本也是一棵可以成材的小树，但是现在却不知在何时沾染了恶习，而变得如此堕落？当家长看到自己的孩子走到今天的地步时，一边扪心自问，一边痛心疾首。

很多的爸妈就习惯于用简单的奖惩方式来对待孩子。当孩子有良好的表现时，就给予奖励；反之，就横加惩罚。这是一种不负责的表现，也是一种对孩子不负责任的逃避行为。

要是孩子掌握了这种奖惩规则，他会觉得这只是一种互换的关系，他就会采取一些对付的办法。作为爸妈，如果不做认真分析，无视孩子们的内心世界，不对症下药，孩子就不可能明辨是非，奖惩一旦改变，便没有任何理由要他继续坚守原有的规则了。

给孩子进行惩罚只能是一种短期的、表面有用的教育方式，其实，对于教育孩子毫无意义。孩子会形成“这样做了可以获得奖励，那样做了就要受到惩罚”的观念，这跟真正地明辨是非截然不同，只能使孩子学会察言观色，投机取巧的恶习。所以教育孩子时，我总是通过一些有效的方法让他懂得什么是善、什么是恶，让他真正领悟到行善的愉悦，而绝不是简单的奖励或惩罚。

只有在德、智、体全面发展的人才算是理想的人。只重视孩子的身体，他们将成为头脑简单、四肢发达的可悲愚人；只重视智力，孩子将成为弱不禁风的病夫。然而，只重视品德教育，孩子会成为懦夫。这种人对社会、对人类都是无用的，因此，对孩子的教育必须三方面并进，让孩子们的德智体得到良好的发展。

教育孩子不仅要发展他们的智力，也要培养他们的品德及善行。如同智力的培养需要从孩子一出生就开始一样，孩子优秀的品德也必须从摇篮里就开始熏陶，否则，将来是没有希望的。道德教育，开始得越早越好，这点我深信不疑。

孩子的心灵是一块奇特的土地，撒下思想的种子，就会有行为的收获；撒下行为的种子，就会有习惯的收获；播下习惯的种子，就会有品德的收获，这一切将影响他的命运。

在品德的培养中，爸妈起看重要的作用，因为爸妈是离孩子最近的人，也是相处时间最长的人，爸妈的一言一行，都是孩子模仿的对象。不注意培养孩子品德的爸妈，是没有尽到责任的爸妈。爸妈只要严格要求自己，做孩子的表率，努力培养孩子的好品德，就会为他们的美好前程创造条件。只有这样的爸妈，才有资格受到社会的尊敬。

孩子像是爸妈的复制品，爸妈则是孩子的榜样。我给儿子传授知识，首先自己要做好。对卡尔进行品德培养的时候，我的行为处处小心谨慎，处处为他作表率。

在对卡尔的教育中，我特别注重培养卡尔勤劳的性格。懒惰是各种坏习惯的源头，而勤奋却是孩子重要的品德之一，是幸福之源，是快乐的基础，要是一个人的聪明才智不用到正处．就会误入歧途，那将是令人非常遗憾的。

“任何的坏人也不是出于本人的意愿成为坏人的。”我经常运用柏拉图的这句话来提醒儿子，并要求他养成严于律己，乐于助人的好习惯。孩子的不良习惯大多都是由于家长的教育方法不正确所导致的。如果孩子从小就养成勤奋向上、热爱劳动、关心他人的良好习惯，将来就会成为一个对社会有帮助而又快乐的人。

我告诫天下爸妈，应从小使孩子养成勤恳的习惯，使恶魔无机可乘。教育他们小就爱劳动，好学深思，关心和同情他人，这样，孩子一定会成为幸福的人。

勇敢是一种优秀品质，我要求卡尔成为一个勇敢的孩子。每当孩子受到委屈，很多家长都会心疼地劝慰他，这反而会让孩子觉得自己委屈而更加难过，家长的这种做法是错误的。正确的做法应该是转移孩子的注意力，以摆脱这件事情可能带来的痛苦。

人不应该靠同情来生活，一旦成为这样的人，那是很可悲的。但勇敢的人并不是无情的人，我常常告诉孩子，应该做一个既勇敢又富有同情心的人。

我时常对卡尔讲，你怎样对待别人，别人就会怎样来对待你，让儿子懂得这个道理很重要，我也是按照这一原则来教育儿子的。

鼓励孩子做好事和与培养孩子的善行是有一些差异的，我常常用钱作为做好事的奖励，而当孩子做了善事的时候，我就不用钱来奖励他，而是将他的良好表现写到"行为录"中。

我对卡尔说："学习可以给我们带来现实的快乐，行善则可以让我们得到上帝的奖赏。"

用钱来奖励儿子也是一种方法

奖励儿子，我认为用钱也是一种方法，我常常以钱作为奖励去鼓励孩子行善，而对于他所做的善行则在"行为录"中给予肯定。

如果孩子学习好，每天我给他一个戈比作为奖励；如果他学习好，可行为不良，那这一个戈比他就领不到了。

常有这样的情景，孩子犯了错，他就会主动向我提出："爸爸，今天我犯了错，所以不要钱了。"在这种情况下，我深深感动而想给他两倍的钱，但出于对孩子的长远着想，我只好控制住自己内心的激动，鼓励道："是吗？爸爸不知道。那么明天做好事吧。"这时，为了表达对孩子的爱，我常常不由自主给他一个亲吻。

在儿子还不知道用钱的时候，我会采用别的方法来对他进行鼓励。如果他做了好事，我就会在他的床头放些点心；如果他做了坏事，第二天，他就不会在床头找到任何东西。我告诉他，做好事仙女姐姐就会来为他送东西；反之，就不会来了。

有时候，如果孩子脱下衣服随便乱放，我们也不会为他收拾，并且决不拿出新衣服来给他穿。这样做都是为了让小卡尔从小就明白，好行为才会有好结果的道理。

我用钱来鼓励孩子学习，许多人都不能理解这一点，有人问我这是为什么。这是我为了让卡尔懂得“学习能带来现实幸福”。我认为用钱来奖励孩子还是可取的，这也是我奖励儿子的一种方式。比如说，只要孩子学习好，我每天就会给他一个戈比，这样做可以让孩子切身体会到幸福来之不易。

我不会给孩子过多的金钱，因为如果孩子能够轻而易举地得到自己想要的东西，他就会产生依赖情绪。这样后果是可怕的，如果让孩子很轻松地得到金钱的奖赏，其结果必然会软化孩子的心灵，长大以后就不会自己去奋斗。

一方面，他会毫不珍惜轻易得到的金钱，不会将钱花到实处，而是随便地花掉。

另一方面，因为孩子轻易从爸妈那里得到大量的钱，他就会产生什么事情都容易做到的错误想法，以至长大后不努力生活，最终变得懦弱和堕落。

我有一位富有的朋友，对他的儿子恩斯特十分地溺爱，经常给其很钱。在他看来，这是情理之中的事情，他认为自己很富有，自己的孩子就应该过上与一般孩子不同的豪华生活，他孩子的零花钱几乎是卡尔的10倍之多。

爸妈给了恩斯特丰厚的零花钱，但是却对如何花钱，没有给予正确的引导，他总是在同伴面前炫耀，感觉自己高高在上。他不是用这些钱来购买对自己有用的东西，也不是去帮助那些需要帮助的人。

由于他的“富有”，使得恩斯特很快就成了那些坏孩子所追逐的对象。为了讨好他，坏孩子对他十分的恭维、奉承，使得恩斯特飘飘然起来。于是，他就随意请他们吃喝，有时还“大方”地给他们钱花。如果孩子们拿着这些钱能做好事的话，那还说得过去，但是对这一群坏孩子来说这简直不敢想象。

恩斯特的“大方”换得了那些孩子们的“尊重”，很快他就成了他们中间的头儿。他们听候他的差遣，对恩斯特唯命是从。这使得恩斯特产生错觉，以为自己有独特的魅力才会支配别人，他根本不知道这背后隐藏着什么不可告人的动机。

恩斯特在与这些孩子的交往中，也渐渐体会到了金钱的魅力，于是当有孩子不听话或是和他有矛盾时，他就花钱买通别的孩子去打他。时间久了，他变得蛮横无理，冷酷凶残。有一次，一个农夫因不小心在路边撞了他一下。他就命令自己的手下对那个农夫实行打击。农夫被那些孩子团团围住，并被打得头破血流，而且还恐吓他说不准把此事张扬出去。

愚昧的恩斯特哪里知道，那些孩子只是为了从他那里得到好处，并没有什么真心。他们引诱恩斯特参与赌博，并用事先的布局赢他，还用其他的卑鄙手段骗他的钱。可是他对此毫无觉察，他还为他们能够提供这样的新“游戏”而感到高兴。因为父亲会不停地给他钱花，所以他对输钱也就无所谓。

可想而知，这样能学到什么东西呢，学习成绩又是怎样呢？他只能从吃喝、打架和赌博中寻找乐趣，学习对他来说只能是一种摆设。他根本不可能尝到学习的快乐，也无法领略知识带来的喜悦。他认为学习无用，每当看书时他就会觉得头痛，而只有和那些坏孩子们在一起胡闹时他才会感到有乐趣。

恩斯特的将来会是什么样子姑且搁置一边，但他很快就因为放纵而尝到了苦头。那位被打的农夫向他父亲讨说法。他的种种恶劣行为也被父亲发现，父亲气愤之极，将他痛打一顿，并且不再给他零花钱。

这样一来，他就变成了一个“穷光蛋”。

有一次，恩斯特在一次赌博中把剩下的钱都输光了。当他向别的孩子借钱做赌本时，可是那些孩子翻脸不认人了。

“你现在没有钱了，还玩什么。”

“我们都听说了，你再也得不到你父亲给你的钱了，要是你玩输了，你拿什么还我呢？”

恩斯特气愤至极，他从没想过自己平时的“好朋友”，忽然之间形同陌路。他们争吵起来，并大打出手。他的“朋友”们把他围在中间，并狠命地揍他，让他吃尽了苦头。其中一个孩子还用一块石头砸破了他的脑袋，他正是那个被打的农夫的儿子。

通过这件事，我们不难看到，孩子的成长与爸妈有着多么密切的关系。如果爸妈没有运用正确的教育方法，将为此付出沉重的代价。

我曾把这个故事讲给卡尔听。孩子立即就表示出气愤，说这样的父亲和儿子都是魔鬼制造出来的。他向我保证，自己一定要好好地利用手中的零花钱，做一些有意义的事，并表示有我这样的父亲是他的幸运和骄傲。

让儿子懂得劳动果实来之不易

我要让儿子从小就懂得劳动成果来之不易，并且尽量教他把钱花得有意义一些。我提醒儿子在花钱时要买一些可以长期发挥作用的东西，或点心。但有时我提醒他，在节假日给朋友和穷人家的孩子买点礼品，他们一定会感到高兴。这是非常有意义的事情。

附近的人们在遇到天灾人祸等不幸的时候，不管身份如何，我们都会带着卡尔前去看望。

每当这种情况，卡尔总会拿出自己平时积攒的零花钱来慰问受灾者。这时，我总会不失时机地加以表扬："卡尔，你做得很好，尽管你的礼物不多，但却可以给人以无限的温暖。它就像《圣经》里记载的那个寡妇的一个小钱那样有价值。"

因为卡尔明白我说的"贫穷寡妇的一个小钱"，是《圣经》中的故事。耶稣号召人们向银库里捐款，除了财主们各自捐了一点外，一个贫穷的寡妇，也往银库里投了两个小钱。耶稣便对门徒们说，这贫穷的寡妇投入银库里的，比众人所投的还要多。因为那些财主们，都是把自己的闲钱拿来投在银库里。但这寡妇是在自己不足的情况下，把她所有依赖养生的钱，都捐出来投进了银库里。

类似这样，引用《圣经》中的故事和古今传说以及诗中的语言来教育卡尔做好事，已成了我的习惯。所以每当我问到孩子："卡尔，《圣经》里的某某人在这种情况下是怎么做的？"，他就能立刻反应过来，或者努力做好事，或者停止做坏事。

能否同情和关心他人，对孩子来说非常重要。因为它关系到一个孩子将来能否被社会所接纳。如果想要孩子长大后具备同情心、爱心，必须从小就不失时机地对他们加以培养。

不仅是我，卡尔的母亲，也十分重视对孩子的性情教育，她对孩子的德行的教育非常重视。为了不让孩子成为一个自私的人，他的母亲在他 2 岁多时就着手训练，具体的方法就是从教育他心疼妈妈开始。她教他在妈妈生气的时候为妈妈消消气;妈妈生病时给予体贴的照顾,为妈妈做一些力所能及的事。

通过我们的共同努力,我们已经成功地培养起了孩子的同情心,使他对别人的情感和思想非常敏感,从而为他人分忧,减轻痛苦。由于卡尔具有纯真的情感,周围的人都喜欢与他交往。

有一次,我在无意之中发现卡尔的钱少了许多,这让我感到非常奇怪,因为儿子有保存好自己钱的好习惯,而且一旦需要使用,都会和我打招呼,并且征求我的意见。

为此,当我问起他忽然"消失"的那些钱时,他告诉了我一件令人感动的事。

儿子认识了一个农夫的儿子豪斯,豪斯是个爱学习的孩子,可是由于家境贫寒,没有得到受教育的机会。但豪斯对书本有浓厚的兴趣。

儿子告诉我,他和豪斯的交往就是从书本开始的。

有一天,卡尔坐在田野的一块石头上看书。正当他看得津津有味的时候,他发现有人躲在他的背后,这个人就是豪斯。

豪斯坦白地告诉卡尔,他也很想看书,可是家里根本没有这些对他来说很奢侈的东西。他很想知道书里讲的故事。卡尔的玩伴不是很多,所以那天他就像遇到了知音,给豪斯讲了许多书中的知识。

豪斯也给他讲自己的生活和家庭。他的父亲非常勤快,整天辛勤地劳作,为了家庭付出了一切。母亲很善良,没有受过教育,但她希望豪斯能成为一个有所作为的人,她教育豪斯要勤劳、行善。但是由于家庭条件有限,他的爸妈为自己不能让孩子去读书学习而黯然泪下。

豪斯说自己非常羡慕卡尔,因为他有书和学习用具。如果他也有这样的条件,自己也一定努力成为一个有知识有作为的人。

卡尔为此备受感动,二话没说就立刻跑回家拿了一些纸和笔,并在自己的积蓄中拿出了20戈比送给了豪斯。

他对豪斯说:"这是我对你一些力所能及的帮助,尽管微不足道,但也是我对你的一点心意。但愿你能从现在开始好好学习,上帝是不会辜负你的。"

后来,豪斯的父亲带着他亲自到我家来道谢。他说:

"威特牧师,您的孩子像天使一样,他把爱给予了我的孩子。真令人羡慕啊。愿上帝为他赐福。"

我给卡尔钱的目的,是为了让孩子懂得学习的好处,同时培养他的善行。这些钱真是用到该用的地方了。

每当卡尔在学习和做人方面有了进步，我们都会上街买回来很多的东西，做卡尔爱吃的菜，叫上两三个亲友开个晚会祝贺一番。

教育儿子怎样合理用钱

卡尔3岁时，已经有了一笔对小孩来说是非常可观的积蓄了。于是，我就开始教育他如何支配自己的钱。

严格教育孩子的同时，指导孩子如何正确地使用钱，也是教育孩子的一个重要组成部分，这和人生的幸福也有着重要的关系。

理财是孩子将来走向独立所必须具备的重要能力之一，它直接影响了孩子未来的生活与工作。理财应当从小就开始培养，教育得越早，效果会愈佳，否则就会非常被动。

孩子很容易犯错误，年少的孩子没有收入，金钱意识很不成熟，他们对自己的钱往往不知如何管理，但对钱有着强烈的欲望，这就会导致他们不正当的花钱。这种错就会影响他们的健康成长和前途，因此，我也从孩子年幼的时候就开始对他的培养。

通过我对很多孩子的观察和研究，我发现，他们的行为都存在着大致相同的错误，比如：乱花家长的钱，喜欢赊账；没有勤俭节约、储蓄的良好习惯，支出比收入要多得多；认为金钱是可以买来吃喝玩乐的东西；没有钱之前就有多次购物欲望，从来都不为自己作计划；购物时喜欢将钱统统用完，只在消费购物时才能得到满足。

以上都是孩子们在花钱上常犯的错误，家长们有责任和义务帮助孩子改正这些错误，树立正确的金钱观念，培养他们的理财能力。

有些爸妈无节制地给孩子零花钱，无限地满足孩子的花钱欲望和物质欲望，这除了会让孩子滋生恶习外，没有任何好处。一旦自己的经济状况陷入窘境时，就会手足无措。

我给卡尔钱，是为了让他从小养成如何计划使用钱的习惯，让他知道天底下没有不劳所获的事情。我不会无条件地给儿子钱，只是在他做了好事时才会给他钱作为奖励。

孩子在3岁左右就会产生独立意识，会有“我自己能做”、“我能做”、“我来做”的表现欲望。这是我在教育孩子过程中的一些发现。因此，我在儿子3岁时的时候，就开始对他进行理财方面的培养。这种教育与其他教育一样，对孩子来讲都是合理的，都丰富了孩子的成长。

培养孩子理财是一种教育的手段，其目的并不是让孩子有多少积蓄，而是要让他们成为一个能干的、健全的、真正的人。这样，培养孩子的基础品质就显得尤为重要。

首先，应该教会孩子诚实。因为这关系到他以何种姿态去从事那些有关钱财的活动，以及由此带来的社会和公众对他的评价，以后还会给他带来麻烦，甚至酿成极其严重的后果。

教儿子诚实时，我采用的方法是讲故事。通过讲故事让孩子深刻地理解诚实的真正含义，以及诚实所带来的美好结果。我常常会自我反省，仔细地回想我有没有在儿子面前表现得不诚实。

通过日常的培养，卡尔已经形成诚实的品格。特别是到了上学年龄，我就开始鼓励他用自己内心的道德标准来判定某一行为的对错。在面对艰难生活时，我激励他做到诚实、守信、积极进取。

我时常告诫卡尔，在金钱面前要保持自尊。

在现实生活中，金钱是不可缺少的。但又是一种最容易让人失去自尊，而做出违背自己心愿的东西。如果一个人在金钱面前能保持自尊，不出卖自己的原则，他就会获得世人的尊敬，最终金钱就会屈服于他，他的事业也会得到更多的成功与收获。

而我极其注意在使用金钱上为孩子树立榜样。儿子通过自己的种种经历和这种榜样的学习，基本上就能树立自尊。

在教育卡尔理财的过程中，我让他学会节俭，认识每件东西的价值，而不是无谓的浪费和对有价值东西的破坏和消耗。对每一个家庭而言，如何持家是非常重要的，我们应该教会孩子认识每件东西的价值，因而爱惜保护它。

我经常告诫卡尔，尽管我们都十分喜爱财物，但不要一味贪财。虽然钱财可以给我们的生活提供支持，但它不能创造一种真正有意义的生活。

我还教儿子做一些力所能及的劳动，从而使他得到一些生活方面的知识；告诉他金属、木材以及纸张从何而来，要他认识到这些自然资源是非常有限和宝贵的。如果他因滥用或疏忽大意而破坏物品，我会严令卡尔亲自去将它修好。

我是一个简朴而克己的人，一直非常重视将简朴的作风教给儿子。孩子是国家未来的主人，如果主宰国家未来的是贪图享受、奢靡腐化的一代人，那么这个国家也将日渐衰落。

我还跟儿子讨论简朴节约怎样使人感到快乐、自由，而不是苦楚与束缚。把谈话的重点放在心灵美和纯洁的友谊之上，我要让儿子懂得人的价值要远远地高于物质的价值。

简朴的作风虽然很不容易培养，但只要爸妈经常提醒孩子，让孩子时时记住“在所有的事情中都要忠于简朴”这句话，那么孩子就会渐渐地养成简朴节约的好习惯。

母亲是儿子的外交顾问

卡尔无时无刻不得到母亲的亲切关怀。作为母亲，她在儿子身上付出的精力，决不会比我少。儿子能有这么优良的品质和健康活泼的性格，以及对他人所具有的同情心，这和他的母亲精心的教育是分不开的。

卡尔的母亲是儿子的外交家，她教儿子如何跟别人说话，如何与他人和睦相处，甚至教儿子如何穿着得体，这都是母亲一手操办的。

无论是成年人还是孩子，对别人的命令都会反感。卡尔的母亲总会在这方面采用一些巧妙的方法，让儿子知道该干什么和不该干什么。卡尔的母亲知道命令或者强迫孩子学习是没有效果的，对于孩子只能用适当引导的方法来帮助他端正学习态度。卡尔的学习虽然是由我全权负责，但妻子给我提供了不少的好方法。

作为母亲，就应当努力保持自己在孩子心目中的形象。有些母亲整天衣冠不整，走在街上招人讥笑。

还有些母亲喜欢过于艳丽，将自己打扮得花枝招展，同样会成为别人的笑谈。这不仅会让孩子觉得非常的难堪，还会给孩子造成心理上的创伤。母亲们的行为举止一定要端庄检点，否则，母亲的权威就会下降或是受到一定的挑战，这是教育孩子失败的开始。不少母亲都认为自己的衣着行为不会影响到孩子，因此并不注重这方面。事实上，很多孩子都是在母亲这种不经意间失去了良好的教育机会，有些孩子还会越来越差劲。

卡尔母亲曾经对我说过一件事，这件事说明母亲在孩子心目中没有权威将会带来什么样的结果。

有一位母亲把女儿送到女子学校去上学。她省吃俭用，让女儿穿上艳丽服装。尽管如此，她女儿还是一点也不喜欢这位妈妈。有一次，她女儿对卡尔的母亲说："我妈妈让我穿着那么花哨的衣服上学，让我感觉非常难堪。我从记事的时候起，母亲就一直这样衣冠不整，这让我感到很不自然。

这位母亲的确不应该这样，虽是好心，但最终失去了女儿的尊重。有些家长可能会觉得这位女儿冷漠无情，但是我却能理解这样的心情。虽然这位母亲很注重女儿的外表，但是仍然没有尽到自己的责任。

家长的行为举止，孩子常常会模仿。如果作为孩子的母亲自己不能整洁得体，那么孩子更会照这样做下去。像懒散、不爱整洁这种不良的行为常常会伴随人的一生，这是非常可怕的事情。现实生活中，有很多人就是因为不爱整洁，而让很好的发展机会从身边溜走。因此，衣冠整洁也是一件不容忽视的事情。

以身作则，培养儿子好习惯

在教育卡尔时，我都从不斥责他，而是耐心地讲道理。我认为这才是最有效的教育方法。

爸妈要让孩子成为有教养的人，那么自己首先就应该懂得自我反省和约束。否则，任何教育都无济于事。

在家庭中，说话容易毫无顾忌。但是不能因为这样就为所欲为。因为爸妈的言谈举止直接影响着孩子。为了孩子，爸妈应该特别注意检点自己，不能把错误的、不良的习惯在不知不觉中传染给孩子。

爸妈一定要有礼貌地跟孩子说话，更应该使用"请""谢谢"等文明语言。因为爸妈是孩子最好的老师。不仅如此，我认为，即使对家畜等，也不要使用野蛮和难以入耳的语言。

像算术和地理等知识，孩子长大后也能学会。然而，教养若不在幼年时期形成，以后就很难具备了。一种好的习惯在孩子幼小时很容易形成，但在他们长大定形后，就很难养成了。反之，孩子在小时候就有很多不良习惯，长大后也难以改掉。

在我们周围，有很多通晓地理和历史的人，但举止言谈合乎教养者并不多，这就是因为他们没有从小养成好的习惯。

对于正确的事物，爸妈应该坚持。孩子生下来就是利己的，这似乎是一种天性。他们对他人要求多，为他人着想的极少，简直就是个小暴君。然而，这种性格，是可以通过教育加以矫正的。若从很小的时候，就教他为他人着想，教他怜悯他人，孩子绝不会成为利己主义者。

曾经，法国皇帝问他一位元帅的母亲："您是用什么教育方法将儿子培养成如此伟大人物的？"元帅母亲回答道："我只是教儿子好好地服从。"

服从也是孩子的重要品德之一。为了使孩子养成服从的习惯，爸妈首先应该持正确的观点，要对孩子讲清楚，爸妈让他干什么，是为了什么应该那样去做；爸妈不让他做什么，是为了什么不应该那样去做。一切都要以理服人，不能平白无故地强迫孩子服从自己。爸妈应该让孩子明白，这样做都是为他们着想的。

小孩子都是很贪婪的。虽然是孩子的本性，但是，也不应该随便责打他们，而是要注意教育方法。只要注意正确引导他们，很快会纠正他们自私的坏毛病。

卡尔从小就懂得将自己的东西送给小朋友，把学习用具等送给贫困人家的孩子，以便培养他的慈善精神。同时，还鼓励他帮助别人干活。卡尔从小就是她母亲和女佣的好帮手。

有些孩子爱说谎，但也不应该动不动就因此而打他，要弄明白他为什么说谎。孩子们由于缺乏经验，又富于想象，有时会说谎，并且知道这是不对的。爸妈不应该过于指责他，但要注意时刻帮助他矫正这一坏习惯。因为从无害的说谎，到欺骗他人的撒谎，只有一步之遥。但是一定要注意采用有效的方式方法，而不是以打骂来解决问题。

其实，孩子做坏事，罪过在大人身上。孩子做坏事是爸妈放任不管的结果。要想把孩子的精力引向好的方面，必须尽早让孩子对工作、劳动感兴趣，并且培养他多方面的能力和爱好。只有这样，才能逐渐培养孩子健康的心理。

很多母亲以为打骂就可以教育孩子,这是一种极为错误的做法。所罗门的箴言中有这么一句话:不鞭打孩子,就会惯坏孩子。我认为这是不正确的观点,它不仅误导了很多年轻的爸妈,也伤害了孩子。有些爸妈时常打孩子,以为这样就不会惯坏孩子,实际上,这只能使孩子变得残酷无情。

有一次,我遇到一个小孩子正在用梳子虐待一只可怜的小狗。我赶忙制止他。

我问他:“孩子,你为什么这么打狗?你不认为它很可怜吗?”

他回答:“因为我父亲就时常这样打我。我都不被人觉得可怜,那么小狗也不应该可怜。”

在很多家庭里,有些孩子被父亲打坏了耳膜,他们的脸上经常有父亲留下的马掌印。这真是令人痛心!上帝叫我们爱别人,可是在这种粗暴的教育下成长的孩子将来怎么能够去爱呢?

我多次说过,自尊心是一个人品德的基础。若失去了自尊心,一个人的品德就会瓦解。人之所以变成醉汉、赌徒、乞丐和盗贼,都是因为失去了自尊心。爸妈经常打骂孩子,只会伤害他们的自尊心,除此之外没有任何好处。爸妈经常数落孩子的过失,只能有损孩子的自尊心。这都是不正确的做法。

我从不对卡尔施行体罚。许多父亲一生气,就毫无顾忌地打孩子。等他们平静下来之后,又去吻,又去抚摸打疼的地方,或者给孩子糖果吃。

这种教育方法绝对教育不出优秀的人才,只能造就懦夫和蠢材。孩子的教育也包括爸妈的教育。做爸妈的,在管教孩子之前,必须首先学会管好自己。

除了爸妈亲要给孩子做好榜样,我一再强调,孩子的很多毛病都可以用阅读和劳动的方法加以改正。

要认识到,在书本中,他们能够得到良好的指导,而劳动则让他们体会到只有付出才有回报的道理。孩子只要具备了知识和劳动的习惯,那么就会向良好的方向发展,进而成为有教养的人。

有个恶汉死到临头了还对法官傲慢地说:“我自生下来,就不知道书本是什么东西,也一天未劳动过。”所以,罪人必定是无知、懒惰、不劳动的。

我有一个朋友,因孩子冥顽不灵,经常糟蹋花园中的花草,为此他伤透脑筋。我告诉他:“你最好给儿子买锄头和铁锹,让他自己种花。”

朋友马上照办了,并且效果显著。这是为什么呢?当然是由于把孩子迷失方向的精力引导到种花上去的结果。

后来，这个孩子不仅种花种草，还非常爱惜他们。再也看不到他顽劣的身影，而是经常看见他在花园中照顾那些小花、小草。并且，他也非常爱惜别人的花园，从不破坏它们。

可见，良好而有效的教育方法能够产生多么大的魔力。

有一天傍晚，我穿过贫民窟时，到处听见母亲斥责孩子、父亲打孩子以及孩子大哭的声音，简直是一句好话都听不到。

我想，这是由于他们工作了一天，身心疲惫，于是把怨气都倾泻到孩子身上，孩子实在是可怜。然而，还有另一种爸妈，他们饱食终日，无所事事，还不时地斥责孩子，把由于无聊而产生的怨气都发泄在孩子身上。我对此非常痛心。

常受斥骂的孩子，对于这样的责打习以为常，爸妈的威信也就会荡然无存，以至爸妈与孩子之间产生隔阂。其结果，可想而知。

对孩子既不可娇生惯养，也不应过多地斥责。只有采用合理、有效的教育方法加以引导，才能使孩子具有良好的善行和做人的能力。

第十章

培养孩子的各种好习惯

培养专心致志的习惯

有的爸妈问我："为什么卡尔学得那么好？他们的孩子苦苦学习却没有任何进步呢？"他们认为，自己的孩子已经非常勤奋，仍没有好的成绩，是不是因为卡尔太聪明而自己的孩子太笨了。

尤其卡尔在学习上略有所成时，我经常会被那些望子成龙、望女成凤的爸妈们围个水泄不通。

对于这样的问题，有时我真不知道该怎样回答他们才好。因为，一个孩子的成长是受到多种因素影响的。但有一点可以肯定，那些孩子没有取得满意的成绩，大多是从小没有养成良好的学习习惯导致的。我不相信儿子有很高的天赋，也不相信那些孩子天资不足。我认为，这些都全在于爸妈，爸妈怎样去培养孩子，怎样去引导他们才是真正至关重要的。

其实，爸妈们如何去培养孩子，如何正确地引导他们才是最关键的，而所有的一切取决于家长。

有一些孩子天赋良好，从小就聪明伶俐、才智过人，但是如果得不到爸妈正确的教导，他们往往容易对任何事物都感兴趣，什么都想学。

有多种兴趣和求知欲肯定是一件非常好的事，但这需要爸妈对孩子进行良好的教导。要是孩子没有得到正确的指导，他们可能什么都想学，结果却是什么都学不好。

卡尔兴趣广泛而且好学，但这并不会影响他的学习。这得益于我对儿子从小就进行严格教育，并培养他学会计划和安排自己的学习。

不管卡尔学什么，我都要求他必须专心致志。学语言就只考虑语言，学数学就专心于数学。我不允许他在学习的时候想着玩，玩的时候又害怕学习落下。因为三心二意，那么一切都是徒劳无益，既没有学好又没有玩好；如果不能一心一意，即使整天坐在书桌旁，也是心不在焉，只不过是作作样样，不仅浪费了时间，也欺骗了自己和别人。

很多孩子成天在书桌旁学习却没有取得好的成绩，大多是由于他们不能专心导致的。他们坐在那里发呆，捧着书本却浮想联翩。这样的状态，怎么能够学好知识呢？与其这样浪费时间，还不如到外面去痛痛快快地玩一场。

我有一个多年的朋友，他有个儿子名叫哈特威尔，我是看着他长大的。这个孩子聪明伶俐，比卡尔大10岁。哈特威尔幼时也跟其他聪明的孩子一样，对万物有很强的好奇心和求知欲。

每当我到他家串门时，那可爱的孩子就围着我问各种各样的问题。对于他提出的问题我也总是耐心认真地给予解答。由于这样，小哈特威尔还把我当成他的好朋友呢！

当哈特威尔开始上学时，他的爸妈告诉我孩子的成绩总是不理想。起初我感到非常奇怪，因为孩子很聪明，他的爸妈也都是很有学识的人，他们对孩子的教育应该是很不错的，可是为什么会这样呢？

有一天，我受到哈特威尔爸妈的邀请，悄悄地对哈特威尔的学习情况进行观察，以便帮助他的爸妈解开这个谜。

我偷偷地躲在另一个房间从门缝里观察他，我看到小哈特威尔一到学习时间就坐在书桌前背诵荷马的诗。刚开始我还能听见他小声的读书声，没过久，他读书的声音渐渐地就消失了。只见他抬头望着外面的天空发呆，注意力并没有集中在书本上。

原来孩子并没有专心致志地念书，而是常常心不在焉，于是我将孩子的父亲也叫过来观察。当看到这样的情形时，他父亲顿时火冒三丈，就要冲进去训斥孩子。

我立马阻拦住他，小声说："千万不要冲动，要冷静一些，让我去和孩子谈谈。"

我轻轻地走进了孩子的房间，当我已走到他身后的时候，孩子仍然没有察觉，他肯定入迷了。我在他的肩膀上轻轻地一拍，他受惊吓似的抖动了一下。

"哈特威尔，你在想什么呢？"我轻声地问。

"哦，是威特先生。"孩子似乎还没有完全回过神来，我又轻轻地问他：

"你刚才在想什么呢？为什么在学习的时候走神了呢？"

“我……我没有走神。”哈特威尔底气不足地说。

我拿起了他的书说：“那我来考考你的诗背诵得怎么样了？”

哈特威尔用力地回忆着，但是最终也没能背出来完整的一句，他羞得满脸通红。

看到这情景，我对他说：“你在想什么呀？学习的时候应该用心，为什么走神了呢？”

哈特威尔不得不承认自己没有专心，并且沮丧地对我说：“威特先生，我也不知道什么原因，学习时总要胡思乱想。”

我接着问：“那你能告诉我，你刚才在想些什么吗？”。

孩子想了想，对我说：“我刚在想一件很气愤的事情，在我们学校有一个身材高大的男孩，他经常欺负比他小的学生，我想，我要是一个大侠那该多好啊，那些小朋友就不会受欺负了……”哈特威尔向我道出了他的心里话。

我顺势开导他说：“你帮助别人是对的。在你读的荷马的书中，你应该看看书中的那些人物是怎样成为英雄的。目前你应当以学习为主，只有学好了本领，才能成为一个真正的英雄。”

“我明白了。”小哈特激动地说，“现在我在书本中学习英雄的智慧，然后再去外面去锻炼身体，把身体练得壮壮的。等我长大后，就可以真正地帮助那些弱小的人们了，你说对吗，威特先生？”

“是啊，道理就这么简单。”我知道他解除了心中的迷惑，也为他感到高兴，“现在，小哈特威尔，你知道怎么做了吗？”

“知道了。”说着，他便捧起了书本，专心致志地学习起来。

后来，他的爸妈碰见我就说：“威特牧师，你的教育方法真灵验，现在孩子的学习进步很快。”

哈特威尔学习不好的症结在于他不能专心致志。我发现了这一点，并用巧妙的方式让他专心学习，这样他的学习就会有显著的进步。

培养坚持不懈的习惯

在人的一生中，无论是生活，还是学习，都会遇到很多困难。这时，你如果有退缩之意，就不能继续向前。所以，我时常教育卡尔，要是考虑好了一件事后就要尽力而为，只要有恒心能够坚持下去，那么一切困难都会迎刃而解。

在卡尔出生前，我和他的母亲就下决心将他培养成一个优秀的人。至于让他在哪个领域里获得成功虽然当时还无从谈起，但有一点我们十分清楚，就是要想取得成功，必须要认准目标，坚持不懈地努力。所以，在儿子还仅能趴在床上蠕动的时候，我们就开始对他进行毅力方面的训练。

在这方面，卡尔的母亲做得非常好，不管孩子遇到何种困难，她总是设法鼓励他坚持下去，只有坚持才会取得胜利。

为了训练卡尔的毅力和恒心，他母亲在儿子很小的时候首先着重训练他能够保持长久的注意力，因为良好的持久注意力是行为持久的前提。为了培养孩子的这种能力，他母亲用了一个能够引起他兴趣的玩具——一只用布做的黄色小猫，她把这只黄色的小猫放在儿子身边，用不同的部位来吸引他的注意力，等他对小猫发生兴趣之后，就把小猫放在他伸手就差点触到的地方，吸引他去抓。

当孩子尽力但没有抓着，准备放弃的时候，母亲就会推他的脚来鼓励他："使劲儿！使劲儿……"卡尔在母亲的鼓励下往往会用力蹬几下腿，伸手尽力将小猫抓住。当他完成这个动作，他母亲就用欢呼和亲吻来庆祝孩子的胜利，让他体验成功的喜悦。

母亲在卡尔可以爬行的时候，就加大了对他训练的难度，在他就要够着目标的时候，便把吸引他的目标放到更远的地方，然后鼓励他继续爬着去拿。事实证明：这种方法对孩子很有益处，既培养了他的毅力，又让他练习了爬行，实在是一举两得的事情。

当卡尔稍大一点，我和他母亲仍然用类似的方法，去培养孩子坚持不懈的能力，久而久之，卡尔就养成了一种坚持不懈的习惯，当然，后来用的工具不是玩具而是书本。

卡尔在学习上的每一次飞跃，通常都是在一个困难面前坚持不懈努力的结果。

由于孩子在学习上，一直都能表现轻松，尤其是对数学题，他更能毫不费力的作答。因此，为了让卡尔的能力更进一步，有一次，我给他安排了一道相当难的数学题目。

那一次的经历，让我至今难忘，因为卡尔为了解出那道数学题，的确付出了不少的精力，他那超出常人的毅力得到了充分的体现。

当我给出了指定题目之后，卡尔就一如既往地在书桌前专心致志地思考起来。每当这时，我便会悄然地离开房间，让他能够在安静的环境中独立思考。

然而，这一次，过了很长时间，卡尔仍然没有从房间出来。我感到很奇怪，时间也已远远超出了我设定的时间。虽然那道题目很难，但卡尔以未用过那么长的时间去思考和解答。

我走进房间，看见卡尔仍然在那儿冥思苦想，而桌上用来做习题的纸仍然是空白一张，什么字都没有。

我问他："怎么，是这道题太难了吗？"

孩子一言不发只是抬头看了看我。

我看到卡尔满脸通红而且满头大汗，虽然天气不热他怎会有如此的模样。因此，我当时以为儿子一定生病了。

于是我问道："卡尔，有什么地方不舒服吗？"

"没有，我在想怎样解答这道题。"卡尔回答道。

"明天再做吧。现在已经超过了规定的时间，如果你认为太难就先休息一下吧。"我说道。

"不，爸爸，我不想休息，再等一会儿。我似乎快要找到答案了。请您再给我一点时间。"卡尔说完继续埋头思考。我想孩子正处在解答问题的关键时候，不应该打断他。于是，我又走到了房间外，和卡尔的母亲谈论这件事。

马上就要吃饭了，卡尔还没有走出房间，他的母亲终于沉不住气了，她对我说："我想那道题太难了，你应该让孩子出来了，卡尔的自尊心太强，害怕做不出而难为情，因此不出来。你去劝劝他吧，别把他累坏了。"

于是我又走进了房间，来了到了儿子身旁对他说：

"卡尔，你已经尽力了。解不出来没有关系，这道题的确太难了。"我对孩子说。

“不行的，爸爸，快要做出来了”，卡尔说，“您不是告诉我无论干什么事都要坚持不懈吗？我已经找到了解这道题的方法，就是差一点点。我想我马上就能解答出它。”

我还能说什么呢？只能和他的母亲在外面耐心地等待。其实我们已经做好了他解不出题的思想准备，只是觉得孩子既然有那份恒心就足够了，我们从内心感到应该支持儿子的这种恒心。

“爸爸，爸爸，快来呀！”不久，孩子终于兴奋地喊叫了起来。在一刹那间我感到了无比的激动，从卡尔的声调来看，我知道他一定成功了。

果然，孩子拿着那张解题答案的纸，乐呵呵地跑了出来。我看了他的答案，完全正确，并且他的解题思路独特巧妙，远在标准解题方法之上。

我问他：“你解不出来这道题时，有没有想过放弃？”

卡尔说：“当然想过，这道题太难了。我思考了很长一段时间，脑袋都要炸了。我几乎想要出去对你说我不做了，但每当我想放弃时，就听到心底有个声音说：‘要坚持，再坚持一会。’因此我发誓要坚持下去，直到将它解答出来。”

那一晚，卡尔吃的东西比平时多了许多，睡得也很香，因为他感到很累。从此之后，卡尔的解题能力有了极大的提高。每一道数学题他能用好几种方法做出解答。

通过这一次的练习，也让卡尔对坚持到底就会成功的道理有了更为深刻的体会。

培养精益求精的习惯

在儿子学习数学和语言等知识时，我绝对严禁儿子在敷衍了事，努力培养卡尔精益求精的良好习惯。

精益求精是一种高尚的美德。我讨厌那种做事很是粗放的人，如果他们做什么事都不去深入研究，不尽力去追求完美，那么就不会有好的效果，就没有能让人值得回味的东西。

部分学者在言谈或文章中，经常爱用一些深奥的专业术语，来显示他们的渊博学识，其结果只能是令人费解。这些喜欢卖弄文采的学者往往是不求甚解、才疏学浅的人。我很了解他们，这些学者在我看来都是些劣质品，一些还要将这种伪劣品吹捧为伟大的学者的人真是愚蠢至极。

我从小就教卡尔做事要认真，都要做到“精”，尽可能地把一切做得尽善尽美。无论对于学习还是爱好，只要做得完美才能给人“精”的感觉，那么这件事就很有价值了。

儿子喜欢画画，我就从这一方面去教他理解精益求精的含义，因为艺术的创造尤其要讲究精益求精的。

我给儿子买了很多名画的复制品，经常给他讲解艺术家是怎样完成它们并力图达到完美的。卡尔喜欢画小桥，特别是秋天金色太阳下的小桥。他曾经告诉我，在晴空万里的时候，强烈的阳光洒在小桥上时，那些石头会发出如黄金般美丽的光芒；小桥下清澈的河水是清清的，经过太阳的照射犹如翡翠一样晶莹透绿，而阴影中的水却是深绿色的，这一切真是显得神秘而变幻莫测。

有一天，儿子带着画具特意到村外的河边去画他最喜爱的那座小石桥。当儿子坐在河边的石头上专心地画画时，我在一棵大树的下面看书。

我捧着书本细细地读着，偶然望一望不远处的卡尔。我心情很愉快，也许是天气太好，也有可能是儿子也把我带入了一种宁静之中，我的心情愉快极了。

过了一会儿，儿子好像已经画完了，他拿着那幅画向我走了过来，并将画递给我看。

那幅画构思精妙，形象处理细致入微，小桥跟河流还有旁边的村庄，更是搭配得井然有序，富有层次很有美感，画得确实很好。

我仔细看过后，发现这幅画还是有些缺点。换作别的爸妈，可能会对儿子夸奖和鼓励一番，这幅画也就算完成了，可我没有这样做。我认为发现了缺点就一定要给儿子指出来。

“卡尔，你不是给我描述过你想画的那种感觉吗？可我从这幅画里怎么没有看出来呢？”我问儿子。

“可是，我认为我已经画出来了。”儿子不服气地回答。

我说：“你曾经对我说过，河水在阳光下像翡翠那样绿，阴影中的水是深绿的，很神秘，可是我并没有看到啊。”

儿子摸了摸后脑勺，又仔细地对画面进行了一番审视，又向小桥下的阴影望去。然后对我说：“爸爸，我是少用了深绿去区分水中的变化。”

于是儿子又坐到河边去描绘。没过多久，他又将画拿了过来对我说：“爸爸，你看这回比以前好多了吧。”我看了画后，对卡尔说：“画得很不错，颜色比以前好多了，这流水的颜色已经体现出来了，不过仍然没有翡翠那种苍翠欲滴的感觉，看不到那种神秘感。”其实我心里知道，儿子画成这个样子已经很不错了。他能准确地将阳光下的流水和阴影中的流水用不同的色调准确地区分开来。除非专业画家，只具有一般美术基础的人是很难做到的。

我觉得这幅画已经算完成了，只是随便给卡尔提些意见，即使画中仍存在一些缺点，他可以以后慢慢地处理。

但是卡尔仍不放弃，对我说：“爸爸，我再去仔细看看。”说完，他又重新走到河边。

我看到他一会儿仔细地观察小河中的流水，一会儿认真地端详自己的画，一会儿又凝神思考。

卡尔在河边坐了很久，连我都觉得过了回家的时间，可儿子仍然在那坐着。

我就催促儿子：“我们该回家了，卡尔。”

“等一会，很快就好。”儿子在远处回答着。

突然，卡尔一边自言自语，一边埋头使劲地在画面上涂画着，也不知道他在干什么。

当卡尔第三次将画拿到我面前时，我简直惊呆了。画上那桥下的流水真如翡翠一样碧绿，阴影中的水也具有变化，显得神秘莫测。

我惊讶地问卡尔：“孩子，你画得太好了，你是怎么做到的呢？”

卡尔说：“我领悟了阴影的奥秘，它其实并不完全是深绿，而是由不同深浅的绿色混合组成的，里面甚至还需要一点红色和钴蓝来呈现岸边的景物在水中的倒影，显得更生动。”

我为儿子具有专业绘画技巧而感到骄傲，平时没有人专门传授给孩子这些知识，完全是他自己领悟出来的。由此可见他的观察力之强。

“刚才你不停地嘟嘟囔囔说些什么呢？”

“我在不停地说，‘翡翠很神秘，翡翠很神秘’，我想只要我专心致志，肯定能表现出这种神秘感的。”

面对儿子这样完美的回答，我还有什么话可说呢，我无法表达自己心中的激动，只是紧紧地拉着他的手向家里走去。

在回家的路上，我告诉他第二次就画得很好了，怎么还有那么大的心思做第三次？

“你不是说过嘛，无论做什么事都要精益求精。”看着这个天真快乐又懂事的儿子，我真不知道再说些什么好，只是紧紧地握着他的手。

培养行动敏捷的习惯

在卡尔学习功课时，我绝不允许他受到外界的丝毫干扰。在学习的过程中，即使是妻子和女仆问事，我都一概予以拒绝，我会对她们说：“卡尔正在学习，现在不行。”在有人来访的时候，我也不会放下对儿子的辅导，我吩咐家人：“请让他稍候片刻。”我这样做的目的是让儿子在学习时养成一种严肃认真、一丝不苟的态度。

我严格地规定了他学习和玩耍的时间，培养了他专心致志的学习精神。有了这样严格的时间限制，他的学习效率会更高。

在儿子刚开始学习时，我平均每天给他安排 45 分钟的功课学习时间。在这个时间，卡尔如果不专心学习，就会受到我严厉的批评。

更为重要的是，要培养儿子做事敏捷的好习惯。如果儿子做事磨磨蹭蹭，即使做得好，我也不会满意。这对培养儿子马上行动的作风，有很积极的作用。我们周围有很多人，他们坐下来不磨蹭很久，是不会开始工作的，这正是因为他们自幼形成了一种很坏的习惯所致。

在教育卡尔的问题上，我只让每天花费一两个小时的时间在学习上，就能达到良好的学习效果，这一切正是得之于我培养他形成的做事敏捷的习惯。

卡尔并非别人想象的那样，由于学习而失去了玩耍的时间，其实也并不是这样，反倒是他在学习知识时专心致志，效率极高，才使他赢得了很多时间去从事运动、休息和参加各种交往。

要想做事专心、提高效率，必须从小养成敏捷灵巧和雷厉风行的习惯。因为我们每个人的生命都十分有限，人的一生就只有几十年，还有大部分时间花费在睡觉、休息上，如果不能够善于抓紧时间做一些事，那么宝贵的时间就像水一样白白流走，生命也就像天上的流星那样转瞬即逝。

我经常告诫卡尔，做事要果断，动作要敏捷。那样才会在有限的时间里做出很多有意义的事情来。

有一次，我让卡尔做一道数学练习题。我在给他题目之后，就离开了。因为通常情况下，我都会给他一个时间限制，在这段时间内，我不会去打扰他，目的是让他能够专心地独立解决问题。

可是这一次，是个偶然的意外，我为了拿一本书，在时间未到时，就走进了儿子的房间。我发现他并没有像往常那样在书桌前做练习，而是在房间中转悠着玩。

"卡尔，你在做什么，为什么不做我给你布置的练习？"我立刻问他。

"这道题十分简单，我很快就会做出来，现在时间还早着呢。在时间到达之前，我一定能够做出来。"儿子根本没有把这件事当回事。

"是吗？你觉得它太简单吗？"听儿子这样说我很气愤，"那好，我再给你加两道题。"

"可是，为什么？"儿子提出了疑问。

"你不是觉得时间太多了吗？那你就应该多做些事。"我讲出了理由。

我平时对儿子是极其严格的，说什么就是什么，卡尔是知道我的作风的。

我把新加的两道极难的数学题布置给他后，就转身离开了。

到了规定的时间，我就走进去检查他的作业。他已经做完了两道题，正在解第三道最难的数学题。

"卡尔，停住。"

"可我还没有做完呢？"

"我只是给你加了两道题，但并没有给你加时间。"我严厉地说。

"可是，爸爸，这不公平。"儿子委屈地对我说。

"不公平吗？你自认为有太多的时间，那么就应该在多余的时间中多做两道题。"

儿子对我的做法仍不理解，他还没弄明白，我这样做，是为了不让他养成拖沓的习惯。

“如果在之前你没有磨磨蹭蹭，那么，你早就把那两道题解答出来了。”我对他说道。

这时，儿子若有所思地看着我，似乎悟到了什么。

“你想想看，”我继续开导他，“如果在这之前，你没有把时间浪费在磨蹭上，那么早就做完了我给你安排的题目，就可以用你剩下的时间，去看你喜爱的书和做自己喜欢的事了。可你并没有这样做，这不是一种最大的浪费吗？

所以，由于你今天浪费了时间，我也会浪费你的牛奶。当然，我不会将你的牛奶倒在地上，而是送给我们的女佣喝。我才不会像你那么傻，把美好的东西浪费掉，而是要尽可能地发挥它的作用。”

那天，我按着所说的去做了，把儿子的牛奶送给了女佣。

从此以后，卡尔明白了这个道理，再也没有发生上述的那种事情。

第十一章

杜绝儿子养成恶习

有效的教育方法

行之有效的教育方法，能使孩子快乐健康地成长。但是，有些爸妈对孩子的教育，还仅仅停留在“管”字上，只是让孩子循规蹈距，最终，教出来的孩子既没有活力，更没有创造性。这其实是在扼杀孩子的天赋，这种管法还不如不管。

还有的爸妈，为了保护孩子的自尊心，而不去教育孩子，这种做法也是不对的。

在卡尔的教育问题上，我尽力做到既有效克制他的不良行为，又竭力减小负面影响。我觉得这是管教孩子要遵循的最基本的原则。

我接触过很多和卡尔不相上下的孩子。奇怪地发现，他们之间具有一些共同的恶习，常常用自己的理解方式去博得别人的鼓励。他们大都会把家长的愤怒，当作是一种奖励，因此，他们会不断地做出种种不良行为来激怒爸妈。发现并禁止孩子的不良行为，是爸妈义不容辞的责任。

我的一位朋友的儿子，很是顽皮捣蛋，有些方面会表现得特别的与众不同。他还喜欢欺负别的小朋友，常常让人心烦头疼。

于是，这位朋友来请教我。朋友抱怨地说：“我那个儿子很是讨厌，他不但喜欢嘲弄别人，就连吃面包也跟别人不一样。为此我很生气，可他像跟我斗气似的偏要那样去做，我不知道该怎么对付他才好。”

我听了，感到很奇怪，孩子在吃东西时都会惹父亲生气，这也太与众不同了，我提议去见见这个孩子。第二天，我到朋友家做客，和他们一起共进午餐。在用餐的时候，我对这个捣蛋鬼进行了仔细观察。我发现他在吃面包时，喜欢将皮剥下来捏成一个球形，然后再吃掉，剩下的部分扔在盘子里。与此同时，还嬉皮笑脸地说：

“妈妈，我把面包皮剥下来吃了！”

他的母亲见状，就训斥他："你怎么当着客人的面，还是这样？"这时，他的父亲似乎也要发怒了，我急忙使了一个眼色，示意他不要发怒。饭后，我给他出了一个"对付"孩子的主意。

晚餐时候，孩子依然像以前一样，把面包皮剥下来吃掉，照样对爸妈说："我又将面包皮剥下来吃掉了。"可是这次，孩子的母亲并没有责骂他，而只是随意地说："我知道了。"

孩子诧异地问："你们不再教训我了吗？"

"是的。"我们都点头示意。过了几天，我的朋友很高兴地告诉我："我的儿子已经改掉坏习惯了。"朋友对此感到很奇怪，并问我其中的原因。其实道理很简单，孩子那样做是为了引起别人的注意，即使被爸妈训斥，他也会觉得受到了重视。在他的眼里，爸妈的训斥是一种奖励，而正是为了得到这种奖励，才那样做的。如果爸妈对他的这一举动不闻不问，毫不关心，他便会自觉无趣，这样坏习惯在不知不觉中就改掉了。

还有个小男孩，沾染上了说粗话的习惯。起因是有一次他的一个小伙伴爱说"屁股"这两个字，他就跟着学会了，并在家里乱说。他母亲当然觉得很讨厌，就极力制止他。谁知，孩子不但没有停止，反而变本加厉。他还一连几天编造出许多关于"屁股"的话来，说什么"可口屁股"、"屁股点心"、"天是一个屁股"等等。他的母亲气得不行，觉得恶心死了，可又没有什么更好的方法让他不说，最后干脆就不搭理他了。后来，孩子发现这样说已经不能引起爸妈的注意，也就慢慢地失去了兴趣，也就不说了。

孩子起初说的粗话得到了旁人的奖赏，而反复地说，后来没有了鼓励就不说了，曾使他颇感兴趣的粗话，也就渐渐地被遗忘掉。

孩子在成长的过程中，会形成各种各样的坏习惯，有的任性自大，有的喜欢捉弄别人，有的甚至危害他人、损坏财物。面对这样的问题，爸妈应该想方设法加以解决，以达到良好的效果。

卡尔小的时候，喜欢在墙上乱涂鸦，虽然，我给他买了学习绘画的用具，但他仍然克制不住自己，总是趁我不注意时，偷偷地用笔在墙上涂抹。

有一次，他在墙上画得正高兴的时候，被我抓了个正着。

"卡尔，你在做什么？"我立刻制止了他。

卡尔迅速转过身，把笔藏在身后，并用身体遮住了刚刚涂抹的东西。

我当时并没有给他讲道理，也没有训斥他，只是制止了他不要这样做，并让他到自己的房间里独自待一会儿。

过了一阵，我把他叫出来，问他为什么要在墙上乱画。

他说："爸爸，我知道错了。我想了想，我知道我的行为破坏了墙壁的清洁。其实我有画画的纸张，我应该在纸上画画，而不是在墙上画。你曾经给我讲，不能随便弄脏东西，所以，我犯了错误，您惩罚我吧。"

我之所以当时这么做，目的就是让卡尔想明白这个道理。由于孩子在做某件事时，纯粹是一时兴起而控制不住自己。要是我当场训斥他，或把那些讲过多次的道理，再次讲给他听，效果一定不会好。

只有让孩子真正认识到错误，才会印象深刻，问题才会真得到正地解决。

我让卡尔单独待一会儿，这不算是惩罚。儿子独自待着的时候，他做任何事情都没有关系。我只是想让儿子平静下来，反思这样做是不对的，以后不再犯。

其实，这种方法适用于很多情况。当孩子们因为发生争吵而打架时，家长只要让他们冷静下来，把各自分开单独待一会儿，任何事情都可以轻松地解决。孩子们彼此不会有深仇大恨，只因一时气愤发生争执而已。如果，爸妈不将他们分开，而是去给他们讲道理或是训斥，恐怕只会使矛盾激化，带来更多的麻烦。

当然，有的孩子拒绝到自己的房间或指定的地方去。甚至，还会蔑视爸妈的命令，不遵照执行。如果真是这样的话，爸妈应该坚持把他带到指定的地方去，即使孩子哭闹不休也要如此。

爸妈要守在门外，不到规定的时间不能开门。必须要让孩子明白，对抗是没有任何用的，要让孩子懂得为自己的行为负责。

值得庆幸的是，卡尔从小就很听我的话，我也从没采取过这种相对粗暴的方式。

孩子贪吃的原因

让孩子无节制地吃东西，会导致孩子的食欲功能紊乱。这样，孩子的绝大部分精力都用在了消化食物方面，以至他的智力没有得到良好的发展。家长这样来“爱”孩子，是非常愚蠢的，对孩子非常有害。

不合理的饮食习惯，会对孩子产生诸多不利，即便这样，也没有引起家长的重视。有不少的孩子，常常由于疯狂地多吃而导致生病。

贪食并不是孩子天生就具备的，而是家长的无知和纵容造成的。在家长的心目中，只想到加快孩子的成长，让他的身体变得强壮，从而就使劲地对他增加营养。一听说有什么食品可以让孩子强身健体，就不惜重金，给孩子买回来，并让孩子毫无节制地吃下去。

我和妻子非常了清楚这一点。我跟妻子为了给儿子增强营养，对他规定了吃点心的固定时间，并对此作了适当的安排。为了卡尔的身体健康，也为了避免他养成贪食的不良习惯，我经常对儿子讲贪食的害处。我告诉卡尔：

“一个人如果吃得太多，脑袋就会发笨，心情更会不好，有从而导致生病。人一旦病了，不仅觉得痛苦难受，更不能自由高兴地学习和玩耍了。如果你生病了，爸爸、妈妈就要为了照顾你，很多事情都要耽搁下来，人生病了，会给家人们带来很多的麻烦。

为了让儿子明白，身体健康和合理饮食的重要性，每当遇到朋友的孩子生病时，我都会带卡尔前去探望，让儿子有机会更深刻地体会到疾病给人带来的痛苦，这种方法很有效。

有一次，我和卡尔一起出去散步，碰到了朋友的一个儿子，我首先问候：“孩子，你家人都好吗？”

孩子回答说：“都好，谢谢您的问候。”

“你弟弟现在身体有点不大舒服吧？”我问孩子。

朋友的儿子感到很惊讶地说：“真奇怪，威特叔叔，您是怎么知道的呢？”

我说：“因为刚刚过了圣诞节，所以我猜，你的弟弟可能会生病。”

因为，我以前就知道那个孩子贪吃，果然，孩子圣诞节后，就闹病了。于是，我带着卡尔，前去探望那个生病的孩子，到了朋友家，只见那个孩子呻吟不止，但并不感觉到疼痛。

通过谈话，我知道了他生病的原因，跟我预测的一样。我跟孩子交谈的同时，常常注意到，要让卡尔知道事情的真相。

为了不让儿子在饮食习惯上受到伤害，我非常注重培养他良好的饮食习惯。在用餐的时候，我尽量让儿子保持心情愉快，这样对增进孩子身心的各方面发展都很有帮助。

切忌用食物来贿赂孩子，也不要运用禁止他进食来惩罚他。家长不要将食物当做惩罚奖励或者威胁来教育孩子。要把管教孩子跟食物之间的关系区分开来，给孩子营造一个轻松的用餐氛围，让他能独立愉快地进食。

很多家长因为担心孩子不会吃或者吃得太少，以至于用餐时如临大敌，用尽全部精力去管教孩子，这样吃不好，那样吃不对，无形中给孩子造成一种心理压力。时间久了，孩子就会将进食当成一种负担，这不仅会给孩子吃饭时带来负面影响，还会给家长带来不必要的麻烦。

家长只要给孩子提供足够的食物，就完全可以放心，孩子绝对不会挨饿。只要孩子不贪食，就应当让他感觉到，进食是件非常愉快和重要的事。不过家长一定要注意，不能让孩子认为进食就是最好的乐趣，否则，他就会养成贪食的坏习惯。

贪食不是孩子的天性。卡尔从来没有由于吃得过多，而伤害了胃。去朋友家做客或者拜访，主人常常要热情地拿出可口的糕点来款待。即使这样，儿子也不会动心而坚决不吃。朋友们看都以为这并不是孩子真心的，也许是我对他管教太严格。其实，这完全是儿子自愿的，他已经养成了正确的进食习惯。

其实，只要家长对孩子从小进行这方面的健康教育，他们也会像卡尔那样形成良好的进餐习惯，做到这点，一点也不难。

杜绝孩子产生恶习

经常有很多朋友和不认识的人请教我很多令他们感到头疼的问题，比如：为什么孩子整天贪玩，一点也不爱学习？孩子很顽皮怎么办？怎样让孩子除掉恶习？等等诸如此类的问题。

对于这样的问题，只要爸妈们注意观察孩子，站在他们的立场去看待问题，任何事情都能轻松地解决。一位爸妈向我抱怨说："我家的儿子脾气很不好，经常是莫名其妙地发火，我怎么管教都没有用，真不知道该怎么办才好。"其实，想让孩子改正缺点变得有修养，首先就要明白，孩子为什么喜欢发脾气？

那么孩子们为什么容易发脾气呢?

儿童的感情非常脆弱,非常容易受到伤害,所以,他们性格暴躁,往往喜欢发脾气。孩子由于年龄小,还不够理智,他们受到伤害时常会感到手足无措,无法去遏制心中的怒火,只有通过发脾气,才可以发泄出来。孩子在发脾气时很容易忘掉周围的一切,难以控制。

作为爸妈,要弄清楚他发脾气的原因,还要采取一定的措施预防他们再犯。

爸妈要为孩子营造一个良好的生活环境,让孩子少受挫折,或者让孩子所受的挫折,在其能够忍受的限度之内。对于孩子,最好不要强迫他去做任何事情,也不能过多地限制他的自由。爸妈对孩子的教育,应该是严格的,但也要有个度,那就是,不能让孩子去承受他们能够承受极限之外的事情。因为这样,会将孩子逼进死角,让他不知所措,那他自然就会乱发脾气了。要是爸妈的要求过于苛刻,就会扼杀孩子的天性,导致他们的脾气越来越坏。

孩子情绪不好时,尽量少去惹他,在他遇到困难时,更不要用过激的话说他,一切要等他平静下来后。如果孩子发了脾气,爸妈就应该采取相应的办法处理,以免造成更坏的结果。

爸妈们可以这么做:当孩子快要发脾气时,转移他的注意力,让他为别的事情高兴起来,调整好他的情绪。不要火上浇油,更不要用简单粗暴的行为加以制止。等孩子静下来之后,要加倍体贴,好言安抚。

有的孩子发脾气时不准人抱,抱着他就等于火上浇油,那么就不要硬去抱他,只需收拾好易碎的东西,保护好孩子不受伤就行了。一切都要等他冷静下来后再说。

当孩子正在气头上时,不要试图与他讲道理,更不能用粗暴的行为,因为,这时他什么也不想听,什么都听不进去。需要注意的是,这是爸妈切记不要向孩子发脾气,要知道,发脾气就像传染病,这只能使脾气越发越大。

爸妈决不能用奖励或惩罚的方式去对待孩子的发脾气,而是要孩子明白,发脾气将什么都不会得不到。例如,孩子因为不愿意吃饭而发脾气,脾气发完之后,饭还是要吃的,这个道理爸妈必须为孩子讲清楚。要是孩子在吃饭以前有奖赏,那么,吃饭以后仍要奖赏他。

要是孩子在大庭广众下发脾气,家长绝不能顺从他。虽然年纪小,他也会有狡诈的办法,知道家长爱面子。家长要尽量避免孩子知道自己的弱点。

做好这方面也很容易，要是孩子在大庭广众下提出要求，家长可以给予他帮助，如果是合理的就答应他。若不合理，可间接拒绝他，找个下坡路善意地敷衍一下。

孩子太弱小，遇到问题时就无能为力而发脾气。长大后，随着他们的能力的增加，在生活中遇到的挫折就逐渐减少。慢慢地，成长为一个通情达理的好孩子。

有的孩子很任性，动不动就要脾气，爸妈对此无计可施。于是，爸妈就采取迁就的态度，这种做法极其错误，长此以往，孩子就会得寸进尺，越加任性。

其实，对于孩子的任性，正确的做法应该是早做准备。在预料到他要做出任性行为之前，爸妈要采取一些预防措施。比如，孩子想买玩具，但是爸妈如果认为没什么必要，这时就可以对孩子说："我去问一下你妈妈，看你这样大的孩子，适不适合买这种玩具，如果她说合适，我就给买。如果不合适，就不买了。"

事先把可能不买的信息传达给孩子，孩子就会做一个心理准备，提前做好心理上的调整，任性就可能避免了。

性格决定成败。我注重用各种方式来培养卡尔的良好品性。

在卡尔 3 岁的时候，他的小表妹来我家做客。他们两个年龄差不多。刚开始，两个孩子在一起玩得非常好。可是，两三天后，他们之间就产生了矛盾。

有一天，他们在外面的院子里玩，卡尔用那些木块搭建房屋，小表妹也在兴致勃勃地给他帮忙。这时的卡尔，就像个工程师，指挥他的表妹如何去做。开始一切都很正常，可是后来，小表妹就有自己的主见了。她要把一块方木，按照自己的意愿放在卡尔没有指定的地方，他们就为这事而僵持不下。小表妹把木块放上去后，卡尔又把它拿了下来，但是小表妹又不服气，将这块积木又重新放上去，这样你来我往地好多次，两人谁也不肯妥协，最后，终于吵了起来。

我听见他们的争吵声后，赶忙跑出去，看究竟发了什么事。卡尔生气地站在积木旁，而小表妹坐在那儿伤心地哭泣。

"卡尔，怎么啦？"我厉声地责问。

"她不听我的话。"卡尔说道。

当我明白事情的真相后，就劝他说："卡尔，你比妹妹大，就应该让着她。那块方形木块放在那儿不是也挺好吗？"

“不，那样不好看。”卡尔还是坚持自己的意见，说完抬起脚把未搭建好的小房屋踢翻，然后飞快地走向房间，头都没回。

卡尔这么任性的表现，让我非常吃惊，我还从未见过他发过这么大的脾气。面对这样的情况，我并没有发怒，也没有马上去跟他讲道理，而是把坐在地上的小侄女抱了起来。

吃晚饭的时候，我特意把卡尔和小侄女安排坐在一起。

“卡尔，你今天为什么那样对待表妹呢？”我问卡尔。

“我也没有对她不好，只是我对她不听我的话而感到很生气啊！”

“她为什么一定要听你的话呢？”我又问道。

“因为表妹不懂建筑，而我在这一方面却很精通。”孩子自豪地说。

“表妹在和你建房屋时，她捣乱了吗？”我问。

“没有。可是，那块方形木块放在那儿不美观。”孩子回答。

“你想过表妹为什么要自己那样做的原因了吗？”我问。

“没有。”儿子声音有点小。

“我认为，表妹所以那样做，是因为她觉得那样好看。”

“这个可是没有想过……”

“因为表妹认为放在那里好看，所以才会那样做。”我还没等他开口，就又接着说，“卡尔，你知道吗？你以前一个人用积木建房子的时候，我们不去限制你，就是要让你发挥自己的想象。可是今天表妹也在玩建筑的时候，你怎么不给她提供一个自由发挥想象的空间呢？”

没等卡尔说话，我又接着说：“你跟表妹在一起玩耍，不仅应当玩得愉快，还应当发挥你们两个人的能力和智慧，把房搭建得更好。你要记住，一个人的能力是有限的，只有集合许多人的力量，事情才能做得完美。表妹有些地方不会，你应该耐心地教她，你想想，如果你有什么地方不懂，而我不是耐心地指导你，对你发脾气，你能接受吗？”

卡尔听着我的话一言不发，我知道儿子已经懂得其中的道理。

第二天，卡尔和表妹又在一起高兴地玩耍，并且，他们合力搭起了一座极为漂亮壮观的“宫殿”。

孩子一天天长大，就会越来越独立，但是如果管教不当，就很可能形成很多坏习惯，甚至成为恶习。

贪吃使人蠢笨

胃过于疲劳，会使大脑的功能减弱，所以贪吃会使人蠢笨。

我跟很多人说过这样的观点。历史上，很多伟人都非常注意这一点，特别是那些积极用脑的大思想家和哲人们，更是如此。

哥罗德是我们这附近有名的小胖子。听别人说，他的食量很大，在他很小的时候，他的饭量就与大人不相上下。除了每天正常的用餐外，他还要不停地吃很多零食。

我问过他的爸妈，这孩子为什么从小就长得这么胖。我本来不喜欢过问人家的事，可是，每当我看到哥罗德胖得不行的样子，我总想探个究竟。

他父亲告诉我，他们夫妻老年得子，因而对他倍加疼爱。特别是他的母亲，更是把孩子当成心肝宝贝倍加呵护，生怕孩子受到一丝丝伤害。他们给孩子吃最好的东西，穿最好的衣服，可以说，对孩子千依百顺。只要是儿子想吃的东西，他们都要想方设法地帮他弄到。

哥罗德的爸妈长得都很瘦小，连他们自己都觉得，儿子长得如此之胖真是有些不可思议。但他们并没有考虑到肥胖已经成为孩子的负担。

哥罗德虽然长得过胖，被同伴们称作“小胖子”，他行动迟缓笨拙，几乎无法和其他孩子一块玩，甚至还遭到戏弄。每当他受欺负后回家哭闹时，他爸妈解决问题的唯一办法就是让他吃。他们认为，只要给他吃喝好，问题自然就解决了。

哥罗德由于太爱吃东西，以至于在他看书学习时，总要拿一些点心在手中。当我问他的爸妈，哥罗德的学习情况怎么样时。他们只能一边摇头，一边叹气。

每当哥罗德学习不专心，他的爸妈就会给他一块糖果和点心。他们觉得这样就会使孩子专心读书了。这样做不仅影响了孩子的学习，更重要的是，让他形成了一种极坏的心理，他会以为，只要不学习就会有好吃的，学习好了反而不会有奖赏。

哥罗德比我孩子卡尔还要大两岁，但在学习上，简直与卡尔无法相比。

哥罗德为什么会这样呢？这完全应归罪于他那愚蠢的爸妈。他们不懂得怎样去教育孩子，他们认为，孩子需要的仅仅是吃喝，根本就没有想过，从小就要去培养孩子发挥自己的潜能。

第十二章

培养孩子良好的心理素质

培养孩子的勇气

勇气是一个人积极进取的动力。

我把对勇气的开发和培养作为一项重要的内容。现在在儿子的心目中，已经形成这样的一个概念：勇敢和坚忍是受人尊重的，懦弱和胆小只能被人蔑视。

很多父母总是担心孩子会受到意外的伤害，因此，他们总是小心翼翼，过分地强调事情的危险性，从而使孩子失去了接受锻炼的机会，这样，孩子得不到锻炼，也就无从谈及勇气的培养了。

事实上，这都是自私的表现。他们担心自己的孩子受伤，更大的程度上是担心自己的感情受到伤害。

这种表现，实际上是爸妈的一种自我保护。因此，培养孩子的勇气，对爸妈们来说也是对自身勇气的一个考验。

我的儿子从小就懂得勇气的价值。

有一次，卡尔和伙伴们一起玩游戏时，不小心被同伴弄破了手指，非常疼痛，令他难以忍受。但他却在心里告诫自己，一定要忍住。最终，他强忍着快要流出的眼泪，做出很不在乎的样子，和同伴们继续玩耍。

后来，卡尔告诉我，他不愿在伙伴们面前表露出他的软弱，要是一旦眼泪掉下来，伙伴们会瞧不起他，也许从此不再和他玩了。

我一直非常注重对儿子勇气的培养，同时也非常赞赏像我一样的爸妈们。

相比而言，英国人在这方面做得比较出色。他们经常带领孩子们去探险，让他们学会如何在恶劣的环境中生存，这样做，是为了培养孩子的勇气和探索新鲜事物的热情，以及在艰苦的环境下的生存能力。

某些事情，在成年人看来是非常危险的，是不适合孩子去做的，实际上，有时孩子是可以胜任的，只是爸妈出于爱心或对孩子的能力缺乏正确的认识，从而导致了孩子缺乏探索新事物、熟悉新环境的勇气，剥夺了孩子们锻炼自身的机会。

在过多呵护的环境中长大的孩子，自然会具有一个非常大的弱点，那就是缺乏勇气，这会影响他们的一生。

勇气和自信心，是获得成功的重要因素。我总是以“你能行！”这样的话来鼓励卡尔，让他有勇气去做他想做的事。自信心在处境困难的时候，显得特别重要，而决定事情成败的关键，要看他是否具有足够的勇气。

儿子很小的时候，我和他母亲都不会主动替他做事情，哪怕是那些对他来说，非常困难的事情。这就增强了他敢于面对挑战的勇气和独立做事的能力。我认为，爸妈过分地保护孩子，会让孩子失去自信和勇气，久而久之，孩子会产生强烈的依赖心理，并认为自己什么都做不了，从而失去勇气和自信心。

关心儿子，我是有分寸的，尽量培养他能独立做事的能力。在日常生活中，意外伤害是随时存在的，有些事情更是无法避免的。对孩子来说，有些时候不应该逃避各种危险，而应该学会去面对、去承受，成年之后需要承受的还会更多。因此，从小培养孩子的自信、独立和勇气，是为了让他将来能更好地工作、生活。

爸妈没必要处处为孩子们着想，有很多事情，孩子自己完全能够出色地完成。让孩子大胆地做自己的事情，让他认识到，他有这个能力将这件事情做好，这一点非常的重要，可以培养出孩子的自信和勇气。

不少父母最容易犯的错误，就是总认为孩子什么事也做不好，因此，他们总要替孩子们代劳，并且，会阻止孩子去做任何事。其实，这样做的后果，只会让孩子渐渐对自己失去信心和减少努力探索追求的精神，也会让孩子失去锻炼自己的自觉性。只有通过各种锻炼和磨炼，才可以让他们成长为一个真正有用的人。

我一直在努力避免先入为主的错误观念，而是激励孩子主动去做事，既不打击，也不过分表扬。“你能做好”，是我教育孩子的心理。我认为，有些事情，孩子和大人一样能做好。孩子随时随地都应该学习生活的本领，尽管有时他学不好或做错事情，这些大人都无法避免，更何况是孩子呢？关键在于孩子们是否敢于失败，是否敢于面对失败。

其实，孩子有时也很反感爸妈过分地保护。有个孩子曾对我说："我期望爸妈不要总是过于细致地表现出对我的关心，这样会使我在伙伴面前没面子，好像我是个无能儿。其他小朋友能做的事情，爸妈却不让我做，这是不公平的。"

可以看出，爸妈越是阻止孩子做事，孩子越是反感。孩子的心理会失去平衡，会产生逆反心理，从而做出违背爸妈意愿的事。

英国人在锻炼孩子们勇气方面的做法，很值得我们借鉴。在英国西南部的瓦伊河畔，有一所为少年探险而组建的河流探险训练中心，专门为孩子提供进行探险活动的机会，更重要的是，训练他们的勇气和坚强的意志。

在这个训练中心，孩子们每天一早就来到河边，由专职的人员负责训练他们游泳和划船。训练是紧张而艰苦的，每一次练习，都有孩子落水、受伤。在激流中拼搏，需要具有坚强的意志和勇气。

这种训练，不是为了让孩子们学到划船和游泳等技术，而是为了锻炼他们的意志，培养他们勇敢的精神，同时也让孩子们懂得互相爱护和团结合作的重要性，为今后的生活和工作做好充分的准备。

孩子也需要有独立意识

随着孩子们不断地成长，他们的活动能力也日渐增强，能够自己做的事情也越来越多，这是一件令爸妈们十分高兴的事情。

但是，爸妈必须自问，在对孩子的爱中，是否含有这样的成分：心里明白应该让孩子独立行事，但潜意识害怕孩子出现意外，于是，总是希望孩子生活在理想的状态里。

有一个孩子，从小就没了父亲，因此，他的母亲对他倍加疼爱。到了4岁，母亲还是整天亲自喂他吃饭，帮他穿衣。孩子再大一点了，仍然不会自己吃饭穿衣穿鞋。

有人劝说这位母亲，要让孩子自己去完成这些事情，像他一般年龄的孩子，都应学会穿鞋戴帽这些基本的生活技能。可是母亲却说："儿子就是我的一切，我愿意为他做出一切牺牲。”

这位好母亲并不明白，她这样做正是害了孩子。她心甘情愿地把自己的一切都贡献给她的孩子，却不知道这种做法实际是在告诉孩子：你是无能的、懦弱的。

这样做其实是很自私的。因为，她并没考虑到孩子本身成长发展的需要，而是按照她本人的意愿去行事。如果一直这样下去，可以想象，这个孩子将会动手能力极差，什么事情都不会做，更让他觉得，自己不如别人，是一个无能无用的人。当他妈妈不再这样照顾他时，他的失落感也就会随之而来。这样的孩子肯定不会有美好的将来。

如果家长替孩子做事，就会给孩子这样一个信号：他们比孩子更灵活，更有能力和经验。从而显示出爸妈的伟大。这样教出来的孩子，一般是仪表堂堂，身强力壮，但都是缺乏勇气与能力、畏缩胆小的人。他们不具备良好的独立能力，是不可能拥有美好未来的。

卡尔母亲在这方面表现得很好。在儿子应当学会自己穿衣服时，她就不会替孩子做，而是让孩子自己去完成。她在旁边指导示范，并看着儿子自己穿好。她并不催促孩子，而总是亲切地对儿子说：“你一定能够自己穿上，别着急，你要知道自己是一个大孩子了。”卡尔如果坚持自己不能穿，他的母亲也并不理会这些，而是继续鼓励孩子说：“慢慢来，妈妈相信你一定行的。妈妈闭上眼睛数十下，看看我的孩子能不能穿上。”这时候，儿子也许会继续做下去，也许不再做任何努力而开始哭泣。对于后者，母亲这时就不再理他，当孩子发现这种哭闹毫无成效时，他就会继续尝试着自己解决问题。就这样，儿子没用多长的时间，就学会了自己穿衣服，我就是从这些小事着手，培养卡尔的独立意识的。

在古代的德国，儿童就被当做独立的成人来看待。贵族们往往把自己的孩子送到另一个城堡的其他贵族那里，学习怎样做真正的骑士。他们认为，就是在离家独立成长的过程中，可以使孩子具备一个骑士所应有的素质和知识。可见，对孩子独立意识的重视，是自古以来的优良传统，这对国家的未来发展极其重要。

让孩子们去挑战困难，锻炼胆量，以此来培养他们的自强精神，这比传授孩子知识更重要。放手让孩子去锻炼，以培养孩子自立自强的能力，这种做法很有成效。

一旦孩子感到不安和无助，就会本能地跑到爸妈那里寻求安慰，他们知道，爸妈的爱能给自己带来温暖与支持。所以，孩子们为了能够一直获得这种感觉，会一直把情感的支点靠在爸妈身上，而一旦交出了自己情感领地的独立权，也就必须接受别人对他情绪的支配。

在这方面有心理障碍的人，在情绪上通常是有高度的依赖性。因为他们不能自我满足，只会按照爸妈或其他权威者的样式进行思考和行动。

这样的自我意识，实际上都是参照别人对其态度的反映，由于他们精神世界的寄生性，一旦他们所依赖的精神世界就此崩溃，他们通常会陷入一种危险而绝望的境地。

事实上，对自我意识有强烈需要的人，才是真正具有独立精神的人，他们不依赖任何共就能形成自己的意向，从而做出自己的决定，自我实现的方向引领着他们履行自己的志向，来满足自己的精神需求。

并且，孩子们的这种依赖意识更具隐蔽性，这就对爸妈提出了更高的要求。我在卡尔处于婴儿阶段的时候，我就常常让孩子单独睡在摇篮中，而不是睡在他母亲的怀里，卡尔的喂奶时间也有很严格的规定，要是没有到规定的时间，就算他如何哭闹，母亲也不会给他随便哺乳。

不少的家长觉得这种做法有些残酷。其实，在孩子年幼时训练他的独立精神是非常必要的。那些无微不至的关怀，不仅不能让孩子全部接受，反而常常会造成孩子的能力低下。

锻炼孩子的心理承受能力

逆境和挫折更能够磨炼出孩子坚强的意志，逆境比顺境更容易培养出优秀的人才。在逆境中经过千锤百炼成长起来的人，具有更强的生存力和竞争力。这些人从容乐观，坦然面对挫折，他们把失败看成了财富。所以，要让孩子具备敢于面对挫折的能力，就必须从小培养他们的心理承受力。

挫折可以说就是困难和失败，反应在心理上，就是一种无形的挫败感，这种感觉是非常痛苦的。但是对于意志品质不同的人来说，挫折的意义也就会完全不一样。

我时常告诫卡尔，人的一生不可能一帆风顺，总会碰到挫折和困难，所以，一定要做一个意志坚强的人。我要儿子知道，困难很容易击倒心理承受能力差的人，但是，意志坚强的人却可以从失败中找到成功的途径。我要求儿子必须能够接受失败，不然，就不能养成持之以恒的坚强性格。从小我就开始教儿子学会勇敢地面对失败，忍受失败所带来的痛苦。

从小就要让孩子明白，挫折和失败都是走向成功的必经之路，如果一味逃避失败，那就永远不会成功，并且是品质卑劣的表现。只有那些坏孩子才会这样做，他们常常拒绝上学、逃避考试，这样会让他的自卑心理愈加膨胀。他们为了给这种坏行为找个正当的理由，经常会说："我不愿意这样做"，或者去攻击、贬低勤奋学习的人"愚蠢"等。他们会进行自我安慰，说失败能表现自己的个性强，这是独树一帜的表现等等，借此来给自己营造一种虚假的自豪感。

我时常告诫儿子：不管在任何情况下，都不要走极端。有不少喜欢走极端的孩子，由于感到不能满足的爸妈、老师的期望而感到恐惧，甚至会用自残的方式来逃避失败。孩子处于少年时期，掩盖失败所带来的恐惧感的最典型的方法就是酗酒、打架。这些不良行为，都是孩子们太在乎别人对自己看法才导致的，并非是偶然的。

其实，只要家长对从小培养孩子们坚强、勇敢、自信的心理，并且用信任理解、鼓励交流的方式来帮助他们，孩子们不良的极端行为就很容易避免。

人自欺欺人的这种能力是无止境的，所以，我常常要卡尔以现实为基础来进行思考。人只有面对现实，才会有所作为。逃离现实，其实是一种自我欺骗的行为。我教育他要按照世界真实的样子认识它，并做出恰当的反应和决定。

许多爸妈没能教会孩子这方面的技能，反而教得孩子躲避现实。有些人为了孩子不受残酷现实的影响，想方设法保护孩子，结果，更加强化了他们的逃避心理。我认为，这样的爸妈在无形之中对孩子造成了不好的影响，简直是一种犯罪。

所以，为了孩子，不管有多么痛苦，都要帮助他正视现实。

当我向孩子解释事实、教他处理问题时，他就会渐渐明白：爸妈有能力来面对和应对那些哪怕是最困难的处境，卡尔会很自信地说："我也能做到！"

玩“平静下来”游戏的秘密

人即使有天大的力气也无法把自己提起，战胜自己并不是一件容易的事，而一旦战胜了自己，也就成功地掌握了自己。

控制自己的情感是每个人必备的基本素质，也是一个人走向成熟的心理要素之一。要想让孩子学会自我控制情感，必须以情感为基础来解决情感上的问题。

我曾经和儿子一起玩“平静下来”的游戏，当然这么大人啦，不免会招来别人的嘲笑，但是他们哪里知道，这其中所隐藏着的秘密呢？我正是通过这种游戏，训练了孩子的情感自我自控能力。

卡尔全神贯注地要把绿棍下的红棍取出来。因为他太专心，他的手都有些发抖。他只有在不碰到绿棍的情况下，把红棍移出四分之一英寸后，才可以把红棍拿出来。这时，我故意对着他的耳朵吹了一下，弄出点噪声，并不停地与他说话，试图分散他的注意力。但卡尔完全不为所动，他慢慢地做深呼吸，放松肌肉，眼睛紧紧盯着目标。因为他知道，要想赢得这场游戏，就必须排除掉外界因素的影响，做到注意力集中。他暗暗告诉自己：“注意目标！”果然，他把红棍取出来了，而且没有碰到其他棍子。

做这种游戏，可以帮助他排除别人对他的干扰。这个游戏的规则，是要求参加者在一定时间内，从一堆不同颜色的木棍中，取出其中一种颜色的木棍，而且不能碰其他颜色的木棍。

这种游戏虽然很简单，但要求参加者必须集中注意力，并且具备很好的动作协调能力。目的在于教会儿子情感控制技能。卡尔在做这个游戏时，我可以在一旁以不同的方式逗引他，但不能碰他。成功取出一根木棍得一分，如果他能完全排除掉外界的干扰就得两分。

我认为，这种游戏对培养孩子情感控制技能很有帮助。每当儿子在遭到取笑时，只告诉他怎样做是不行的，最重要的是要告诉他应该学会控制自己的情感。

训练孩子认知情感是非常重要的。这样他就能逐渐学会自我控制。当孩子生气时，脸色通红，身体肌肉发紧，处于过度紧张状态，在姿势、面部表情和体态上都有表现。而这种“平静下来”的训练方法，首先要求孩子认识这些标志，然后通过深呼吸、分散注意力等方法，使自己身体平静下来。

有了很好的自我控制能力，孩子就会正确控制自己，并且能正确地应对外界的干扰，以一种轻松的心情，面对一些不愉快的事情，而不是怒发冲冠拍案而起。

这对他们的学习和生活都有极好的帮助，并能帮助他们更好的处理人际关系。

尽量争取与果断放弃

我的教育宗旨是培养全面的人才，我想这点在家都明白。我非常注意强调对卡尔的全面培养。一般说来，只要孩子愿意学习，我基本上都会满足他。我从不反对那些对孩子成长有益的事情，更不会限制他在这些方面作出的努力。

不少父母从自己的意愿出发，把孩子培养成为他们想象中的人才，并过早地为孩子选定专业方向，仅仅依靠自己的爱好去培养孩子，只能是徒劳无益。

比如说，有些爸妈由于自己喜爱艺术，于是就逼着孩子也去学习绘画或者音乐，根本没考虑过孩子的感受，更谈不上用行之有效的方法去引导孩子。这种做法只会让孩子反感，从而把孩子本身的潜能抹杀掉。

每当看到那些可怜的孩子，我的心里很不是滋味。那些孩子根本就不是在受教育，而是在受折磨。他们从小就带着痛苦的心情去学习，以后又怎么会热爱学习呢？那些在爸妈威逼下涂抹颜色的孩子，将来又怎能成为画家呢？

卡尔在早期教育中，学到了丰富的知识，同时也培养了许多非常有意义的爱好。但这些都是他主动选择的结果，他几乎每做一件事，都带着强烈的兴趣。在学习中，他找到了乐趣，同时也享受到了童年的美好时光。

对于卡尔，我并没有要求他把所有的知识都学到最好。这是不可能的，也是没有必要的。培养一个全才，并不是说要把他培养成一个无所不能的超人。人不是神，不可能面面俱到。没有完美的人。

我一直鼓励孩子从事艺术方面的活动。他喜欢画画，喜欢音乐，我都给予支持和鼓励，因为这有助于增强他的想象力和创造力。但并代表我非要把他培养成一个天才的画家或音乐家。当然，如果他想成为艺术家，那就另当别论了。

如果孩子迷上了某种与他先天条件不相适应的事物，爸妈有责任帮助他做出正确的选择。因为培养全面的人才，并非一定要面面俱到，还要根据自身的情况和环境，尤其要根据孩子的身心特点、兴趣爱好、发展前景等因材施教。

总的来说，年幼的孩子天生都很自信，就算是面对无法逾越的困难和无数次失败，他们的自信心也丝毫不会减弱，这是再好不过的事了。有经验的人早就看出是不可能成功的，然而，小孩子却天真地认为，只要坚持下去，一定就会成功。孩子有这样坚韧的毅力，是令人赞叹的，这种毫不气馁的精神是难能可贵的。但是，在孩子不能做出正确判断的时候，爸妈应该承担起这一重任。

爸妈有责任和义务不让孩子在没有成功可能性的路上，白白浪费宝贵的时间。如果遇到这种情况，爸妈就应当抓住机会，教孩子学习正确地思考问题。这样才能避免孩子误入歧途。

我时常告诫卡尔，能够争取的尽量争取，应该放弃的就要果断地放弃，因为这是一种理智，也是一种智慧的体现，更是对人生的一种考验。

在卡尔学习演奏乐器的时候，我们的目的在于培养他的爱好，让他的手指变得更加灵巧，通过音乐陶冶他的性情、开发他的智力，所以，即使弹错几个音符，我们也不会责怪他，更不会因此而感到失望。孩子喜欢练琴，即便弹得不十分完美，也总是一件好事。因为这样不仅培养了他的兴趣，也促进了他智力的发展。

卡尔八九岁时，有一天，他突然告诉我不想学习语言、数学等知识了，想成为一个英勇的武士，将来成为一名威武的将军。

成为英雄，几乎是每个孩子必不可少的情结。我十分地理解，在这个阶段，他们对未来充满希望，而又有点迫不及待，他们想成功，想征服世界，几乎所有孩子的远大抱负，都是从这个时候开始的。

在这个非常时刻，爸妈对孩子的正确指导就显得尤为关键。否则，孩子就会做出错误的选择，必将浪费一生中宝贵的时光，甚至会误入歧途。

卡尔想成为武士的愿望，完全是这个时期英雄主义情结的心理作用。当然，我不会简单地束缚这个愿望，因为，我要他懂得，如何进一步做人，于是，我慢慢地开导他，给他讲做武士必需的条件。

"孩子，还记得我给你讲过的那些故事吗？那些东方的武士，是多么的英明神武啊！"

"是啊，我就是想成为那样的武士，行侠仗义，杀富济贫。"孩子憧憬地说。

"但是，你想过他们是怎样成为武士的吗？"我问道。

"他们从小苦练武功，访遍名山拜师求艺，最终成为大英雄。"

"你想当武士很好，但我又不会武艺，在我们这里，没有那些身怀绝技的老师，你怎么学呢？"我问道。

"我就去东方，去中国，去日本……"

"那当然很好，可是到了东方，你就能保证一定找到那样的老师吗？找到后，他就一定会教你吗？还有，我给你讲的那些故事，毕竟是故事，都是古代的故事，在现实中不一定存在。你想想，一个人真能够一下跳得几十米高吗？根本是不可能的，人类是无法达到那样的极限的。那些故事仅仅是出于人们的想象。我给你讲它们，是希望你能学习武士们勇敢的精神，并非让你真的去做一名武士。"卡尔听到这些，显得特别失望，于是，我就继续开导他。

"你要知道，时代变了。古代科学比较落后，那些武士和将军，要拿着刀剑到战场上去拼杀。而现在的将军，根本不需要这样，而是要有高超的智慧和掌握各种各样的知识，而不再是仅仅凭自己的武功去拼杀了。"

"孩子，你要知道，每个人都有自己的长处和短处。对你而言，你的数学、语言、文学都是很出色的，所以，你必须发挥自己的长处。在每一个领域里都能成为英雄，而不单单只是在战场上。如果你成为文学家，会为人类带来极大的精神财富，那你也就成了文学界的英雄；如果你成为发明家，为人们创造出许多有用的东西，那你就成了发明界的英雄。"

卡尔这才恍然大悟。对于什么是英雄，才有了真正的认识，同时也明白了，做人必须懂得争取和放弃。这些道理在他以后的人生中，起了非常积极的作用，后来，不论遇上什么样的困境，他都能权衡利弊，进行正确地取舍。

保持孩子心灵的光明

我时时教导卡尔，要保持心灵的光明，重视对真理的追求。追求真理，就是从愚昧的深渊走向光明的过程，唯有这样，也才有一个光明的内心世界。

许多爸妈，完全无视孩子追求真理的精神和求知欲望。使孩子的内心没有了一丝的光明。他们在自己的“无知”中，把孩子训练成流氓市井、只会点手艺的人，或者是圆滑的店员。他们教育孩子的目的只有一个，那就是教育孩子如何赚钱。在我看来，这样教育出来的都是一些庸碌之辈，一些看不到光明的人。

努力发展和提高自己的智力与品质，是每个人应享有的权利。我建议那些愚蠢的爸妈，应该抛弃处世哲学和赚钱术，把精力放在指导孩子，发展追求真理的精神上，激发他们的求知欲望，让他们尽情地施展智慧，让他们的内心，有一个光明美好的未来。果真如此的话，孩子们表达出的思想，一定会使那些旧思维的人感到惊讶。然而，只有真正的教育，才能做到这一点，因为，只有这种教育才能积极努力地发挥孩子的智力。

然而，有些爸妈，不但不教孩子去追求真理，而且还把各种肮脏的东西往他们的脑子里塞。最后，只能使孩子变得愚蠢和无能。不仅没有让孩子学到真正有意义的知识，还损害了他们原本健康的神经。

有些爸妈，出于种种考虑，或是为了管教孩子，或是因为闲来无聊，给孩子传授恐怖和迷信的思想，让孩子从小就失去了探求真理的信心，使孩子不能正确地判断周围的一切事和物。本来孩子就心灵脆弱，正处在需要帮助的时候，而那些“鬼神”却将他们引入了歧途。

更为要命的是在幼儿时期，灌输给孩子的恐怖和迷信观念如同病魔一样，会在孩子的内心恶劣蔓延，最终导致孩子精神异常。因此，我强烈谴责给孩子讲妖魔鬼怪之类的故事。它不但使孩子学不到什么有用的知识，还直接挫伤了孩子幼小纯洁的心灵，阻碍了孩子的健康成长。

在生活中，特别是在民间给予孩子以恐怖和迷信等方面的影响很多，所以我们要采取各种防范措施，尽力不要它们给孩子带来极其不良的影响。

我认为，对于那些坏的思维，仅仅预防是不够的，还要采取行之有效的免疫办法。让孩子在“真空”的、美好的精神世界里健康的快乐成长。这样，孩子就会像种上牛痘、打上预防针一样，即使碰到精神病菌，他们受到的毒害也能控制在最低的限度。

据我所知，一个人精神异常的主要原因之一，就是在幼儿时期被灌输了恐怖和迷信等思想，这些思想会一直在人的头脑中兴风作浪。甚至长大成人后，也会时常受它们的困扰和危害。我曾经就这事请教过精神病专家，他告诉了我外行想不到的数字：有几百万被称之为机能性精神病患者的人，他们的病因大多是在幼儿时期遭到过惊吓，或遇到过恐怖的事，或是听说过让他永远无法忘记的恐怖故事。他还告诉我，如果小时候教育得法，是可以避免的。而且，得法的教育会使机能性精神病大大减轻。由此看来，除了医学，教育就是拯救人类的最好手段了。

为了让我弄得更明白，那位热心的精神病专家还特地让我见到了他的病人——一位得了抑郁症的26岁青年。他经常胡思乱想，认为自己不可饶恕，将来一定会被打入十八层地狱，永世不得超生。他的样子非常可怜。医生对他的病情进行了分析，了解到在他5岁时，被一位无知的女老师灌输了地狱的恐怖情景。

还有一个抑郁病患者，她是一位牧师的妻子。她什么都怕，怕天黑，怕黑暗的地方，不敢一个人待着，夜里不敢睡觉，睡着便做噩梦。因而，她骨瘦如柴，只有眼睛还有点光泽，令人怜悯。医生告诉我，他曾将她的病进行了一番细致的分析，最后证明，她同样是因为小时候，教会的某个牧师给她讲恶鬼的故事所致。

每当听到这样的事情，我都会感到悲哀。牧师的职责在于帮助他人，摆脱黑暗带给人们的痛苦。可是我的那位同行却做了相反的事。他的愚蠢做法，把一个原来善良的人引入了黑暗的深渊。他是一位不负责任的牧师，更是一个罪人。我想他才会真正被打入十八层地狱。上帝是永远不会饶恕他的。

我只给儿子讲有益于身心健康的光明的故事。我让他在故事中体会人生，让他懂得做人的道理。从不讲腐化孩子思想的故事。

有一次，卡尔问我人世间有没有魔鬼。我说可以说有，也可以说没有。他很诧异，因为他没有得到明确的答复。

卡尔说:"我认为是有的。"

"为什么呢？你见过魔鬼吗？"我问儿子。

儿子说出了自己的理由:"没有见过,可是人们都说有。"

"既然没有见到过,你就不能说有,眼见为实,耳听为虚。"

"可是,为什么人们都说有呢？"儿子追问。

"因为,那是无知的人的胡乱猜想。"我说道。

"那么,爸爸,你为什么又说有呢？"卡尔一定要把这件事问明白。

"其实,魔鬼只会存在于人的心中。"看着儿子那副认真的模样,我认为有必要给他解释清楚。"善良的人,心中没有魔鬼,而那些坏人,心中就一定有魔鬼。你看那些无恶不作的坏人,他们不就和魔鬼一样吗？他们整天胡作非为,毫无人性,他们不是魔鬼又是什么呢？"

"儿子,你要记住,一个心中充满光明,正直的人,能够帮助别人,尽力行善,为他人着想,那么他就是天使。如果自私自利,专做坏事,那么他就是魔鬼。一个人只要心中光明,就能战胜邪恶,就能战胜无恶不作的魔鬼。"

"爸爸,我明白了。世界上是有魔鬼的,就是那些无恶不作的坏人。我一定要做一个正直的人,那么我就不怕魔鬼了。"卡尔很兴奋,他不但解开了心中的迷惑,还懂得了做人的道理。

良好的教育,能够使人的内心光明,从而树立起信心,并能成为一个快乐的人。而那些愚蠢无知的教育只会把孩子引向黑暗的深渊。

卡尔·威特教育全书
EDUCATIONAL SET OF CARL WETER

第十三章

教儿子怎样与人交往

倾听孩子的艺术

一个孩子无论多么的聪明，如果不懂得如何待人接物，那将是“孤家寡人”一个。这样的孩子最终只能成为庸者，毫无作为。因为，如果一个人只限于自己的知识，不知与人如何相处，那么，他的潜能也根本无法施展出来。这样，即便有过人的才艺，那也只是个闭门造车的书呆子。

我一直非常注意培养卡尔如何与人相处。为了让他成为一个广结人缘的孩子，我要求他必须做到：友爱、协作、大方、开朗、公道、礼貌、自尊，富有责任心和组织能力，目的是让他把这些作为与他人相处的准则，更好地与人交往。

善于交往的人，做起事来，总是那么的舒服，反之，就会到处碰壁，什么事情都做不成，结果会懊恼不已。善于交往的人永远是快乐的人，不能与人和睦相处的都是孤独和不幸的人。

有一次，一位朋友在一次聚会上，无奈地对我说起令他深感烦恼的家事，他说：“在我的家里，有时候会出现一些矛盾，可是我们又不愿意实实在在地说出来。因此，就从来没有进行彼此间认真地交流。我们家人全都这样，也包括我在内。”

我说：“如果你们想痛痛快快地说出心里话，我告诉你一个简单可行的办法，那就是举行一次家庭会议，在会议上，每个人都能自由地发表自己的意见。”

朋友听从了我的建议，给家中的每个人都发了一个笔记本，让他们记下所有其他人对自己做错的事情。并规定了定期举行会议的时间，每次会议结束时，选出一个新的领导，由他来安排所有的事情。

后来，朋友告诉我，自从举行了家庭会议后，家庭气氛比以前轻松多了。

每次举行会议，家人们就像过节似的欢聚一堂。刚开始，大家彼此还有些顾虑，也还有很多矛盾。后来，通过一些交流后，大家都能敞开心扉，畅所欲言了，渐渐地，那些矛盾也就不算了矛盾了。

以前因为害怕他的严厉，孩子们不敢跟他多说话，妻子也有些怕他，他自己也确实很不自在。现在，孩子们说出了心里话，袒露了自己的情感需求，孩子们想让爸妈每天晚上陪他们一会儿，爸妈毫不犹豫地愉快答应了，同时，也对孩子们提出了建议，要求孩子们吃饭睡觉要守时。这种沟通方式，很受家人的欢迎，而且大家都乐于去接受民主做出的决定，情感沟通、家庭教育都收到了理想的成效。并且，我的这位朋友和妻子的感情又像新婚时那样甜蜜了，这是一件多么幸福的事情！

家庭聚会，其实是家庭教育的一种方式。家人之间很有可能会因为家庭生活，产生一些矛盾和心理隔阂，不过家庭也同时具备一种积极的力量，应该主动而充分利用它，去解决所遇到的问题。比如，母亲要面对繁杂琐碎的家务，而孩子的不整洁更增添了她的负担；父亲忙碌了一整天，回到家却是孩子调皮捣蛋。鸡犬不灵。这时爸妈也许会选择容忍下去，但这样不利于孩子的教育，还会让爸妈产生压抑感，甚至觉得世界都对他充满敌意。

爸妈应该以一种积极的心态来解决冲突，举行一次家许聚会，心平气和地坐下来好好表达自己的看法，这样做会起到立竿见影的效果。

积极的交流不仅是爸妈与孩子对话，也是一种教育孩子的重要途径，而其本身就具有一定的教育意义。

儿子 3 岁时，我就让他参加类似于家庭会议这样的对话活动，和我们一起讨论某个问题，尽管那时他还不能完全明白，但他已经注意到，发生了什么事，人与人相互间怎样交流，解决一个问题，需要具备什么样的能力。

家庭会议的方式，涉及家庭教育中很多具体而重要的细节，而这些细节极有可能是被教育的双方忽略。例如，母亲表示，如果她的孩子能帮她做一些如洗衣服和晒衣服的家务，她会很高兴；而孩子们则想要父亲能够多抽点时间陪自己玩，那样孩子是会很高兴的。对于爸妈而言，把握了这些孩子所在意的细节，对爸妈更深入地了解孩子，是很有帮助的。这种深入的理解，更能博得孩子的信任，也更能让孩子接受爸妈的教导。

结合自己的亲身经历，我总结了一条行之有效的教育方法，那就是：倾听的艺术。

在卡尔入睡以前，我和妻子每天都会让孩子说说今天发生了哪些事情。在讲述过程中，儿子自然会评价自己哪些地方做得好，哪些地方做得还不够好。这样，卡尔也就学会了自我反省，而我们也进一步了解孩子的个性、待人处事的态度。其实，做爸妈的没有哪个不希望孩子对自己敞开心扉，能够与自己面对面交流。但若要孩子做到这些，爸妈应该首先学会倾听孩子，只有在情感上赢得孩子的信任，才能与孩子进行心灵交流。

与孩子交流的过程中，我会试着站在孩子的立场，去理解孩子的感受，认同孩子一些美好的想法，但是，我对他的这种理解并不是无边无际地胡思乱想。

有一次，卡尔很舒服地对我说："爸爸，我很不喜欢咱们邻居布劳恩夫人。"

我问他："这是为什么呢？说给我听听。"

儿子说："布劳恩夫人很少笑，我感到她一点也不亲切。"

于是我告诉他："你不喜欢布劳恩夫人，是因为她看上去不亲切，很少笑。这只是她的一方面，其实布劳恩夫人心地善良，有着一副好心肠。如果你对她表示友好，她会很高兴的。你们会和睦相处的。"

听了这些话，孩子开始重新认识布劳恩夫人，没过多久，他们果真相处地很好。

晚餐，对于我们来说，也是一个非常重要的时间。在餐桌上我们会时常讨论家庭问题。每当这个时候，我都不允许有人来打扰我们。在这段时间里，家里的每个成员都可以各抒己见，畅所欲言。我发现，利用这样的机会与孩子沟通交流，效果确实与平时很不一样。在这样的环境里，卡尔所谈论的事情，也能够引起我们的极大关注，他自己也会因此获得一种被尊重的满足感。

有时，我还会专门抽出时间与孩子聚在一起，我们一起去田野，一起去树林中野炊，在这种轻松的气氛中，彼此交流情感，这样，我和儿子的谈心就显得更加的自然舒畅。

事实证明："倾听"是一种很好的教育方法，因为倾听让孩子赢得爸妈的尊敬和关心，同时，也增强了孩子认知自己的能力。在这种前提下，孩子丝毫找不到被轻视和奚落的感觉，能够毫无顾忌地发表自己的看法。这样，无论在家里、学校，还是将来参加工作，他都能勇敢公正地处理所遇到的各种情况。

沟通是一门艺术，要充分考虑到时间、地点和方式等各个方面的因素。例如，当孩子感情波动较大时，或是希望能有自己的心灵空间，他们需要的是内心的安慰，而不是提问，这时，我就会拥抱或抚摸儿子，给他传递一种温暖的讯号。有时候，我会把一些不方便用口头表达的情感写在纸上，通过书面的形式告诉他我很在乎他，这样做，是为了加重它的分量，让它显得更加真实可靠。

有效的沟通方法，不仅促进了我对儿子的了解，也培养了儿子与人相处的能力。

相互理解的力量

许多家庭问题的产生，都与家庭中的沟通有关。这些问题往往是由于彼此间不能很好地理解。

就以孩子撒谎来说吧，很多时候，都是因为孩子受到爸妈的不公正对待而产生的。孩子会认为，爸妈是不愿意与他共同探讨某些事情，不愿花时间去理解他们所做的事。而当他们犯了错，爸妈就会对他们进行严厉的批评和教训，因此，孩子们不得不选择撒谎来逃避惩罚。

我一直认为，成功的家庭沟通，应该做到相互理解、关怀、接纳、信赖和尊重。

理解要求爸妈孩子双方能够做到设身处地为他人着想；关怀不但存在于内心，更重要的是付诸行动；接纳要求对他人心怀宽容，懂得欣赏别人身上的优点，包容他人；信赖则要做到既信任别人，也要相信自己；而尊重指尊重他人，特别是孩子的权利，尊重他们的意见和选择。

自古以来，孩子只是接受者，而爸妈才是唯一的决策者，如果这一角色定位能够得到改变，那么，就能够建立起一种积极健康的家庭沟通关系。爸妈在家庭教育中要懂得转换角色，每一个家庭成员，都可以提出自己的愿望并予以解释。只有当孩子能够参与讨论家里的，通常是成年人的问题时，他们也就能很好地理解爸妈了。而爸妈一方面可以调动孩子们的积极性，使自己清楚地认识孩子们的才能，另一方面，可以得到有关自己教育孩子的反馈信息。

由于某种原因，我弟弟的儿子维尔纳曾来我家住过一段时间。他比卡尔小1岁，是个非常可爱的孩子，非常惹人喜欢。当他住在我们家时，我们不想让他有不自在的感觉，所以卡尔母亲对维尔纳极为疼爱。没想到这样一来，卡尔竟然觉得母亲把爱全都给了维尔纳。他甚至认为，就算他和弟弟发生争执，妻子也一定会向维尔纳的。这种不平衡的心理，在孩子身上极容易发生。妻子则希望小卡尔在跟弟弟维尔纳相处时，能够调整好自己的心态，学会宽容和照顾别人，消除对他人的敌意，这样，往后跟别人交往时才能处理好关系。

面对小卡尔的懊恼，妻子并没有问他："你为什么要跟小弟弟过不去？"而是郑重地对两个孩子说："我给你们提个建议，以后你们自己要搞好团结，我不干预，你们已经是有理智的孩子了。卡尔，你是不会在感情上伤害弟弟的，对吗？如果你们俩还不团结，再来找我好了。"

这样，卡尔母亲就把一个关心者、照顾者的角色交给了儿子。自此以后，卡尔和维尔纳之间就像是亲兄弟一样，亲密无间。

卡尔母亲的提醒，使他意识到自己的责任，觉得自己在这家里是负责任的一员，照顾弟弟是自己的义务，这让卡尔变得渐渐成熟起来。此后，卡尔对维尔纳细心照顾，不仅陪他玩耍，还教他读书，并给他讲有趣的故事。

一旦卡尔出现了坏毛病，我总希望他能够清晰地认识到，并能积极主动地改正，于是，我并没有立即指正，而是扮演一个疑问的角色，来征求他的意见，让他做一个决策者。我总是这样问卡尔："遇到这样的麻烦时，我们应该怎么办？"这样有利于融洽父子之间的感情，更利于增进双方的相互理解。只要能够互相理解，一切问题都将不攻自破。

有一次，卡尔和维尔纳想到田野间去游玩。我同意了，前提是必须在傍晚之前回来。可能是玩得不够尽兴，直到天黑了，他们才回到家。当时，我并没有说什么。等他们再次提出类似的要求时，我对卡尔说：

"我们都很担心你们在约定的时间内回不来。要知道，上一次可把我们急坏了，你母亲几乎就要哭出来了，那么晚还没回家，也不知道你们发生了什么事。你看这该怎么办好呢？"

由于这时卡尔已经是个决策者，所以他总是有意识、自觉地遵守约定，从此以后，这样类似的事情再也没有发生过。

让孩子参与共同协商，可以使他们懂得"理解、准时、承诺、信任"等这些观念的重要性。协商的方式是最容易让孩子形成理解别人的良好习惯,并会让孩子能够为他人着想。如果我对上次儿子不守时的事,不是采取协商的方式,而加以严厉地训斥,那么,卡尔就不能真正地理解爸妈的良苦用心,甚至还有可能会反向发展,变得越来越不听话。

在一次家庭会议上,我们全家人讨论了卡尔的设想,他计划在每个周末举行一次野炊,他想尝试自由发挥的职能。卡尔确定好了目的地,宣布了出发的时间,并对要使用的物品、食品提出了意见。我和卡尔母亲有时也参与讨论,以推动计划的顺利展开,大家还不时地做笔记。之后,家庭会议对庆祝节日、请客、馈赠礼品、游玩等日常活动作了计划,这已成为全家人生活和感情紧密联系的桥梁。在会议中,我们对卡尔的一些设想也有一些不同的看法和意见,但我们并不急于提出批评,而是以某种巧妙的方式,让他自己做出正确的决定。

总之,沟通和理解是最重要的。如果孩子从小就在家学会了与其家庭成员之间的沟通技巧,那么,当他走入社会. 便能很快地与他人沟通,并建立良好的人际关系。

更重要的是,沟通是建立在相互理解的基础上的。如果彼此之间不能相互信任,总是站在自己的立场考虑问题,那么,就不能与他人达成良好的合作关系,更无法发现别人的优点,也就无法与他们进行良好的沟通。这样,即便他才能出众,也不能顺利地做好每一件事,因为,他已经为自己设下了难以逾越的鸿沟。所以,能够理解他人是与人交往的基本素质。只有具备了这样的素质,孩子才有可能成为一个全面发展的优秀人才。

卡尔·威特教育全书
EDUCATIONAL SET OF CARL WETER

第十四章

我的教育理想

精心培养孩子成为一个完美的人

没有任何艺术的生活，就如同人处荒野一样。如果要想孩子拥有丰富多彩的生活和幸福快乐的一生，爸妈就必须让孩子具有良好的文学和艺术修养。

我的教育理想，是要造就身体和精神全面发展的人才。对于儿子，我非常重视他的德、智、体等各方面的发展。

一个人空有知识，将来他会成为一个弱不禁风的书呆子，一无是处。庆幸的是，卡尔没有成为这样的人，感谢上帝。

如果只有强壮的体魄，而没有知识和品德作为基础，那么他的强壮只会显得苍白无力。这样的人，要么性格粗暴，要么木讷，只能去靠自己的力气来生活，他们对社会的贡献非常地有限。还有一些人，由于没有受到良好的教育，他们无知、愚昧，甚至凶狠、残暴，不仅不能为社会做贡献，反而给社会带来了极大的危害。这是极其可悲的。

我向来都重视儿子的全面发展，而不是单纯地教他知识。因此，卡尔从小就是一个身体健康、精神饱满、开朗活泼的孩子。现在看来，他已经拥有所谓的这些。这是我的期望，也是他一生幸福的起点。

为了让卡尔成为一个具有高尚素质的人，我并不满足于他在德、智、体三方面的发展。与此同时，我还培养儿子在多方面的爱好。

卡尔母亲在他很小的时候，就给他唱一些悦耳动听的歌谣，同时还有节奏地轻拍他。

卡尔母亲对我说，儿子在哺乳期的时候，都要听着歌才肯吃奶，无论多么顽皮，只要一听见歌声，他就会乖乖地听话。小卡尔常常聚精会神地听母亲唱歌，并且，还哼哈哼哈地跟着学。要是在他面前跳舞，他更是高兴得手舞足蹈。

卡尔 10 个月的时候，对艺术似乎就特别敏感。一次，卡尔母亲走过来兴奋地对我说：

“小卡尔好机灵啊！我刚刚抱着他，哼了几句歌谣，他自己就哼哼哈哈的挥起小手来，我敢肯定他是听到歌声在舞蹈。于是，我哼着歌，将他抱到镜子面前，他更加高兴地手舞足蹈起来。”

听到了妻子的这些描述，我心里自然十分地高兴。虽然这只是孩子的模仿行为，但是，却能提高他的创造性，而且，造创大多是从模仿中获得灵感的，模仿也是一种潜在的能力。同时，还需要爸妈对孩子加以鼓励，以增强他的兴趣和信心。

人生的一大幸福，就是能够尽情地享受艺术的乐趣。艺术的最大特点，就是它的抒情性和非功利性。我在教小卡尔学习词汇的时候，不但教他有用的东西，同时，也教他一些看来好像没有什么用的东西。

我让他观察阳光下的影子和湖水中的倒影，他对那些景象很感兴趣。有一次，他注视着自己的小手在地上的影子，兴奋地把小手翻来覆去，感觉十分地有趣。

艺术能够让人更好地抒发自己的思想感情，这样会有益于孩子扩大视野，扩展联想的范围，形成更多的情感。

对孩子的爱好的培养，花了我很多的精力，首先，我从我们的住宅开始做起。在房间里的墙壁上贴着使人心情舒畅的墙纸，并且挂上经过精心挑选的有边框的画。我决不会在室内放置任何没有情趣或不相协调的东西，会尽力摆设雅致的器具，决不放置没有品位的东西。

此外，在穿着方面，我们都极为讲究。我们不要求时尚气派，但是不主张过分张扬的服装。朴素和雅致，这不仅是对我自己的要求，也对我们全家人的要求。在这方面，我们全家人一致做到衣帽整洁，干净利索。

在住宅的四周，我摆上一个很雅致的花坛，栽了很多一年四季常开不败的花。那些毫无情趣或是看起来不协调的花，我是不会种植的。

有一次，我看见儿子独自蹲在地上，全神贯注地在做些什么。我悄悄走到他身后，看见他在用小树枝在沙土上绘画。于是，我凝神仔细地看，卡尔不仅画出了天上的太阳、片片的云彩、地上的树木和花草，还画了几个农民在田间耕地，我真没想到，小卡尔竟能画出这么完整的一幅画。他的画中包含了很丰富的内容，构图十分精美，一些线条还很具有韵律感，这看起来一点也不像孩子的涂鸦之作。

我高兴地摸着小卡尔的头问：“孩子，你喜欢画画？”

儿子回答："当然了，绘画多有意思啊！"

"你怎么会绘画的呢？"我忍不住好奇地问。

"我也不知道，就是觉得这里的田野很美，总想把它画下来。"孩子说道。

我接着问："你将来想做一个画家吗？"

"我没有想过，可是画画太有意思了！"

听孩子这样说，我心中暗自窃喜。虽然我不一定要把孩子培养成艺术家，可是画画的确在培养他的观察力方面大有裨益。

于是，我给儿子买了画画所需要的笔和纸张，尽可能地给他提供培养这种爱好的条件。虽然儿子最终没有选择成为艺术家，但我仍然将他那些小时候的画作保存着。因为它们都是孩子孩提时代创造力的体现，也可以作为卡尔童年时代健康成长的纪念。

除了培养卡尔的绘画才能之外，我还注意培养他对文学的爱好。当他能明白事理的时候，我就常给他讲一些有趣的故事，后来，到了他能够自己阅读时，我又把一些好的文学作品推荐给他。因此，儿子在很小的时候就成了一个了不起的文学通，他非常喜爱阅读像荷马、维吉尔等伟大诗人的作品，并且很早就学会了写诗。

有人认为，我培养孩子绘画、音乐、文学等方面的兴趣是为了满足自己的虚荣心，这是他们对我的极大误解。我从来没有想过要刻意地把儿子培养成某一方面的天才，我仅仅是想要儿子的生活充满幸福、快乐。

我仅仅希望儿子能够成为一个全面发展的人，一个更加接近完美的人，只是想让他的一生能在充满情趣的幸福之中度过，这是天下所有善良爸妈的共同愿望。

陶冶孩子的情操

人是情感动物，如果人没有了感情，那他无异于没有思想、冷冰冰的机器，无论他有多高的才华，也只不过是充当机器的一个零件而已。动物都有感情，更何况是人呢？我不想把孩子培养成学识很渊博却冷酷无情的人。

一个孩子能否具有良好情操，直接影响着他将来的幸福。因此，为了开发孩子的爱心，陶冶他们的感情，很多父母选择了让孩子参加宗教活动，或是领养小动物的方法，以此来教育他们热爱生命、关爱生命，进一步培养他们的社会责任感。这些做法都是有效的，我也是这样做的。

有的爸妈花费心思让自己的孩子生活在非常优越的环境之中。却忽略了对孩子爱心的教导，最终导致孩子变得自私、冷酷、无情。

由此可见，激发孩子的爱心和社会责任感是多么的重要！这是每一个家庭都应该承担起的艰巨任务。

不少的家庭都养有猫、狗之类的小动物，它们都是被用来调节生活情趣的。我有意识地去培养卡尔对这些小动物的热爱去启迪儿子的爱心，鼓励他扶持、同情和关爱弱小群体。

卡尔 3 岁的时候，有一次，家里来了好多人，他们在和卡尔兴高采烈地谈论着。这时，我家的小狗跑了进来。卡尔一把拽住小狗的尾巴，把它拉到自己身边。我看到后，立刻伸手揪住了卡尔的头发，并且拽住不放。卡尔吃了一惊，把拽着狗尾巴的手放开了。

在卡尔放手的同时，我也把手松开了。

“被人拽住头发的感觉好受吗？”我严厉地问。

小卡尔红着脸说：“一点也不好受。”

“如果是这样，那么对狗也不应当这样！”说完，我就让他到外面去了。

对于孩子这种没有爱心的做法，我总会严厉指正。

我这样教育孩子，是为了让他能够学会换位思考。这样的付出最终换来了回报，卡尔终于成了一个心地善良、感情丰富的人。他不仅对世人深怀感情，就是对鸟兽之类的动物也富于怜悯心，小卡尔也因此成了受人尊敬和喜爱的孩子。

第十五章

世界上最幸福的孩子

一起惊人的事件

1808年5月，梅泽堡一所学校的一位老师琼斯·兰特福克先生，为了激励自己的学生，请求允许他在学生面前考考卡尔。一开始我很担心卡尔因此而产生自满的心理，我思虑再三，最终还是答应了下来。

按照惯例，我还是提出了一个条件，因为卡尔年幼尚小，关于考试一事，不要事先让他知道，同时，还要提前跟学生们打招呼，千万不让他们对卡尔说一些表扬和赞美的话。

一切谈妥后，我接受了兰特福克先生的正式邀请，我带着卡尔参观了他们的学校，并希望得到批评和建议。到了学校后，兰特福克先生将我们带进教室，让我们坐到最后一排。

当时，正在上希腊语课，他们所用的教科书是《波鲁塔克》，学生们都为此感到头疼，兰特福克先生想让学生们见识见识，于是他请卡尔来回答他的问题。卡尔很轻易地解答了学生们弄不清楚的问题，对兰特福克先生提的其他问题，卡尔也一样对答如流。

接着，兰特福克先生又把一本拉丁语版本的《凯撒大帝》给了卡尔，然后就此书提了一些问题。这次卡尔很是流利地对问题全部做了解答。兰特福克先生又拿出了一本用意大利文写的书让他读，他也读得很流利。在这个过程中，我也用意大利语向儿子提了几个问题，他也对此作了回答。

兰特福克先生还想考考儿子的法语，但是由于当时教室里没有合适的书，只得用法语和卡尔说话。但卡尔就像用母语似的非常流畅地回答了他所提的问题。

之后，兰特福克先生又问了卡尔一些有关希腊的历史和地理等方面的问题，尽管提的问题很多，但卡尔全部一一作了解答。最后，考了数学，卡尔圆满的答案，使在场的老师和学生都大为惊讶。

当时，卡尔仅仅7岁零10个月，看到这种幸福的场景，坐在教室后排的我，激动和骄傲之情溢于言表。

几天以后，《汉堡通讯》上的一篇文章详细报道了事情的全过程。我非常清晰地记得，报道从“几天前，在本地教育史上发生了一起惊人事件”的导语开始，而结语是：“但是这个少年绝非少年老成，而是非常健康活泼、温柔而天真，并且一点少年轻狂的傲气都没有，就像从来不曾意识到自己与众不同的才华一样。这位天才的少年叫卡尔·威特，是洛赫村牧师威特博士的儿子。”

“一个能够取得如此理想成绩的孩子，无论是精神上，还是身体上，他所受的教育方法，一定绝对是非常独特而有趣味的，但遗憾的是，威特博士没有细谈。”

不久，各地的报纸相继转载了这一报道。从此，整个德国都为卡尔感到轰动。后来，拜访卡尔的人更多了，他被各方面的学者和教育家们测试，都说百闻不如一见，没有不佩服的。

对于各种访问，儿子都能从容应对，并能非常礼貌地对待。我也不时告诫他，在这种情况下，千万不要骄傲自满。令我欣喜的是，卡尔一如既往，保持谦虚谨慎的态度。对此，我甚感欣慰和满意。

莱比锡大学的入学邀请

在我们国家，自古以来就有一个优良的传统，那就是人们都特别重视知识带来的各种益处。这也是德国为什么能够国富民强，繁荣昌盛的重要原因之一。

卡尔的过人学识顷刻间令他名声大震。后来，莱比锡大学的一位教授和本市的一些名人萌发了让卡尔上大学的念头。想让本市托马斯中学校长劳斯特博士对卡尔进行一次考试。

开始，我并不想让他们来考儿子，生怕他们乱出考题，于是，我就予以坚决谢绝了。后来，我发现劳斯特博士是一位深明事理、和蔼可亲的学者，并不是我什么不讲情理的人。于是，在他们的极力劝说下，我同意了。

劳斯特博士没有让卡尔感觉到是在考试，他们只是通过交谈就完成了。时间是 1809 年 12 月 12 日。

考完试后，劳斯特博士当即就给卡尔写了入学证明书。内容是这样的：

“今天根据我的要求，对一个 9 岁的少年——卡尔·威特进行了测验。

测试的内容是：希腊语《伊利亚特》中的选段；拉丁语《艾丽绮斯》中的选段；意大利语伽利略著作中的选段；法语是随意一本法语书中的选段。

以上所选取的测试内容，都是比较深奥的，但是，卡尔却解答得异常出色。他不仅具有丰富的语言知识，而且也有很强的理解能力，可以说，他是一位各方面都很出色的少年，这得益于他的父亲对他的独特教育。

总之，这个优秀的少年，完全具备上大学的条件。为了学术的进步，让他上大学深造是非常必要的。”

这封证明书被送到莱比锡大学后，很快，校方同意接收卡尔，让他于次年 1 月 18 日入学。

到了入学的那一天，我和卡尔见了校长居思博士。居思博士很高兴地与我们进行了长谈。当天，他向市里各界知名人士发出了一封信，内容是这样的：

洛赫村牧师，威特博士的孩子卡尔·威特，今年刚刚 9 岁，就具备了十八九岁的青年所不及的智力和学力。这要归功于他的爸妈对他进行的早期教育。

由此可见，适当的早期教育，能让儿童的能力发展到令人难以置信的境地。

卡尔能熟练地运用法语、意大利语、拉丁语、英语以及希腊语翻译诗词和文章。最近，很多学者测试过他，没有一个不为他的渊博学识而折服。甚至，他还在国王面前接受过考试。

他已经具备了十分丰富的文学、历史和地理等方面的知识。这些都是他父亲教育的结果。所以说，他父亲的教育方法，如同其子的学识一样，也令人叹服。

令人匪夷所思的是，这个令人敬佩的少年非常的健康、快活和天真，没有一点其他神童常常表现出来的那种傲慢和无礼，真是一个不可多得的天才少年。只要今后对他继续进行教育和培养，他的前途是不可估量的。

在此之前，卡尔的教育主要是由他父亲负责的，可是，他的父亲收入微薄，家又住在农村，难以继续对他进行进一步的教育，这些都为他今后的发展造成了局限。他的父亲很想搬到城里，让孩子能在他的身边上完三年大学。然而，他是一位不富裕的乡村牧师，如果牺牲牧师职务来城里教育孩子，是不很现实的。因此，我向各位有识之士深情地呼吁，只要大家能够献出一片爱心，威特博士就能住在莱比锡，教育这个在大学里学习的可贵少年。为此，特请诸位踊跃捐款，每年只需捐助四马克，捐助三年。

这是世界上最美好的事业，我深信，诸位是不会甘于看到一个天才被埋没于世的。何况，威特博士来本地也可以对其他孩子进行同样的教育，这对我们的教育研究，亦可助一臂之力。

总而言之，这是一个美好而高尚的事业，诚望诸位踊跃参加。

当时，这封信在当地引起了相当大的轰动，效果也十分显著，尽管每年预定筹款额是4个马克，但实际上达到了8个。不仅如此，当地领导人还为我划分了从事牧师职业的区域，发给我双份的薪水，并再三要求我一定要去。

国王亲召入哥廷根大学

为了得到国王让我辞去本地牧师职务的许可，我带着卡尔去了卡塞尔。当时的国王不是普鲁士国王，而是维斯特法利亚国王杰罗姆，也就是拿破仑一世的弟弟。

拿破仑一世于1807年在易北河西岸建立了维斯特法利亚王国，他弟弟杰罗姆就当上了国王。从那以后，洛赫村和哈雷等几个地方就归这个王国管辖，但在政治上，由法国人和德国人共同统治。

到达卡塞尔后，正好国王外出旅行了。于是，第二天早上，我们拜访了拉日斯特大臣，拉日斯特大臣也考了卡尔，同样感到吃惊，他共考了卡尔3个小时，最终认为卡尔确实是个名不虚传的人才。他觉得，把卡尔送到国外去太可惜了，因为莱比锡当时是属于萨克森的。他同我深入地交换了意见，最后决定，让我们父子留在国内。

第二天，拉日斯特大臣设晚宴招待我们和政府的其他大臣们相识。在宴会上，这些大臣也对卡尔进行了一番考试，都感到非常满意。经过协商，他们决定让卡尔留在国内上哥廷根大学或者哈雷大学，并呈请国王承担莱比锡市民们所承担的义务。但我不能辜负莱比锡市民们的善意，因而婉言谢绝了。由于没有得到国王的许可，我们只好闷闷不乐地在洛赫等着。

7月29日，我接到了维尔弗拉得大臣的来信，信中是这样说的：

已经向尊敬的国王陛下禀报了足下的辞意和令郎的非凡才学，热心于学事的陛下让我传达他的命令。准许足下在本年圣诞节之后辞去现职，待令郎大学毕业后，再为足下重新划定从事牧师职业的区域。

陛下说，由于国内也有优秀的大学，所以，没有必要前往外国，宜在国内就读，并且不必接受外国的资助。在本年圣诞节之后的3年中，陛下将每年下赐60个马克。特此命令你的儿子上哥廷根大学学习。

我能为向足下传达御令深感荣幸，也愿为令郎的教育贡献力量。另外，为迁往哥廷根，陛下令您两个月内（从即日起至圣诞节）做好离职事宜。

就这样，在国王的安排下，卡尔于同年秋天去了哥廷根大学，学期四年。

卡尔在四年中所学的科目如下：

第一学期：古代史和物理学；

第二学期：植物学和数学；

第三学期：博物学和应用数学；

第四学期：化学和解析学；

第五学期：微积分、实验化学、矿物学和测量学；

第六学期：光学、实用几何学、法国文学、矿物学；

第七学期：政治史、古代史；

第八学期：解析化学、伦理学、高等数学和语言学等。

卡尔刚上学时，由我陪着他一起去学校，对他能进行照顾，这主要是卡尔太小，不放心。儿子大学的学习生活是非常快乐的。通常情况下，一个年仅10岁的孩子跟一些20岁的青年们在一起求学，感觉会很紧张，但事实上，卡尔的学习一点也不紧张。

他能够自由地参加各种体育运动，也能够尽情地游玩，因此，卡尔经常去野外采集动植物标本。他会画画、能弹琴，也会跳舞。除了上课外，他还从事古典语和近代语的研究。

人们都不敢相信，复活节一到，我就带他去旅游，这是人们意想不到的。他们以为，我一定会拼命地帮助孩子复习功课，或是天天跑到图书馆去看书。

我的朋友们也确实劝我这么做。总之,他们都为此感到极为惊异。

但是,我却回答道:“我的目的不是要孩子成为一个供人观赏的展览品。与学问相比,孩子的健康和见识更为重要,况且,孩子的学习时间已是绰绰有余。”

儿子在大学期间,我仍然非常重视他的健康。为了保持良好的身体状态,无论刮风下雨,我都会要求卡尔坚持做户外运动。当然,下雨和雪天只是散散步。所以,有时候,人们经常能看到我们父子俩在马路上溜溜达达。

第二学期末,国王杰罗姆亲自来到哥廷根大学视察。国王陛下参观了校内的各个地方,最后来到了植物园。

当时,年仅10岁的卡尔正和同学们一起在植物园做实验。拉日斯特大臣一眼就认出了卡尔,并向国王做了介绍。

国王非常高兴,一定要请这位小神童来谈谈话。于是,侍从就把卡尔和我一同叫到国王夫妻面前。国王和我们进行了一番长谈,鼓励卡尔今后要更加努力学习,并表示要永远给予儿子帮助,希望卡尔安心求学。

谈话结束,我们刚从国王面前退下来,随行的贵妇人蜂拥而上,围着卡尔亲吻以示关爱。然后,由两个卫士保护着卡尔,直到国王离去。

在第五个学期,即1812年的冬季,12岁的卡尔公开发表了关于螺旋线的论文,深受好评。在论文中,他提出了一种他自己发明的,简单实用的画曲线的工具,因此,他更加受到了国王和人民的赞赏。

在第七学期,在专心致志地学习政治史的同时,他又挤出时间写了《三角术》一书。当时他才13岁半。这本书在当时未能及时出版,直到1815年,他离开了哥廷根大学去了海得堡大学以后,才得以面世。

1813年,我接到了国王的通知,通知上说,要把供给卡尔的学费的年限再延长1年,并且允许,卡尔可以到任何一个大学里去学习。

拿破仑于去年远征俄国失败,势力日渐衰落,十月莱比锡一场战争失败后 维斯特法利亚国便瓦崩了。这时,维斯特法利亚政府就把卡尔推荐给了汉诺威、布朗斯维克、黑森三国政府。

由于维斯特法利亚政府中有一半官员是德国人,再加上处于战乱时期,每个国家都缺钱,因此,在花钱的事上,都考虑得非常慎重。但尽管这样,三国政府还是爽快地接受了这一推荐,并答应负担卡尔的学费。可见,当时人们是多么重视卡尔的才学,我也为此而感动。就这样,儿子在哥廷根大学最后一学年的学费,是由三国政府共同承担的。

14 岁的博士

1814 年 4 月，年仅 14 岁的卡尔去维茨拉尔旅行，并参观了吉森大学。该大学的哲学教授们在欢迎卡尔的同时，还与他一起讨论了学术上的各种问题，承认了他的学术水平，并特别给予卡尔在 1812 年公开发表的论文以高度的评价，最后，校长赫拉马莱博士授予他哲学博士学位。那是 1814 年 4 月 10 日的事。

接着，卡尔又访问了马尔堡大学，同样受到了师生们的热烈欢迎。据说，该大学校长也想授予卡尔哲学博士的称号，不料却被吉森大学抢在前面。

在哥廷根大学的最后一个学期，当我们前去布朗斯维克领取学费时，相关的政府人员把卡尔推荐给了布朗斯维克公爵。正巧，公爵要外出旅行，但他仍然高兴地接见了我们，经过和我们的一番谈话，他热心地建议让卡尔去英国留学。并表示只要我们愿意去，他就把卡尔推荐给他在英国的亲属，并愿意资助孩子的学费。

1814 年 5 月，在我们去汉诺威领取学费时，卡尔被聘请做报告。在此前，卡尔在萨尔茨韦德尔做过数学报告，受到了极大的好评。所以，当询问要求卡尔演讲什么主题时，对方提出仍然希望讲讲数学方面的问题。

卡尔接受了邀请，第二天，就在当地中学的大礼堂里做了一场讲演。当时是 1814 年 5 月 3 日，卡尔年仅 14 岁。

那里几乎集中了市内所有的知识分子，卡尔从容自若，用漂亮的德语进行着完美的演讲。其中，卡尔整天忙于奔波交际，一直要到深夜才有时间休息，压根就没时间去准备演讲稿，没想到仍然得到了良好的效果。当时，有些持有怀疑态度的人，在看到儿子真的没有讲稿后，都不禁大为信服。

儿子也察觉到了人们对他的怀疑，为了消除人们的疑虑，卡尔有意地离开讲台，走到场中继续讲演，当听众们看到两手空空的孩子时，顿时不由爆发出一阵阵热烈的掌声。

在热烈的鼓掌和喝彩声中结束报告后，政府不仅认可儿子的才学，还向他资助了比他以前更多的学费。还有，肯布里基公爵也和布朗斯维克公爵一样，建议卡尔去英国留学，并答应给予推荐并担负学费。

在黑森，我们也同样受到了热烈欢迎，常被邀请到宫中作客。

卡尔从哥廷根大学毕业后，我开始考虑他今后的出路，倘若要让孩子成为名人，最好的方法就是让卡尔钻研以前所获得的成果的某个领域。但是，经过慎重考虑，我还是放弃了这条成名的捷径，因为这样做只能让孩子成为某一个领域里的学者。为了能让儿子学习更多的知识，我最终决定让孩子去学法学。当一位数学教授知道这件事后，感到特别的遗憾，他好奇地问我：

"你为什么让孩子去学法学而不是学数学呢？"

我说："孩子决定专业的方向是18岁以后的事情，在此以前应该学习所有的知识。如果卡尔到了18岁，仍很喜欢数学的话，那就让他钻研数学。"

从此，卡尔就进了海德堡大学钻研法学，儿子非常受老师和同学的欢迎，而且成绩也很优秀。

健康而快乐地成长

有人问我，卡尔今天所受的高等教育和取得了不起的成就，是实施了早期教育的结果，但这样过早地对孩子进行教育，真的一点都不影响他的健康吗?

这的确是一个值得深究的问题。事实上，卡尔从小到大一直都是非常健康的。

著名诗人海涅在写给威兰的信中写道："他在卡尔10岁时考过卡尔。当时，他不仅为卡尔拥有非凡的语言学才华而诧异，同时也为他有一个健康的身体、天真活泼的性格而感到惊讶。"

也许，有很多人认为，卡尔能有如此的成就，一定是整天埋头苦读才学到的，因此，卡尔的童年时代一定是毫无乐趣可言的。

然而事实并非如此。

德来登有这么一句话，我非常喜欢，他说："没有比品尝真理的滋味更为幸福的了，享受到真理的幸福是永生难忘的。"这样看来，能从小就享受到真理滋味的孩子，无疑是最幸福的孩子。而且，正如前面已经提及的，由于我对儿子的合理教育，孩子单纯学习的时间是很少的，他有着充裕的时间，来尽情地玩游戏和做运动。

卡尔自小就通情达理，知道很多别的孩子都不知道的事情，对每件事也有成熟的看法和认识，所以，孩子们和他一块玩耍时都感到愉快。虽然，他取得的知识是其他儿童所无法比拟的，但他并不因此而显得骄傲，也决不看低其他的孩子。

不仅如此，卡尔总是令人感到亲切、愉快，能够与人和睦相处，以致孩子们都喜欢跟他一起玩。即使有的孩子无理取闹，他也能避免和他们争吵。

从古至今，就有“学者必痴”的说法，但卡尔从从未被人看成是个书呆子，反而觉得他是那么的活泼、快乐。

在卡尔的脉搏里自小就流淌着文学的血液，他不仅精通自古以来的文学作品，还很早就写出了优秀的诗篇，这也是他思维极为活跃的表现。

在我的心目中，卡尔具有做一个优秀的人和作为学者的完美人格。为此，我感到无比的自豪！

下 篇

Educational Set Of Carl Weter

老卡尔·威特 / 著
奚华　张刚 / 译

第十六章

天才的秘密

每个孩子都是天才

有一件事，我终生难忘，那就是父亲唯恐别人把我当做天才或者神童，并时常提醒我不要有这样的想法。他时常告诫我，我不仅不是天生智力超群，事实上，由于我是个早产儿，大脑发育比同龄的孩子要慢很多，以至人们一度把我当成白痴。也许正因为如此，人们才会对我日后在知识领域，所取得的成就感到惊讶。这时，他们对我的看法，又走向了另一个极端，都认为我是个天才，我所取得的成就完全是出于过人的天资。

为了让我正确认识自己，父亲真是煞费苦心。成年以后，父亲曾经对我说，在我小的时候，他每次带我去朋友家做客，或者让我接受慕名而来的先生们的测试，总是再三提醒他们，不要当面夸我。因此，在我的童年和少年时代，我没有听到过多的赞誉，也没有意识到我和其他孩子有什么不同。多年以后，我在整理父亲手稿时看到了相关记录，才真正体会到父亲的良苦用心：他不希望我因为知识丰富而骄傲，他教育我的目的不是让我成为一个学者，而是成为一个身心健康、德才兼备、谦逊而快乐的人。我不敢说父亲的愿望已经完全实现，但我的确在朝这个方向发展，并以自己特有的方式进行自我完善。

在天赋上，我和大多数孩子并没有什么不同，按格拉彼茨牧师的说法，甚至“比别的孩子略逊一筹。”但后来的发展，却为我赢来了太多的赞誉。当我9岁考入莱比锡大学，不到14岁就发表数学论文，并被授予哲学博士学位，16岁又被授予法学博士学位并被柏林大学聘为法学教授时，人们的目光总是集中在我的成就上，而忽略了父亲极为科学的教育方法。父亲的老朋友格拉彼茨牧师曾经说过：“卡尔的非凡才能，确实不是天生的，他之所以有今天的成就，完全是老威特教育的结果。人们只要了解了老威特的教育方法，就不会对卡尔的成就感到惊奇了。我了解老威特，我深信他最终会取得极大的成功；

我也了解卡尔小时候的情况,也许人们所说的‘天才’是有的,但绝不是卡尔,如果说卡尔能算天才,那么,每个孩子都是天才。”

父亲曾经断言:决定一个人一生能力的,不是天赋,而是后天的教育。尽管在那时很难搜集到足够的事例,但他还是凭着深厚的学识和近似直觉的判断力,提出了这一在几十年后才逐渐被学界证实的观点。

1853年,霍耶斯特教授在经过了长期的调查和测试后,认为人的大脑功能都是一样的,不管什么样的人,都没有什么不同。如果非要说有什么不同,那也只是痴呆儿和正常人的不同。

人从一生下来,大脑并不能发挥作用,诸如感光、判断物体形状、听声音、闻气味这些作用在刚出生时是没有的。即使是英国人的孩子,刚出生时,也不可能说出一口流利的英语。一切外部作用都是从出生之后,才开始转化为自身能力的。这种转化正是大脑的功能。

既然每一个人天生的大脑功能都一样,孩子们入学的时间也基本一致,为什么到了小学毕业时,有的孩子变得十分优秀,而有的孩子却在智力方面明显落后于人呢?事实上,这正是出生之后到小学毕业这段时间,大脑锻炼的程度不同造成的。普通人和卓越者之间的区别,完全是教育方式的不同造成的,这一点已经成为学术界的共识。

智力的高低不是天生的,每一个幼儿都有着令人惊叹的天资,我本人和霍耶特教授的研究都足以证明这一点。

霍耶斯特教授在和我谈起他的测试时,常常赞叹不已:

“尽管我自己也曾经是一个孩子,但那么小的孩子能在短时间内记住如此复杂的文法形态,还是让我吃惊。孩子们能够毫不费劲从混乱的语句中找出线索,并记住各种词的要素,把它们逐一归类。也许,很多人都没有注意到这样的工作有多难。如果要成人在这么短的时间内,学会孩子所学到的如此大量的文法,恐怕他们的头都要裂开了。”

孩子们在幼年时期接受的信息量,大得惊人,但是,更为惊叹的是,他们可以很轻松地完成这些工作。可以说,在这个世界上,恐怕再也找不出像孩子这么善于运用头脑的人了。但是,大多数孩子都没有意识到自己有多厉害,从学习的能力上说,每一个孩子都是不折不扣的天才。

拥有卓越非凡的才智

在教育上,开姆尼茨博士和我父亲持同样的观点,他在杂志上发表论文,指出了孩子这种令人惊叹的学习能力,认为学前儿童的才能到了七八岁就开始衰减,而且其他的素质也在慢慢退化。这番言论遭到了当时教育界一些权威人士的抨击,他们认为这是非常荒谬的,没有任何科学依据。然而,这一事实在今天已经成为了一门学问。大量的研究表明,孩子的语言才能在接近8岁时开始退化,其他的才能也是如此。

霍耶斯特教授进行的音乐测试表明:孩子在音乐方面的创造才能,大约从1岁5个月时出现,8岁时结束。这种观点和我父亲不谋而合。孩子写诗和绘画的才能也是如此。霍耶斯特教授还在画家们的协助下,进行了过美术教学研究,最后得出结论:孩子年龄越小,就越容易具备天才的素质。这些发现,不仅是在艺术和语言方面,如果尽早对孩子进行良好的教育,其他方面也会有显著的进步。反之,他们的才能就会快速丧失。

遗憾的是,很多人认为,孩子能够像动物一样自由地发挥其本能,根本不需要过早地开发智力。但是,近年来的科学研究表明,人和动物在智力的发展上有着很大的不同。动物一生下来就充分表现出自己的本能,而人的本能是在生活中逐渐显现出来的,是通过自己和外界的交往建立起来的。刚出生的婴儿,在生理和心理上都很不成熟,几乎是一张白纸,对这个世界一无所知。为了适应环境,幼儿具有一种特殊的感受力,会使孩子从复杂的环境中自动选择成长所需要的信息,并主动地尝试、摸索、了解和学习。这种可贵的感受力,更是与生俱来的,但并不能持续很久,到了6岁以后就减弱了。

这种感受力,成人是不能及的,儿童在幼年时所获取的一切信息都将保持下去,并对他的一生产生深远的影响。

因此,我们必须尽早为儿童提供足够丰富的信息,对孩子来说,这一点的重要性,不亚于母亲的喂养和保护。

成人面对新生事物,可以利用已有的经验来学习。而婴儿没有任何经验,智力上也不成熟,他所感受到的一切,都将成为他的学习目标,他会把这些信息转变为自己的知识。婴儿的大脑功能必须有足够的听说、视觉、触觉等感官刺激才会渐渐发达起来，刺激得越多，也就越发达。这是一个从无到有，快速累积的过程。但是，这种潜意识的摄取，大约到了3岁就会转变成有意识的吸收。也就是说，孩子在3岁前建立自己的各种功能，3岁后开始快速发展这些功能。

父亲早在40年前就已经认识到幼儿期教育的重要性超过其他任何时期，他曾经说过："当婴儿智力的曙光出现时，教育就该开始了。至于智力的曙光始于何时，也许从第一声啼哭就开始了。只要爸妈们能抓住这一时机，就完全能使普通儿童拥有非凡的才智。"

父亲所说的"智力的曙光出现之时"，指的就是婴儿大脑功能的形成阶段。近年来的科学研究表明，大脑功能形成的重要阶段是婴儿出生后的前三个月，这三个月建立了大脑以后运转的基本模式。因此可以说，婴儿出生后的前三个月决定着他一生的发展方向，这个最重要的时期将为他的智力发展打下基础。

对婴儿来说，从母亲温暖的腹中来到这个陌生的世界是一种巨大的刺激。因为外面的温度比母亲腹内的温度要低十几度，而且光线刺眼，嘈杂不堪。婴儿的大脑本来处于休眠状态，现在不得不时刻高速运转来处理那些不断变化的外界信息。尽管这时大脑已经存在，但还是一片空白，婴儿要想理解外面的世界，就必须将他所接受的信息进行归纳整理，从中找出种种联系来，这也就是我们所说的智力。

婴儿都是用自己的感官来感知这个世界的。经常受到语言、表情、声音和温柔动作的刺激，他的思维就会变得更加开阔。因为他的大脑收到了味觉、触觉、听觉、视觉传来的信息，信息量越大，大脑储存的东西也就越多。反之，他势必不能积累到相应的经验。因此，尽量为婴儿创造能够留下印象的环境，他的感官就能得到很有效的发展。

3岁以前的孩子具有天才般的学习能力。到了6岁大脑的发育已经完成了百分之八十，教育3到6岁的孩子，难度已经有所增加，必须寓教于乐，把学习和游戏结合起来。到了7岁左右，大脑的发育达到了百分之九十，也就是说，到了对儿童进行学校教育的时候，其智力基本上已经定型。

假如一个孩子到了7、8岁，还没有接受适当的教育，那么，其潜能发展的可能性几乎就完全丧失了。霍耶斯特教授在其论文《人类的智力特征》中首次披露了一个惊人的事例：

英国博物学家爱德华博士在南美发现了一个被狼养大的孩子，爱德华博士收养了这个狼孩。这是个印第安男孩，被博士收养的时候不到7岁，博士给他起了个名字叫阿尔塔。

狼孩还是个婴儿的时候，被母狼叼去抚养，在狼群中生活了6年多。他在婴儿期喝狼的乳汁，稍大一些后，吃狼妈妈叼回来的兽肉或鸟肉。在狼群中，他学会了四肢行走，能够像狼一样四肢奔跑，速度快得惊人，人根本无法追上。他的眼睛也像狼一样具有夜视能力，鼻子也异常灵敏，吃东西时，不会用手而是用嘴直接去咬。

爱德华博士刚收养阿尔塔时，他发育得几乎和狼一样，爱吃生肉，尤其是腐肉。听到什么响动，耳朵就会紧张地竖起来。生气时，他会像狗一样张大鼻孔，如果在吃东西时候受到打扰，他就会生气地磨牙。他喜欢黑暗，害怕人和明亮的光线。总之，他几乎具有了狼的一切习性。

爱德华博士尽量让阿尔塔和别的孩子一起玩，但是，很长时间内毫无效果。他总是流露出警惕的神色，如果有人靠近，他就会咬牙咧嘴发出威吓的声音，他回到人的世界两年后，还是用嘴直接吃地上或盘子里的食物，直到他学会直立行走后，才开始用手抓食物吃。博士设法让他养成在桌上吃饭的习惯，但是，他喝水时还是像狼一样用舌头，这个习惯始终无法纠正过来。

有时候，阿尔塔会追院子里的鸡，咬死后生吃，直到博士收养的第6年才不再吃生肉。当猫狗之类的动物来到孤儿院时，他始终会表现出极大的兴趣，并做出嬉戏的姿态。后来，阿尔塔和博士很熟了，才跟着博士出去散步，在需要时，他仍会像以前一样用四肢奔跑。

他学习语言非常吃力，和博士一起生活了近3年，才学会说“吃”和“喝”。到了第4年，才能大概听懂别人说的话，但他这时只能说7个单词。过了5年，他终于学会了使用简单的餐具，并养成了在厕所大小便的习惯。

第6年，阿尔塔14岁时，才完全学会直立行走。到了第7年，他能够说出15个单词了，这一年，他还学会了说简短的句子、唱简单的歌。

阿尔塔活了16年。他在狼群中生活了6年，也就是说，一生中学习能力最强的6年，没有机会接受人类教育。尽管后来爱德华博士尽心教育了他10年之久，最终，他也只是学会了几个简单的句子，智力和同龄的孩子相去甚远，就是和弱智儿童比也还有一定的差距。

这个例子说明，一个人幼年时的成长环境，决定了他将来的发展。阿尔塔还是个婴儿的时候，被狼叼去抚养，所以他身上很明显地表现出了狼的习性。当他错过了一生中最关键的学习阶段后，他本丧失了转变成人的可能性。他在幼年时养成的狼的习性很难再通过教育纠正过来，即便是博学的爱德华博士也无能为力。

如果一个孩子在接受能力最强的那几年，没有受到良好的教育，即使天赋再高，将来也不会在才智上有大的发展。事实上，每一个孩子都可能拥有天才般的才能，但最终成为天才还是庸才，关键在于爸妈能否把握住教育的最佳时机。

全面认识早期教育

40 多年前，认真的思考了父亲当时普遍的教育方式，随着思考的深入，他越来越反对一些权威的教育观念，像什么教育必须从 5 岁开始，过早的教育会损害儿童健康，一个人将来的发展是由他的天赋决定的等等。这些观点被当时的教育家奉为金科玉律，但在父亲看来却毫无道理，他认为，尽早对孩子进行适当的教育，更有助于孩子的健康成长。他从大量的古代文献中了解到，早在古希腊时代，雅典人就有早期教育的传统，当时，雅典的天才多得令人难以置信，也许原因正在于此。

为了让孩子们受到真正科学的教育，父亲决定探索出一套更利于孩子成长的教育方法来。他查阅了所有能找到的古希腊和古罗马文献，研究其中记载的有关雅典人的教育理论。通过努力探索，父亲逐渐形成了符合我们的时代重要的教育理论，他不断强调教育应该从婴儿时期开始。由于父亲的教育方法与权威的教育观点不符，以致遭到了许多人的反对，甚至在他把这一方法成功地应用在我身上之后，仍然没有得到多数人的认可。人们似乎更愿意把我的成功归结于我“过人的天赋”。其原因主要是父亲的理论没有得到广泛的应用，人们总是把我看做是一个特例。随着岁月的流逝，父亲的这种教育理论竟被人逐渐淡忘了。作为他的儿子和这一教育方法最早的受益者，我显然有责任，更有义务将他的理论发扬光大。

数年来，我和霍耶斯特教授对上千名儿童进行了研究和试验，大量的证据表明，早期教育能大幅度提高儿童的智力。接受早期教育试验的孩子和普通的孩子相比，他们在智力测试中的得分要比后者高出 15 至 30 分，绝大多数处于智力范围的较高水平，学习成绩更是遥遥领先，为了考察早期教育的长期效果，我们对 145 名接受早期教育试验的孩子，进行了为时 8 年的跟踪调查，结果证明，他们的各方面能力均明显高于同龄人，他们到了 8 岁、10 岁，甚至 15 岁的时候，学习成绩始终比普通孩子要好得多。

我们的试验对象不仅包括正常孩子，也包括先天不足的孩子和孤儿院的孩子。最后的结果仍然是：早期教育对幼儿的成长有十分显著的影响。如果等到孩子 5 岁以后才开始进行教育，那么最好的时机已经错过了。

有人认为，不应该过早地向儿童传授知识，否则，就会剥夺他们童年的欢乐。诚然，这是有一定的道理，因为有的家长，尤其是中产阶级人士，由于事业有成，希望子女将来能够继承自己的事业，获得更大的发展，于是就过早地对孩子进行成人化的严格教育，总是用填鸭的方式向他们灌输各种所谓的系统知识，结果，孩子们只是在死记硬背那些知识，根本就谈不上理解。这样做的结果是使孩子厌恶学习，不仅学不到真正的知识，也失去了童年的欢乐。

但是，真正剥夺了孩子们童年欢乐的，是不科学的、急功近利的早期教育。如果有正确的方法，学习对孩子来说，就会成为一种快乐的游戏，而不是一桩苦差事。我本人的成长经历，就能充分说明这一点。由于父亲了解儿童的心理，在教育上，采取了寓教于乐的方式，我从未有过枯燥乏味的感觉，我觉得学习有着无穷的乐趣，以至于常常沉溺其中不能自拔，有时候，父亲不得不打断我的学习，陪我玩耍，或者带我到野外去游玩。但是，即便是游玩，也还是一种学习，我的很多生物学知识，就是在野外游玩时学到的。事实上，我的整个童年时期，无时无刻不在快乐着。

经过调查我们发现，被迫过早接受填鸭教育的孩子容易疲倦，反应也比其他孩子迟钝，长大后，不敢正视事业上的失败，缺乏冒险和探索精神。因此，对儿童的早期教育应该是科学的、充满乐趣的，反之，会适得其反。

反对早期教育的人常常认为，早期教育会损害孩子的健康，使孩子缺乏协调性，还会以自己为中心，看不起在能力上不如自己的人。总之，只有聪明的头脑，而不会有良好的体格和品德。

然而，我们的试验结果正好相反。我们对 180 名接受过早期教育的孩子进行了调查，发现这些高智商的孩子不但发育良好，体重、身高等各方面都优于同龄孩子的平均水平，并且能够友善地与其他孩子相处。由于自小接触优秀文艺作品，他们的感情更丰富，道德观念也比一般孩子强。

有的人认为，智力过人的儿童往往是怪才，只是在某一方面的技能上表现突出。但事实并不是这样，接受早期教育的孩子，他们在综合能力上，不比普通孩子低，主要的差异只在于，他们对手工劳动等实际科目的兴趣要小一些，而对抽象的理论性科目有着浓厚的兴趣，另外，他们的阅读能力是普通孩子无法比拟的。为了便于读者了解智力与性格之间的联系，现将部分接受早期教育儿童的情况简述如下：

汉斯，男孩，9岁，智商130，身体状况良好，心地善良，具有强烈的社会责任感。现已学完中学的全部课程。父亲是机械维修师，教育程度不高，但对孩子的教育十分重视。

伊莎贝拉，女孩，15岁，家境富裕，十分漂亮，气质优雅，智商135，完全没有富家子女常有的傲气，能够平等待人。

亨特尔，男孩，10岁，孤儿，智商130，在塞维格尔孤儿院生活，学习进度比同龄孩子领先三年。做事专注，长于绘画，虽爸妈双亡，但性格积极乐观，与人相处不卑不亢。

戴维，8岁，智商130，父亲是大学教授，母亲出身贵族，有良好的家庭条件。酷爱阅读，其知识量远远大于普通孩子，性格活泼开朗，喜欢做游戏。由于自小体弱，对剧烈体育运动没有热情。

F·G，女孩，7岁，智商130，自小怕黑爱哭，但最近已经有所好转，健康状况良好，懂得关心别人，爸妈为商店店主。

约翰，男孩，7岁，智商140，拉丁文学知识丰富，诗歌多次在报刊上发表，有很强的独立生活能力，能主动帮母亲做家务，父亲是老师。

莫尼卡，女孩，11岁，智商138，能歌善舞，在学校举行的诗歌、绘画和历史知识比赛中屡屡获奖，喜欢交友，热爱大自然，有丰富的生物学知识。父亲是皮革作坊老板，母亲早亡。

布莱克，男孩，8岁，塞维格尔孤儿院孤儿，智商140，喜欢创造性工作，好动，不怕陌生人，举止大方，对生活条件从不抱怨，招人喜爱。

G S，男孩，10岁，智商145，学习成绩一直是全年级第一，而且从不以此自傲。喜欢收集和制作植物标本，父亲是牧师。

安妮,女孩,13 岁,智商 150。从 2 个月起就接受父亲的早期教育,因身体受伤致残,10 岁才上小学,两年后已升入中学。虽然腿有残疾,但毫不自卑,出人意料的是,竟然喜欢运动和游戏。

S·T,男孩,7 岁,智商 145,6 岁上小学,一年后即升入五年级,父亲长期在外经商,由母亲对他进行早期教育。尽管才 7 岁,却很勇敢,做事有原则,是非分明。

以上例子是从 140 名试验对象中随机抽出的,我们的调查结果表明,接受科学的早期教育的孩子和普通孩子比,主要具有以下优势:

(1) 身体发育得更好;

(2) 注意力更集中;

(3) 比普通孩子更早使用语言,表达能力也更强;

(4) 逻辑思维能力远远领先于普通孩子;

(5) 对于未知的事物有强烈的好奇心和探索欲望;

(6) 心理素质更好,遇到挫折时情绪更稳定。

卡尔·威特教育全书
EDUCATIONAL SET OF CARL WETER

第十七章

为造就天才创造环境

爸妈的天职

父亲在阅读史籍时注意到：伟人的孩子往往没有多大作为。这种现象引起了他的思考。从遗传学上说，伟人的孩子应该具有先天的，常人无法比拟的优势，但为什么伟人的孩子却大多平庸呢？父亲认为，这主要是因为伟人忙于自己的事业，忽略了教育孩子。他由此认识到，孩子能否成为优秀的人，主要取决于爸妈为孩子做了些什么。

我的成长固然与父亲科学严谨的教育密不可分，但我也要说，母亲无微不至的关爱也同样起到了重要的作用。虽然这些关爱看上去微不足道，但令我产生一种温暖幸福的感觉。这是一种无声的教育，让我在无形之中学会了与人为善。一个人能否拥有健全的人格和幸福的生活，很大程度上取决于他以什么样的态度与人相处。

妻子曾经对我说，从威廉睁开眼睛，用纯净的目光看着她的那一刻起，她就发誓，只要自己还活着，就决不会停止关心这个可爱的孩子。母爱是女人伟大的天性，完全用不着学习。虽然，她们关心的是孩子的生活细节，但正是这些无微不至的关怀，给了孩子无穷的动力。母亲的关爱和鼓励，使孩子们觉得自己是如此重要，因而会不断努力提高自己，不让母亲失望。

“母亲”是女性的一种重要身份，母爱是她们优势和力量的源泉。作家丹佛·卡斯洛甚至认为，不存在家庭生活以外的女性，一个女人只有做了母亲，才算真正的女人，而孩子的一切，都应该由母亲来负责。这显然过于强调母亲的作用，但不可否认，母亲所起到的作用，是任何人都无法替代的。

然而，现代社会有了一种新的观点，认为母亲们在生产半年后，就应该去工作了，孩子可以交给保姆照顾。这种做法导致的结果就是使婴儿过早地失去了母爱。

很多人认为，如果母亲长期待在家里，精神上就会感到压抑，因此，应该出来工作。但是，持这种观点的人，也许没有想到，这种压抑感是由于身体劳累造成的，因为，在婴儿出生的前几个月里，母亲时刻照看着孩子，势必会睡眠不足，而身体不适就会产生心情上的郁闷。

另外一个原因是，现代的流行观念认为，如果一位母亲安于在家带孩子，就意味着落伍和没有独立精神。浮躁的现代人忽视了母亲的重要性，他们只看重事业上的成功，而认为相夫教子和无私奉献毫无意义可言。似乎优越感和成就感全都来自于工作，没出息的人才在家做家务和带孩子。现代社会所崇尚的个人主义，使人们忽视了母爱的重要性，因为个人主义注重的是自我完善，而不是亲密的家庭关系。

以前，我们过分强调母亲的重要性，女性都应该在相夫教子，现在则走向了另一个极端，认为所有的女性都不必这么做，完全否定了母亲在家庭中的重要作用。从过分照顾孩子到对孩子不管不顾，这个变化对社会产生了极大的影响。这种现象我们绝对不能忽视，毫无疑问，缺少了母亲的关爱，将来孩子们是很难取得成功的，因为母爱在孩子健康成长的过程中是不可缺少的。

对于刚出生不久的婴儿来说，母亲温暖的身体，是他们的全部世界。当孩子寻求安慰时，没有什么比母亲的身体更舒适的了，孩子躺在母亲的怀抱里，会觉得很安全。母亲的怀抱不仅为他们隔开了外界的刺激，还为他们提供了甘甜的乳汁。有了母亲的精心照顾，孩子才能安全幸福地成长。一般来说，孩子总会认为，自己的母亲代表着善良，因此，母亲的言行会在无形中对孩子产生深远的影响。如果母亲能长时间陪伴年幼的孩子，给他们以安慰，孩子自然就会形成健康、善良的人格。

另外，母亲和孩子的亲密接触也是一种很好的情感交流方式。科学研究表明，胎儿在母体内就能倾听母亲的声音，出生后还会记得母亲说话时和别人不同的节奏。母亲的声音是婴儿最爱听的，母亲的每一句话，都能帮助孩子认知自我和感受世界，她是孩子了解外界最可靠的媒介。孩子从母亲那里得知，哪些事情可以做，那些事情不能做；谁友好，谁不友好。可以说，是母亲给他们的内心和外部世界下了定义。母亲还会指导孩子正确表达自己的情感需求。母亲乐观的心境和语言，能够帮助孩子树立克服困难的信心。

母亲们必须认识到自身的重要性，并参与到孩子的成长中去，从中体会到巨大的乐趣。我这样说，并不是要女性放弃自己的理想和追求，也不是让所有的女性都不工作，我认为，她们可以在孩子出生前去从事自己喜欢的工作，也可以在孩子长大后去实现自己的理想。至少在孩子一岁之前，母亲应尽量在家照料孩子。

称职的母亲会懂得如何去满足孩子的基本生活需求。而母亲为了自身的幸福，同时也应该明白以下三件重要的事。

(1) 要拿出足够多的时间来陪伴孩子，尤其是刚刚出生的婴儿 只要母亲长期和孩子在一起，她就会逐渐适应这种生活，并学会靠第六感官来了解孩子的需要。很多母亲有这样的体验，她会在孩子哭泣之前的那一刻突然醒来。可见，母子之间有一种天然的心灵沟通。孩子有母亲陪伴，就会很高兴，有时候他们会以哭闹、纠缠，或者借口要吃奶等方式，把母亲留在自己身边。照料孩子对母亲来说，到底是一种拖累还是一种幸福，完全取决于母亲自身的观念。

我的表妹凯瑟琳娜曾经对我说："在女儿出生三个月后，我就回到了工作岗位。我很快就发现，我离开女儿之后，非常地想念她。保姆是个快乐、负责任和十分善良的女孩，她在照看女儿的过程中作了看护记录，记下了女儿的第一次快活的叫喊，记下了她第一次品尝酸果汁时的怪模样。可惜的是，作为母亲，我却没有和女儿一起分享这些激动人心的时刻。现在回想起来，我忙于业务，没有亲自照料孩子真是得不偿失，钱失去了还可以再赚，而孩子的欢乐时光却永不再来了。"

母子间的相互依恋是慢慢产生的，母亲和婴儿在长时间的相处中，逐渐熟悉了对方的身体语言，从而产生了越来越多的协调感。因此，如果母亲和孩子相处的时间太少，就很难建立起亲子关系。

(2) 要懂得在适当的时机离开孩子，去休息一下，使自己的身心得到调整 如果整天忙于照看孩子和做家务，没有丝毫喘息的机会，那么很快就会疲惫不堪，甚至变得脾气暴躁容易发火。不仅仅是看护婴儿时，需要他人的支持，在孩子成长的过程中也同样需要。孩子能够自由行动之后，就会到处惹麻烦。每一位母亲都曾领教过孩子过剩的精力带来的无尽烦恼。所以，母亲应该懂得在必要的时候，向家中其他成员寻求帮助。

(3) 尽心照料孩子是母亲的天性和天职，但也不必苛求自己 因为现实生活中总是充满了各种问题和矛盾，比如经济问题、健康问题和婚姻问题等等，另外，任何人也不可能承受如此多的压力。有一些母亲不敢管教自己的孩子，就是因为缺乏照顾好孩子的信心，怕犯错误。我在调查中曾广泛接触过各阶层的母亲们，却从未听到一位母亲说自己是一个称职的母亲。而事实上，如果她们不夸大自己的那些小过错，很多人已经算一个称职的母亲了。

只要母亲时刻关心孩子，及时纠正不当的管教方式，就称得上是称职的母亲。孩子们并不需要一个完美、永不出错的母亲。母亲自身所具有的优缺点会在很大程度上影响着孩子的成长。如果过于苛求自己，唯恐出错，孩子就会受到影响，凡事裹足不前，不敢明确地追求自己的人生目标。如果母亲能积极乐观的面对失误，孩子也就不会有害怕失败的压力，即便失败了，也能迅速振作起来。

和母亲们相比，父亲们在照料幼儿的问题上，总觉得自己插不上手。这种不自信和自我否定从孩子出生的那一刻就开始了，由于孩子来自母亲的身体，并喝着母亲的乳汁长大，因此，每一个新生儿都会把自己的第一份爱献给母亲，孩子总喜欢和母亲在一起，因此，父亲觉得自己在照料孩子方面几乎是个局外人。

人们往往认为，父亲的首要任务就是赚钱养家。如果一个男人把照料孩子看得比事业还重，就会让人觉得没出息。因此一般情况下，都是母亲照顾孩子，她们在这方面更有能力，也更有发言权。一个每星期工作五六十个小时的男人，自然没有什么时间来照顾妻儿，而且有些母亲也不放心丈夫照料孩子。一位年轻的父亲曾经向我抱怨说，他的妻子每次出门，都不放心把两个孩子交给他看管，总要把各种注意事项写在一张纸上，如喂孩子的时间、喂什么、食物的温度、孩子可以玩什么、不能玩什么等等。

其实，在孩子的心目中，父亲和母亲同等重要。但是，很多父亲们还是觉得孩子并不需要自己，于是就逐渐忽略了对孩子的照顾，甚至，不想尽到做父亲的责任。究其原因，在我们的上一代，父亲的责任是赚钱养家，同时还要充当家庭的保护人，是家庭的支柱，因此，在家中享有最高的地位。但是时至今天，父亲的责任不如从前，明确了以男性为主的家庭体制，受到了挑战，很多人接受了新的观念，认为一个好父亲就应该是一个"男性母子"，应该像母亲一样关爱自己的孩子。

针对这些现象，心理学家劳伦兹博士通过研究发现，如果一个男人采取"母亲"的方式去关心孩子，很快就会产生心理上的障碍，并最终从孩子的生活中退出。因此，父亲们应该做一些父亲该做的事，而不必像母亲那样温柔体贴。父亲和母亲由于性别的不同，表达爱的方式自然也有所差异，但是，对孩子们来说，这两种爱都是不可缺少的。

研究还表明，对孩子来说，母亲主要起促进和安慰的作用；父亲则用自身的活力让孩子感受到生活的激情，带给他们兴奋。母亲温柔的爱抚能给孩子以安慰，平和的声音能让孩子感受心灵的宁静，孩子丰富的情感世界主要靠母亲来建立。当孩子遇到挫折时，母亲的抚慰能调节孩子情绪。而父亲健康的形象和积极的生活态度，则能让孩子形成积极进取，敢于负责的人生观。由于母亲比较柔弱，故而在孩子们眼里，父亲的爱是威严和充满力量的，父亲所带来的安全感是任何人也无法比拟的。

尽管在照料孩子方面，父亲无法和母亲相比，但仍然可以用他们特有的方式参与孩子的生活。充满活力的游戏、爽朗的笑声、一次郊游、和孩子一起帮助邻居搬行李……这一切都能体现出父亲对孩子的关爱。父亲参与孩子的日常生活，能极大地促进孩子的情感发展，经常和父亲相处的孩子，长大后更有同情心，心理更健康。

母亲代表了温情和舒适，父亲代表着进取和刺激。经常得到爸妈关爱的孩子，往往会继承两方面的优点，形成既稳重又灵活的性格。因此，称职的爸妈都懂得以自己特有的方式，积极参与到孩子的整个成长过程中去。

孩子出生之前的保养

绝大多数人认为，人的一生是从降生的那一刻开始的。而父亲却认为，从某种意义上，一个孩子的人生之路，其实从母亲受孕前就开始了，因为孩子出生后能否拥有好的身体素质和一个好的家庭环境，很大程度上取决于爸妈自身的素质。尽管父亲反复强调后天的教育决定孩子一生的发展，但他并不否认先天素质对孩子一生的重要性，他认为，负责任的爸妈应该在孩子出生前就做好充分的准备。

父亲认为，在孩子出生之前，爸妈就有必要保持健康的体魄和纯洁的精神，掌握养育优秀后代的知识。许多爸妈对这一点的重要性缺乏认识，认为一切顺其自然就行。其实这是一种错误的观点。从生理学的角度看，胎儿的健康，很大程度上取决于爸妈自身的身体状况，和母亲受孕后的饮食起居。

在母亲怀上我后，父亲就制定了严格的作息时间，尽可能使生活有规律。为了让我出生后有一个健康的体魄，他经常陪母亲去田野中散步，呼吸新鲜空气。作为一个乡村牧师，父亲的收入并不高，但为了保证母亲能吃到最有营养的食物，他削减了家里其他的开支。哥哥夭折后，曾使母亲一度陷入悲痛之中。怀上了我，她在欢喜之余，又时常焦虑不安，唯恐有什么闪失。父亲知道，母亲的情绪会在很大程度上影响胎儿的健康，于是，他尽量给予母亲更多的关爱，当她心情不好时，就耐心地开导她，使她摆脱不良情绪。

我的爸妈从不向我提起我出生前后，他们所付出的辛劳，当年的情形，我更多的是从父亲的手稿和他的朋友们那里了解到的。多年以后，我的妻子玛格丽特也怀上了孩子。父亲得知后，写信向我提出了一些十分有益的忠告。玛格丽特晚餐时爱喝葡萄酒，父亲在信中特别提醒我们，孕妇喝酒对胎儿的健康十分不利。

为了生出一个健康的宝宝，母亲应当具有相关的营养学知识。任何一位母亲也不会让婴儿饮酒、吃不好消化的东西。因为这实际上是间接地给胎儿吃这些有害的东西。

我和妻子听从了父亲的告诫，并再次研读了他的手稿中关于育儿的那部分。父亲还在信中强调了孕妇的精神状态对孩子的影响，为了让未出生的孩子将来具有善良的品质和爱正义的精神，妻子经常读有益的书，想美好的事，听优美的音乐。我们常常一起出去欣赏美丽的自然风光和艺术作品，并经常行善事。只有始终处于良好的状态中，才有可能生出一个身心健康的宝宝。

给孩子一个健康的身体，是培养孩子的第一步，更重要的是维持这种健康，使之成为孩子一生的财富。我母亲也在信中告诉我，一个人没有孩子，就无法体会到完整人生的幸福和价值。她提醒我，为人爸妈必然会遇到许多意想不到的困难，要有充分的心理准备。她说很多父母在雇人教育孩子，这样的爸妈是不称职的。爸妈的责任不仅仅是把孩子带到这个世界上来，更重要的是培养孩子。孩子的教育必须由爸妈亲自来承担，因为孩子需要的不仅仅是教育，还需要温暖的亲情。只有在充满爱的环境中长大，他才会拥有美好的心灵。

威廉出生以后，虽然我的经济状况比起父亲当年已经大为改善，有条件雇一个女佣来照料孩子，但我和妻子还是决定亲自照料儿子。我知道，爸妈的性格，甚至连表情都会影响到孩子。所以，我和孩子在一起的时候，总是尽可能营造出欢乐的气氛。在威廉降生之前，我和妻子就为他布置了一个温暖、漂亮的房间。我们希望他一出生，就能看到一个美好的世界，并在欢快的气氛中度过宝贵的童年时光。我深信，儿子在美好的环境中成长，就会常常受到美的感染。玛格丽特在怀孕期间，也像我母亲一样，常常在睡前想象美好的事物。妻子认为这样能在无形之中影响到未出生的孩子。因为美好的想象能使人心情愉快，进而使人的容貌变得更加美丽。我们精心所做的这一切，为的就是尽早开发孩子审美观。

在威廉降生前，我为他腾出了我的书房，这是家中最好的房间，这里空气清新，阳光充足。为了让孩子的眼睛感到舒适，我在墙壁上贴上了米黄色的壁纸，床上用品上绣有色彩鲜艳的水果、花儿和小动物图案。根据爸妈的建议，我还在墙壁上挂上我收藏的各种艺术品。我希望孩子每天一睁开眼就能看见美好的事物，因而在无形中提高对美的鉴赏力。

我和妻子为威廉所做的这一切，正是遵循了父亲的教导。父亲说过，爸妈应该是孩子最早的老师。爸妈自身的素质以及他们的一举一动，都会在无形中影响孩子。为了使孩子成为健康的人，我们必须先使自己成为健康的人；为了使孩子成为优秀而高尚的人，我们必须先使自己成为优秀而高尚的人。

喂养的最佳方法

威廉出生后，我和妻子首先考虑的是他的健康，我们深知强健的体魄对人的一生多么重要。我的母亲对威廉的健康也十分重视，多次在信中告诫我们，千万要有责任心，不要为了保持体形而拒绝母乳喂养。

关于母乳喂养，母亲也许还不知道，我不仅完全同意她的建议，事实上，早在 7 年前，我就和霍耶斯特教授对一些新生儿进行了跟踪调查，结果表明，母乳喂养的婴儿不仅拥有更健康的身体，而且情绪更稳定，母子关系也更融洽。另外，母乳喂养也对母亲的身体有益。很多母亲都有这样的体验，每当小宝贝轻轻地吮吸她们的乳汁时，她们总会有种莫大的幸福感。玛格丽特坚持用母乳喂养儿子，她告诉我，每当看到小威廉吮吸时那副满足的样子，她总是满心喜悦。

在我还是个婴儿的时候，我的爸妈很重视我的生活规律，为了让我按时进食，父亲为我制定了严格的喂食时间表。有时候不到哺乳时间我就饿了，但不管我怎么哭闹，母亲都不会给我喂奶。形成有规律的饮食习惯，对孩子的健康和将来的学习都大有益处。不过，从生理学角度看，父亲的做法对哺乳期的婴儿来说，未免有些过于生硬，因为婴儿在生理的需求上不同于大孩子和成人。玛格丽特给小威廉喂奶的时候，很注意充分满足他的需求，只要他饿了就喂。无论是白天还是夜晚，她都随时留心儿子发出的信息，及时给他喂奶。在哺乳期间，小威廉享受到了充足的母乳，这对他后来的健康成长起到了巨大的作用。

威廉出生3个多月后，我们开始在哺乳之余有规律喂他一些果汁，并逐渐加上肉汤、土豆泥等。每当我们喂他，他总是快活地挥舞着小手，脸上露出兴奋的神情。在威廉的整个成长过程中，我们从不担心他设胃口。很多父母唯恐孩子吃不饱，孩子吃得越多，他们越高兴，有的爸妈甚至想方设法哄着孩子吃东西。在吃饭的问题上，我和玛格丽特从不央求孩子，否则，孩子就会把吃饭当成一种额外的义务，进而产生排斥心理，或者在吃饭时和爸妈讨价还价。同样的，当威廉犯了什么错误时，我们也从不用不准吃饭来惩罚他，因为吃饭是一个孩子最基本的生理需求和权利，爸妈不应该把吃饭和奖罚联系在一起。

我的邻居杰克逊太太常常为孩子不肯吃东西发愁，当她得知威廉的胃口总是那么好时，就带着4岁的儿子汤姆来咨询我。小汤姆看上去面黄肌瘦，完全没有他那个年龄的孩子应有的活泼。后来，我才知道汤姆比较顽皮，为了让儿子听话，杰克逊太太经常用不许吃东西的办法来管教他。

有一次，汤姆把一桶油漆打翻在家里的新地毯上。杰克逊太太一生气，就罚他不准吃晚饭。到了晚上，汤姆哭着央求母亲给他一点吃的。杰克逊太太虽然心疼儿子挨饿，但她为了让儿子吸取教训，就硬着心肠饿了他一整夜。第二天一早，她给儿子送去了牛奶和早点。但小汤姆一点食欲也没有。从那以后，他再也没有了以前那种好胃口，每天只吃一点点东西，有时甚至什么也不想吃。

我知道，小汤姆不肯吃东西是因为这件事给他造成了心理障碍。我建议杰克逊太太带汤姆去找我的同事罗伯特教授，他是研究儿童行为的专家。后来,罗伯特教授为汤姆进行了 6 个月的治疗,才总算治愈了他的厌食症。

采取这种方式管教孩子是很愚蠢的,不仅会损害孩子的身体,更为严重的是,会对孩子的心灵造成长久的伤害。我们应该为孩子营造出轻松的进食气氛,让他们带着愉快的心情进食。

如果爸妈总是怕孩子吃得太少、或者不会吃,一到吃饭时间,就使出浑身解数来对付孩子,就会在无形中给孩子造成压力,久而久之,吃饭就成了孩子的一种负担,这不仅影响了孩子的食欲,也给爸妈带来很多不必要的麻烦。

在吃饭问题上,我们始终认为应该鼓励威廉自己进食,让他觉得吃东西是一件轻松愉快的事。在他很小的时候,如果他不习惯使用某种餐具而更愿意用手抓着吃,我也不会当场斥责他。事后,我会以游戏的方式让他学会餐具的使用。我和妻子也从不担心他吃得太少而挨饿,我们相信,只要给他足够的食物,他就不会挨饿。这并不是对孩子漠不关心,而是我们在请教了一些有经验的爸妈后学到的知识。吃饭的时候,只要威廉不挑食,我们就会随他怎么吃,而且还会尽量营造轻松的气氛。如果他有什么不对,我们也是以提醒为主,尽量不训斥他。

在营养方面,我们总是力求全面,因为营养不足会影响幼儿神经的发育。在现实生活中,有不少因营养不良引起大脑功能损伤的情况。要想使孩子的大脑正常发育,将来能够胜任复杂的脑力劳动,就必须合理安排幼儿的饮食,以满足其身体的营养需求。科学研究证明,合理的饮食能供给大脑正确的营养,帮助孩子提高智商。营养是孩子发展智力必不可少的物质基础,因此,我和玛格丽特对这一点尤其注意。

威廉断奶后的一段时间里,我们主要以牛奶代替母乳,并在每天的正餐之间定时喂他一些肉汤、蛋、水果、蔬菜等作为辅助。威廉两岁后,他的食物以肉类、鱼、蛋、蔬菜、面包、土豆和豆制品为主。这个年龄的孩子往往不爱吃蔬菜,小威廉也不例外。蔬菜的摄入对调节孩子的生理平衡大有好处,另外蔬菜中所含的很多营养物质是别的食物无法取代的。小威廉喜欢模仿大人,于是,我们在吃饭的时候总是对蔬菜赞不绝口,并作了几次争抢蔬菜的"表演",同时,妻子还在烹饪技术上下了一番工夫,把蔬菜做得口感更好,味道更美。小威廉的兴趣果然被激发起来了,从此不再拒绝蔬菜。

在我小的时候,父亲非常重视我的饮食规律,在哺乳期间,为我制定了进食时间表,不到喂奶的时间,即使我饿了哭闹不停也不肯迁就我。现在看来,这种方式虽然有些生硬，但有规律的饮食对孩子来说确实非常重要。从威廉两岁起，我和妻子开始正式训练他有规律地进食。一般是每日吃三餐，中间加一点不影响正餐的副食，如水果、小甜点等，让他更全面地摄取各种营养。

威廉5岁时，乳牙已经长齐。这时，他已经基本上可以吃成人的食物了，但我们很少让他吃刺激性的食物。我们为他准备了各种花色品种的食物，粗粮和细粮、肉食和蔬菜都进行了合理搭配。

我认为，孩子的营养固然重要，进餐时的心情同样也不容忽视。如果进餐的气氛过于严肃，或者清规戒律过多，孩子就会感觉很不自在，进而产生排斥心理。所以，如果威廉在吃饭时提这样或那样的问题，我们一般不会制止他，但如果他喊叫，或者大笑，我们就会想办法把他的注意力转移到食物上去。当然，如果孩子吃饭时说个没完，不仅吃得慢，还会分散注意力，长期下去，会影响孩子的身心健康，这种情况就有必要进行干涉，但一定要讲究技巧，不能使用过于严厉的语气。

由于每个孩子的具体情况不同，因此，训练孩子的方式也应该有所不同。总的原则，以引导代替训斥，以趣味性消除对立。

锻炼强健的体魄

小威廉6个月大时，健康活泼的性格表露无遗，有时候，他会抓住我伸过去的手指，力气大得令我惊奇。我在参与霍耶斯特教授的早期教育试验时，曾接触过大量的幼儿，我发现小威廉在肢体的灵活性和强壮程度上都大大超出了同龄孩子的平均水平。这当然和科学的喂养有关，此外还应归功于适当的肢体锻炼。

威廉还在摇篮里的时候，我就有意识地训练他身体的协调性和肌肉的力量。主要是让他的四肢自由地活动。另外，为他洗澡的时候，我们总要按摩他的身体，小家伙也很愿意配合。威廉还不满一个月，我们就经常伸出手指让他抓，他出于本能的反应，立即拉住大人的手指做起了引体向上。一个月大时，我们开始用手推他的脚，促使他爬行。这种肢体训练使他的四肢变得强健起来。由于从小就有很好的身体协调性，威廉即使摔倒，也能快速地用四肢支撑住身体。

很多做母亲的唯恐孩子着凉，总喜欢将婴儿裹得严严实实的，让他动弹不得，却不知道婴儿的发育是一生中最快的，肢体的自由活动不仅有利于孩子的血液循环，而且能加快他们对营养的吸收。深知这一道理，因此，我和妻子尽量给威廉穿宽松、舒适的衣服。

天气好的时候，我们会带威廉去野外闻闻泥土和花草的芳香，看一看生机勃勃的自然景色。只要气温不太低，我们从不把他裹起来，尽量让他自由活动肢体。在锻炼小威廉的身体时，我运用了父亲的一个好方法，就是在他能走路以后，经常带他作短距离的徒步旅行。一方面活动他的身体，同时还可以锻炼他的意志。

威廉 5 岁时，有一次，我带他去郊外拜访莱米兹牧师。那是威廉平生最远的一次徒步旅行，那天的天气很冷，路上还有薄薄的积雪。我们走了一段路之后，刮起了大风，行走变得异常艰难。路上行人越来越少，这种天气连大人都不愿出门了。威廉起先还饶有兴致，不停地问这问那，随着风力加大，他渐渐沉默了。本来，我出门的时候没打算带他，是他主动提出要跟我徒步旅行的，临出门时我见天色有些阴沉，就提醒他说：

"威廉，这次旅行也许不像你想象的那么有趣，路远，天气又不好，你受得了吗？"

"没问题，爸爸，我喜欢走路。"威廉兴奋地说。

我考虑了一下，觉得这是个锻炼他的好机会，另外，也想看看他身体的潜力如何，就答应了，同时，也做好了一旦他走不动，就在中途雇车的打算。

我曾经带威廉乘马车去过莱米兹牧师家，但他毕竟是个孩子，显然没有估计到徒步走完这段路的艰难程度。威廉看上去已经不想再走了，但主意是他自己出的，又不好意思反悔，只是一次次仰头看我。我从他的眼神里知道了他想回家，可以想见，当一个 5 岁的孩子顶着大风走在积雪的路上时，是多么想回到温暖的壁炉旁听母亲讲故事啊！

这时，一辆马车从远方驶来。威廉再也忍不住了。

"爸爸，快下雪了，也许妈妈会担心我们的！"

"我看你是想回家了，威廉。"我说。

威廉不说话，默认了。

看着威廉冻得通红的小脸，我的心情很矛盾，作为父亲，我当然不想看到儿子受罪，但同时也希望他坚持到底。我知道，当我们顶着寒风到达终点时，那种胜利的喜悦和家里的温暖相比，另有一番幸福的滋味。

“威廉，你知道我们到了哪儿了吗？”

威廉摇摇头。

“还记得离莱米兹先生家最近的那个村叫什么吗？”我又问。

“博斯皮尔。”威廉的记忆力一向很好。

“博斯皮尔前面呢？”

“雷德村。”

“雷德离博斯皮尔远吗？”

“不远。”

“博斯皮尔离莱米兹先生家呢？”

“也没多远。”

“好吧，威廉，如果你要回去，等那辆马车过来我就叫住它。你今天很棒，顶着风走了这么远，离莱米兹先生家只有两个村了。”

威廉又不说话了，那辆马车到了我们跟前，车夫放慢了速度，显然在等我们招呼他。我正要招手，威廉拉住了我的手：“不，爸爸，我没问题！”

我和威廉坚持走到了莱米兹先生家，当他的两个孩子听说我们是城里徒步来的时候，都惊讶得睁大了眼睛。那一天，威廉快活极了，因为，他体验到了一种从未体验过的幸福——胜利。

很多父母极度为孩子的身体担忧，总要把孩子裹得严严实实，生怕他着凉；不敢让孩子自由活动，唯恐他受伤。殊不知这样的保护却是对孩子最大的伤害，我和霍耶斯特教授的调查表明，缺少肢体锻炼的孩子不仅体质差，而且大脑反应也很迟钝。

智力开发的身体训练

感觉器官是大脑获取各种信息不可或缺的工具，如果在教育孩子之前先将感觉器官调至最佳状态，那么，无疑能收到立竿见影的效果。因此，我教育威廉是从感官训练开始的。在五种基本感觉中，婴儿最早形成的是听觉，所以，我首先训练的是威廉的听觉。小威廉还未出生，我和妻子就经常去音乐会，或者去郊外聆听大自然中的各种声音。有时候，妻子感到孩子在她腹中躁动不安，但只要听到流水声和鸟鸣声，或者优美舒缓的乐曲，母子俩都会重新获得宁静和安详。

也许是在母腹中形成的习惯，威廉出生以后，对有节奏的声音和优美的乐曲都表现出了极大的兴趣。他哭闹的时候，妻子总会拿起小提琴拉一段乐曲，于是，他会转着小脑瓜四处寻找，当他发现那好听的声音是从妈妈那里发出的时，很快就会破涕为笑。

模仿是孩子的天性，威廉自然也不例外。有一次，我敲着小鼓逗他玩，发现他用小手兴奋地拍着摇篮，竟然大致敲出了我的节奏，甚至还敲出了其中的变化。这个发现令我欣喜若狂，因为，当时威廉才 3 个月大，竟然能在这么短的时间里记住那些并不简单的节奏。这时我突然意识到，用音乐来锻炼小威廉的记忆力是个不错的方法。

可以说，威廉的幼儿时期是在他母亲的童谣中度过的。妻子为了让小威廉自小受到音乐的启迪，特地学习了很多优美的民歌，时常用温柔的嗓音唱给他听。有一次，妻子兴奋地跑到书房，叫我去看儿子，当我走进婴儿房时，发现小威廉眼睛望着天花板，嘴里哼哼哈哈地唱些什么，仔细一听，竟是意大利民歌《我家在森林》里的调子。不仅如此，小威廉还能准确地领会乐曲所要表达的意思，当妻子用小提琴或吉他弹奏欢快的乐曲时，小威廉总是高兴地拍着手，嘴里不时跟着哼上几句。当我在吉他的低音琴弦上弹出一个长滑音时，小威廉睁大了眼睛，露出了恐惧的神色。

孩子最早是以声音来传达喜怒哀乐的，也能从声音中感受刺激和获得安慰。每当威廉啼哭，只要爸妈走到他身旁，用温和的语调和他说话，他就会立刻停止哭泣。有时候，他在摇篮里不安地扭来扭去，一听到母亲的声音，马上就会安静下来。

尽管婴儿听不明白爸妈的意思，但都会作出各式各样的反应。随着时间的推移，还会从各种声音中找出它们的逻辑联系，因此，我们一定要尽早和孩子多说话，并给予他各种各样的声音刺激，以此来开启他的智力。

我认为，通过视力锻炼，可以培养孩子的观察能力和判断力。威廉还未出世，我们就为他准备了许多颜色鲜艳的东西。有漂亮的图画，颜色可爱的布娃娃。为了锻炼威廉的观察能力，我们把他的房间布置得十分亮丽，墙上挂了各种美丽的图片，他的摇篮和他的小被褥上都有五彩缤纷的图画。

视觉的刺激对开启孩子的智力很有好处，正如声音一样，色彩也能传达很多信息。比如红色蕴含着热烈，蓝色代表了冷静，黄色让人感觉到温暖，而各种色彩的不同组合又能传递更为复杂的情绪。在威廉还是个婴儿的时候，玛格丽特就经常给他看各种漂亮的画册。这时候，威廉总是饶有兴趣，嘴里念念有词，表情丰富。威廉稍大一点后，我们不仅给他看更多的图片，还给他买来颜料和纸笔，由他去信手涂抹。

从某种意义上说，幼儿和“小兽”没有什么区别，完全不懂文明世界的各种知识，但令人惊讶的是，正是这些无知的小兽，却有着极强的艺术天赋和色彩感觉，他们在这方面的能力，往往令许多成人望尘莫及。为了培养威廉的色彩感觉，我买来颜料，还耐心地教他区分各种不同的颜色。陆续地教了一个多月后，他竟然记住了很多种颜色，不仅能一下就说出红、黄、蓝等常见色，还能指出两种相近颜色间的细微差别，其准确性甚至连我这个老师都自叹不如。

除了学习绘画，我们还经常一起出去散步，观察大自然中的各种色彩。他观察远山和天空，分辨暗蓝和蔚蓝；眺望晚霞，体会着橘黄怎样过渡到橘红；森林的颜色随着四季的变化，他向我描述不同的绿给了他的不同感受。威廉通过对周围色彩的观察，形成了敏锐的观察力，从而对开发他的智力也起到了不可估量的作用。

经过长期研究，霍耶斯特教授发现，幼儿的形体动作与智力有着紧密的联系。如果一个人从幼儿时代起，经常动手动脑，那么，他将来就会具有灵敏的个性和聪明的头脑。因此，霍耶斯特教授极力主张，在对幼儿进行知识教育之前，先教会他们正确的姿势和动作。

儿童生性就活泼好动，因此，这种形体教育对儿童来说是很困难的。通常，大人看到孩子躁动不安时，总是命令他们不许乱动。这样对孩子是没有任何好处的，反而会让他们无所适从，因为儿童正在试图从这些动作中总结出有用的动作来，这其实是大脑和身体相协调的开始。霍耶斯特教授认为，爸妈应该鼓励孩子做各种动作，并帮助他们掌握正确的姿势和完成他们想做的动作。这种训练并不需要特意的编排。只需在日常生活中加以训练就能达到。肢体训练可以培养出孩子的独立、专注、尊重客观规律等习惯。

我和妻子非常重视训练威廉正确的行走姿势和规范的动作。我们要求威廉在练习时要掌握要领，并鼓励他将动作做得更准确、更快。威廉学步不到两个星期，我们就开始教他系鞋带。系鞋带对这样的孩子来说的确很复杂，我们刚开始没有教他完整的动作，而是分解成几个简单的步骤，指导威廉练习。即便如此，威廉还是对系鞋带感到不耐烦，经常把活结打成了死结。

玛格丽特想出了一个好办法，她提出和威廉进行系鞋带比赛，看谁系得快，系好之后再看谁解得快。威廉的好胜欲望很强，慌里慌张地打了一个死结。这一步，妻子故意输给了他。然而，等到解鞋带时，妻子只轻轻一拉就开了，而威廉却无论如何也解不开自己打的死结。从此以后，系鞋带时，威廉不再胡乱打个死结就完事，这也逐渐培养了他的耐心。

尽早开发幼儿的各种感觉，可以有效促进大脑神经的发育，使孩子越来越聪明。为了锻炼威廉的触觉，我设计了一个"盲人摸象"游戏。我先把威廉的眼睛蒙上，让他触摸某件他见过的物品，仔细体会物品的形状和质感，然后让他说出物品的名称。有一次，我把一个桔子放到威廉手里，他摸了之后，说那是苹果。

我提醒他："你好好摸一摸它的皮，这是苹果吗？"

威廉又摸了摸，仍然说那是苹果。也难怪，他平时见得最多的就是苹果。我对他说："你仔细想想，苹果的表皮摸上去是什么感觉。"

他想了想说："是光滑的。"

"那你手里这个水果呢？"

"不光滑。"

"你见过的水果中，哪些和苹果差不多大、表皮又不如苹果光滑的呢？"

威廉被难住了，他当时才刚满一岁，对土豆、苹果、桔子、梨、番茄这些形状相仿的东西的谈不上有什么经验，但又确实都见过，也曾摸过。他还是答不上来，心里一着急，手在桔子上使劲抓了一下。我注意到了这一细节，于是进一步提示说："在土豆、苹果、桔子、梨、番茄中，哪一些是硬的，哪一些是软的？"

"土豆、苹果和梨是硬的，番茄和桔子是软的。"

"现在我想你已经知道这是什么了吗？"

威廉想了想，兴奋地喊道："是桔子！"说完就要摘眼睛上的布条。

我拦住他的手说："为什么是桔子，番茄不也是软的吗？"

威廉肯定地说："是桔子，因为它不像番茄那么光滑。"

我和妻子都会心地笑了，本来想训练小威廉的触觉，没想到却附带锻炼了他的逻辑思维能力。

威廉到了3岁以后，我们专门为他设计了各种体操动作，因为3~6岁是儿童肌肉发育的关键时期。为了锻炼威廉的肌体，我们在动作的设计上听取了霍耶斯特教授的建议，教授认为，这一阶段的体操练习应以走为主。要掌握正确的步行姿态，首先要学习保持身体平衡。我们为威廉设计了一种“踩脚印”游戏。这种游戏是在地板上粉笔画一条线，在线上画一串脚印，然后让威廉在线上走，每一步都必须把脚落在脚印里。为了保持身体平衡，威廉就会像走钢丝一样全神贯注。如果威廉不小心走到了脚印外边，就要受到玛格丽特的惩罚，当然，所谓的惩罚并不是体罚，而是在他的下巴上揪一下，我们称之为“揪胡子”。事实证明，这种方法能有效地锻炼出儿童挺拔的行走姿势。

除了做体操练习，我们还教威廉做手工活，我们很少给他买玩具，他的玩具基本上都是他自己做的。我发现，每个孩子都对玩泥巴和玩水有莫大的兴趣。于是，我挖来一些黏土，再为他做了几个模具，让他制作各种物品。然后，我把他捏的土坯烧成陶器。当威廉看到自己制作的泥巴器皿变成了漂亮的陶器时，高兴得手舞足蹈。

第十八章

天才的语言训练

语言与智力

在我小的时候，父亲就很重视对我的语言能力的培养。他断言，学习语言早的孩子，智力上远胜于普通孩子。尽管父亲的观点在我身上得到了验证，但由于当时缺少系统的理论支持和足够数量的事例，所以，一直没有受到足够的重视。

40 年后，慕尼黑大学的语言学家马里奥教授对婴儿的语言能力作了深入的研究，他强烈建议，要经常和婴儿说话，婴儿虽然不能回答什么，但肯定能对爸妈的话语作出反应，这其实就是一种交流，这样的交流应该每天至少进行半个小时。爸妈经常对婴儿说话，能够增进孩子的智力，使他们变得越来越聪明。

马里奥教授曾经对 200 名条件相仿的幼儿作了试验，其中 100 名孩子的家长在教授的指导下，经常和婴儿谈话，另 100 名孩子则任其以普通方式成长。到了孩子们上小学的时候，教授对这 200 名孩子进行了测试，试验结果表明，前者的平均智商要远高于后者，语言表达能力更是遥遥领先。

英国的一些生理学家，也在这方面作了长期的研究，他们对 4000 多名儿童作了调查，结果表明，和爸妈交谈频率高的孩子，无论在智力还是在心理素质上都要优于其他孩子。

以上结果表明，如果爸妈自小就为孩子创造一个丰富的语言环境，让孩子从婴儿时期起就受到语言的刺激，那么将会对孩子一生产生至关重要的影响。

人类之所以被称为高级动物，其中一个最主要的一点就是人类掌握了完善的语言能力。我和霍耶斯特教授对古往今来的天才作了深入的研究，发现绝大部分天才有一个共同的经历，就是在幼小的时候，都受到了很好的语言教育。科学研究证明,5 岁以前,孩子的语言学习能力最强。如果能充分利用这段时间,那么,孩子学会的不仅仅是语言,他们的智力也能得到更好地发展,如果错过这一关键时期,对他们以后的学习将会产生很大的障碍。

早在 40 多年前,父亲就提出了类似观点,然而,在当时遭到了绝大多数人的反对。直到今天,人们才渐渐认识到尽早学习语言的意义。它不仅在于让孩子更早学会说话,还在于它能促进孩子智力的发展。近年来的研究证明,说话早的孩子,无论在思维能力、还是在表达能力上,都要明显高于其他同龄的孩子。我刚出生时,各方面情况都不如同龄的孩子,曾被一度认为是个白痴,但由于父亲抓住时机适时地对我进行了语言教育,很快,我就在智力上追上并超过了其他孩子。

语言是我们学习知识的主要工具,因此,要想锻炼孩子的大脑,最好的方法就是尽早对孩子进行语言训练,仅仅通过普通的训练是不够的,还必须讲究方法。也就是说,既要训练孩子掌握清晰的发音,还要让他们明白词语的准确含义。父亲极力反对教给孩子不完整的语言和方言,并主张爸妈们要时时加以纠正,因为,幼儿具有一种自主的学习能力,会在无形之中受到周围环境的影响,很容易学会不完整的语言和方言。同时他也指出,只要爸妈创造一个良好的语言环境,幼儿完全能够在 2 岁左右学会规范的语言。

威廉从出生的那一天起,我和妻子就不厌其烦地和他说话。尤其是妻子,经常抱着威廉走来走去,不停地说这说那。

我们都很清楚,开发孩子的语言能力,母亲起着至关重要的作用,孩子们最早的人际关系就是母子关系。我发现,那些在婴儿时期就经常被母亲抱在怀里的孩子,语言能力更强,因为,婴儿被母亲抱在怀里时和母亲一样高,更利于双方进行沟通。另外,母亲抱着自己的宝贝轻言细语时,孩子感受到的不仅仅是温柔的爱,母亲那种夸张的,具有音乐美的语调,也为孩子以后学习语言打下了很好的基础。

开发语言能力的好方法

当年,父亲为了让我一开始就学会标准的德语,经常抱着我游走于各个房间,并用标准德语说出各种物品的名称。威廉出生以后,我和妻子也用上了同样的方法,此外,当威廉要求我们给他讲故事时,我们总是拿出故事书,用标准德语清晰而缓慢地读给他听。

不少父母总认为幼儿不容易学会正规的语言,因此,跟幼儿说话总喜欢将完整的语言简单化,比如把苹果、桔子、樱桃等水果称之为果果,把面包称为包包,结果,孩子长大后还得抛弃以前学过的词语,再花精力来学习正规语言。事实上,幼儿有着极强的学习能力,他们学习不完整的语言和方言所花的精力,与学习正规语言所花的精力是一样的。不规范的语言,是一种将来不会使用的技能,在孩子学习能力最强的时期去教孩子一种无用的技能,实在是极大的遗憾。正确地运用语言意味着正确地思考,如果让孩子使用不正确的语言,将会对孩子将来的智力开发带来困难,因此,应该避免这种错误的作法。

多说话给婴儿听,可以丰富孩子的词汇。但仅仅让孩子听是远远不够的,还要让他学会说,并及时纠正孩子的错误。我和妻子都知道,要想使孩子正确地理解书本知识,就应该教给孩子书面用语,以利于将来的阅读。

威廉 3 岁时就已表现出过人的语言能力,他掌握的词汇量已经达到了 5 岁孩子的水平,已经能够说出一口字正腔圆的规范德语了,而且,发音的准确性和流畅程度都远远优于同龄儿童。他对词汇的熟练使用和超常的逻辑思维能力,常常令人折服。和我小的时候一样,多数人在谈论起威廉时,也说他是个天才,而且理由更充分,因为我曾被誉为天才,因此,威廉理所当然地继承了我的天赋。但熟悉我的人却知道,威廉表现出来的才华来自科学的语言教育。

我的方法并不复杂,我只是让小威廉养成了时刻从周围的事物中学习知识的习惯。其实,学习是孩子的一种天性,婴儿模仿爸妈的举止,也是一种学习的行为。每个孩子都有着强烈的好奇心和求知欲望,只要爸妈善于引导,孩子就会像热爱游戏那样热爱学习。威廉还不会说话的时候，我和妻子就经常抱着他，让他观察屋里的各种物品，并说出物品的名称。虽然那时他还不能说话，但这已经在他的脑海里留下了深深的痕迹。由于我们说的是标准德语，当威廉能开口说话时，脑海中的记忆就立即被唤起，因此，很自然地就能说一口标准德语。威廉满了6个月后，我就在他房间的四面墙上挂上用彩色纸剪出的字母卡片，以便他随时都可以看到它们，从小就对文字留下较深的印象。

威廉的语言学习取得如此大的进步，和他母亲甜美的嗓音是分不开的。妻子经常把小威廉抱在怀里，指着墙上的字母，用歌唱般的语调读给他听，发音既标准又清晰。尽管6个月大的威廉还不明白母亲说的是什么，但是，时间一长，效果就出来了。一个月后，威廉就学会了字母。接下来，我们开始用字母卡片教威廉单词。刚开始，我用那些字母卡片拼出最简单的词，如母亲、父亲、手、脚、太阳、衣服等等，都是威廉最常见，也最容易理解的词汇。不久，威廉就能自己从卡片中选出字母拼写出他想要的词汇了。

我认为，爸妈在教孩子单词的时候，必须时刻注意自己的态度和方法，尽量使学习充满乐趣，如果孩子感觉学习语言文字很有意思，他就会乐此不疲，否则学习就会成为孩子的一种负担。为此，我总结了两条经验：

(1) 必须始终让孩子觉得学习是快乐的；

(2) 每次学习，最好是在孩子还想学更多东西时结束，这样就可以使孩子经常保持意犹未尽的感觉。

教育孩子，最忌讳的就是勉强孩子，这种教育方式只会让孩子厌恶，注定会失败。为了不让威廉觉得学习是一件困难的事，我们在很多细节上都作了充分的考虑，比如，在教词汇的时候，我们把字母卡片做得很大，而且有各种颜色，挂在屋里任何一个角落都可以一眼看到。有一个时期，威廉房间的墙上到处挂着这样的卡片，威廉经常躺在小床上，转动着小脑瓜东张西望，当看到他熟悉的词汇时，嘴里就念念有词。

威廉刚开始说话时，我发现他经常一个人坐在地毯上嘟哝，反复说着已经学会的几个词。事实上，不仅是威廉，几乎所有的幼儿都有强烈的表达欲望。于是，我利用这种欲望，把容易理解又有趣的故事讲给威廉听，然后鼓励他复述那些故事。威廉很喜欢把他听来的故事讲给我们听，那煞有介事的样子，好像那些故事不是从我们这里听来的，而是他自己的作品。不过，说是他的作品也不是完全没有依据，他经常把听来的故事改得面目全非，并且想方设法把自己刚刚学来的词汇用进去。

威廉4岁的时候，德语已经说得很流畅了。于是，我把那些小故事译成外语让他记，先是译成英语，然后是法语、西班牙语。这种方式威廉很是喜欢，他对同一个故事竟然能用几种不同的语言表达出来感到很好奇，于是，就尽力去记住它们。这对他来说，不像是在枯燥的学习，而更像在玩一种新奇的游戏，这在无形之中就学会了外语。

在教威廉语言的时候，我并不刻意强调语法，因为在实际应用时，用到语法的机会较少，另外也容易让孩子感到乏味，因此，在威廉上学之前，我从未教过他语法。事实证明，通过听和说来教孩子语言，远比教枯燥的语法更有效率。

拉丁语是公认的的最难学的语言，许多孩子一提到拉丁语就皱眉头，十分地畏惧拉西语，在这样心理状态下，很少有人能够熟练地掌握拉丁语。很多孩子在学校死记硬背学会了一些拉丁语，一旦应付完考试，就会迅速将它们抛到脑后。

刚开始威廉对拉丁语也深感厌恶。他在语言学习上一直很自信，无论法语还是英语都能很快学会，却唯独不愿意碰拉丁语。有一天，我问威廉为什么不喜欢拉丁语，他说，拉丁语是“瘸腿教授”（瘸腿教授是当时流行的对书呆子的一种戏称）的语言。原来，威廉认识的一些大孩子都讨厌拉丁语，并戏说拉丁语是一种毫无用处的语言。看来，4岁的小威廉已经开始在意别人的观点了。

我摸摸威廉的头说：“拉丁语有没有用处，关键要看你是否需要它，如果你不喜欢读书，那么它也许就没什么用处，因为在日常生活中确实用不上它。但是，你不是喜欢听故事吗？很多故事就是从拉丁文翻译过来的，当然，有些拉丁文书里的故事，已经被翻译成德语了，但还有很多没有被翻译。也许有一天，你不仅可以直接从拉了文书中去读那些故事，还能将它们翻译成德语，讲给你的朋友们听。到那个时候，就再也没有人说你是瘸腿教授了。”

小威廉对故事的兴趣完全压倒了他的疑虑，不久，他的拉丁语大有进步。5岁时，他不仅能给小伙伴们讲他翻译的拉丁语故事，还能查阅和运用我书房里的拉丁文资料。

早期阅读

父亲提倡尽早对孩子进行规范的语言训练，同时，教给他们一些书面语言，以便让他们尽早开始阅读。近年来，科学研究再一次证实了父亲的观点：儿童天生的学习能力超过了两岁以后，就会随着年龄的增长逐渐下滑，因此，从一两岁起就开始培养孩子的阅读能力，能够有效地提高他的智商。有的家长担心，过早教孩子阅读，势必不利于孩子将来的学习。但是，大量的调查研究证明，这种观点毫无事实根据，只是一种想当然的猜测。事实上，进行过早期阅读的孩子，无论在智力还是在体能上，都远远超过了其他孩子。

还有人认为，孩子读书过早，会变成一个老气横秋的傻小子，享受不到童年的乐趣。这是一个流传已久的错误观念。在我还听着摇篮曲的时候，就在父亲的引导下开始阅读了，但我却有一个幸福、快乐的童年。如果说在父亲对我进行早期教育的年代尚缺乏足够的实例，那么近年来的调查研究足以证明，从幼儿时期起就开始读书的孩子是快乐的，他们的脑子不仅没有像传闻中那样变得僵化，反而更有想象力，处理事情也更灵活，更有办法。

尽早培养孩子的阅读能力，不仅对正常孩子大有益处，就连许多智障儿童都受益匪浅。我和霍耶斯特教授对 50 名智障儿童进行了为时 5 年的试验，在他们 3 岁或更小的时候就开始教他们学习读写，结果到了他们入学的年龄，绝大部分都具有了比正常孩子还要高的智商，由于能力的提高，性格也比过去更开朗了。

早期阅读训练对智障儿童尚能取得如此显著的成效，对正常的儿童，效果就更显著了。研究表明，大部分孩子从两岁时就具有了阅读能力，而且年纪越小，其可开发的潜力就越大。

很多人认为，由于孩子尚小，大脑发育不完全，以至于装不下太多的知识；还有些人则担心幼儿会对书本感到厌倦。而事实上，儿童的大脑具有一种神奇的学习能力，这种能力从胎儿时期就开始发展，到了 8 岁就达到了顶点，8 岁以后就逐渐下降。其实幼儿大脑的容量大得惊人，更重要的是，这一时期能够吸收的知识，甚至比往后一生所学到的还要多。另外，幼儿具有无限的求知欲望和好奇心，只要引导得当，幼儿不仅不会讨厌书本，而且很愿意读书。如果在这一时期限制他们的学习，对他们来说无疑是一生中最大的遗憾。

持反对态度的人还认为，过早读书会对孩子的身体造成伤害。但我们的试验结果恰恰相反，读书不仅不会对身体造成什么伤害，反而能够促进大脑的健康发育。

近年来的研究结果表明，孩子过了两岁，语言文字的记忆能力会逐年下降，因此，让孩子掌握知识的最好办法，就是从两岁起开始教他阅读。如果孩子在两岁左右就形成了良好的阅读习惯，那么，他就会把这种习惯一直保持下去，进了学校也会乐此不疲，随着阅读量的增大，学习能力还会随之增强，这是因为阅读能提高孩子的注意力和耐心，而这两种素质正是构成学习能力的两大要素。

幼儿时期是最容易让孩子养成良好习惯的黄金时期，应该从孩子两岁起就使他养成阅读的好习惯，如果太晚，这种习惯想要养成恐怕难上加难了。因此，培养孩子学习兴趣的关键就是让幼儿多读书，这样，即使孩子上了小学，也不会对书本感到厌倦，还能从中找到乐趣。

阅读对孩子一生的发展是如此的重要！而同样重要的则是为孩子选择读物，正如母亲们会慎重地为幼小的孩子挑选食物一样。孩子的精神食粮也需要经过认真的挑选。首先，我们应该为孩子挑选一些简单、有趣的故事书，而且孩子的阅读必须从母语读物开始。

我们知道，母语是一个人思想情感的基础，要思考复杂的问题，就必须有足够丰富的语言，尤其是母语。母语能力的强弱很大程度上决定了孩子的未来有多大的作为。我5岁时已经记住了3万个单词，远远超过了同龄孩子。这使我学习其他语言也更加容易，我学意大利语只用了6个月，学英语用了3个月，学希腊语用了6个月，这与父亲为我打下的母语基础是分不开的，我非常感谢我的父亲。

出于自己的切身体验，我和妻子在威廉两岁之前，就已经开始对他进行母语阅读训练了，一开始给他读的书都是德语的。因此，阅读母语书籍就成了威廉幼年时学习的一项基本内容。

当父亲知道威廉已经开始读书后，来信提醒我说，让孩子早一些阅读固然重要，但并不是只记住词汇或者读几本书那么简单。要想真正提高孩子的智商，关键在于理解。没有理解的阅读，只能起到一个积累知识的作用，读得再多，也只能把孩子的大脑变成一个知识的仓库。真正有效的阅读是要把读到的知识转化为自己的智慧。因此，在理解的基础上阅读，即使读的数量少一点，也远胜于食而不化的大量阅读。

卡尔·威特教育全书
EDUCATIONAL SET OF CARL WETER

第十九章

在快乐中学习

永恒的学习方法

父亲极力反对那些一味死板的学习，主张学以致用，举一反三。他经常教育我说，学习知识的目的是为了提高能力，如果只知道学习，而不懂得把知识转化成自己的智慧，那还不如不学，因为，那些时间本来可以用来享受生活的。我非常赞同父亲的观点，庆幸自己有个这样的好父亲。我的童年是快乐的，因为父亲从不勉强我学习，也不要求我死记硬背、生搬硬套那些所谓权威学习方法。他认为，学习方法应该因人而异，视实际情况而定。

当今社会，竞争越来越激烈，越来越多的家长意识到了知识的重要性，于是，为了让孩子在日趋激烈的竞争中立于不败之地，很多家长对自己的孩子实行各种各样的教育，把增长学问当成了教育孩子的唯一目的，恨不得把所有高深的知识都一股脑儿塞到孩子的大脑中去。如此一来，孩子就成了一台只会机械地接受知识，而不会将知识转化成智力的学习机器。

有些孩子的阅读量大的离谱，一问之下什么都知道，深入一点，什么也不明白。这样的孩子掌握的知识已经够多了，但都是一些一无是处，很快就会忘却的知识。十几年前，欧洲曾掀起一股“天才热”，各国的报纸纷纷报道诸如3岁小孩能背诵若干名著之类的事件。但是随着时间的推移，大部分名噪一时的“神童”却销声匿迹了。那些“神童”从小就被爱慕虚荣的爸妈灌输了太多的学问，长大之后却是一事无成，这就是读死书不求甚解的结果。这样教育出来的孩子，远不如不读书的孩子，知识不仅没有增长他们的智力，反而成了他们思考的障碍。

威廉出生之前，我和妻子就开始为孩子的未来作种种的计划。尽管我是父亲的教育方法的最早受益者，同时又和霍耶斯特教授一起做了多年儿童教育的研究，当威廉刚刚出生时，还是令我有些不安，惟恐辜负了父亲对他的教育方法所寄予的厚望。

通过整理父亲当年的手稿，妻子对父亲的教育方法有了更深入的理解。父亲的手稿中有这么一段话："对孩子的教育应该尽早开始，而且，这种教育必须以游戏的方式进行。也许，有很多孩子厌恶学习，但我相信没有一个孩子会厌恶游戏。不仅人喜欢做游戏，动物们也喜欢，我们经常可以看见一些小动物在尽情地翻、爬、滚、打。小动物不仅是在玩耍，更重要的是在锻炼自己的生存技能。其实，那些厌恶学习的孩子，厌恶的并不是学习本身，而是枯燥的学习方式，如果学习像游戏一样有趣，我相信，所有的孩子都会热爱学习的。因此，从这个意义上说，能唤起孩子兴趣的方法就是好方法。"

"能唤起孩子兴趣的方法就是好方法"，这句话虽然简单，却包含着无穷无尽的智慧，它充分体现了父亲教育方法的一个基本特点，那就是趣味性。父亲用最简单的话，说出了儿童教育的真谛。

小时候，我的阅读范围十分广泛，各个领域都有涉猎。虽然，当时我以学习语言为主，但同时也掌握了不少其他学科的知识。童年时期，我就对植物学、动物学、物理学、化学、天文学以及数学进行了深入的学习和研究。我重温这段历史并不是想自夸，而是想说明父亲的教育方法产生了什么样的效果。

父亲向我传授知识的时候，并不总是在房间里，从我3、4岁开始，父亲就经常带我去野外散步，这种散步并不是随便逛逛那么简单，而是边走边谈。每次散步，父亲都要给我讲几个有趣的故事。父亲有着渊博的常识，几乎每次散步，我都能从他那里学到一些新的知识。

当我们走过小树林时，父亲都会指着某种植物，问我是否知道它的名字。如果我不知道，他就会向我讲解那种植物的相关知识。父亲不主张向孩子传授过于系统的知识，因为那样，孩子会觉得枯燥乏味。因此，父亲的讲解有时候显得有些不着边际，从植物讲到四季变迁，又由季节讲到气象和地貌。讲到哪儿是哪儿，从来不勉强我去记住。这些知识在当时看来是那么的零碎，可是，当我开始系统地涉猎各个学科，并以令人惊奇的速度攻克一道又一道难关时，才意识到，童年时在不经意中学到的那些零碎知识有多的重要！其实学习是孩子的天性，父亲只是利用了这种天性，让我不费吹灰之力打下了一个坚实的知识基础。那些零碎的知识就像散落的珍珠，当我开始学习系统知识时，只需用理性思维的线把那些散落的珍珠串起来就可以了。

如今，我也做了父亲，父亲当年的好方法，也就成了我们威特家一笔宝贵的世袭财富。当小威廉能够蹒跚学步的时候，我就开始带着他出去散步，慢慢地，我们散步的距离也越来越远。

有一次，我和威廉在郊外散步，突然，他蹲了下来，原来，他发现了一只小昆虫，他好奇地盯着那只虫子，然后，又仰起头用疑惑不解的眼光看看我。那一刻，我的脑海中不断闪现出父亲当年为我讲解动物学知识的景象，百感交集。于是，我也像父亲当年教我时的那样，开始详细地向小威廉介绍它的生活习性及相关知识。

和我小时候一样，威廉也对动物学和植物学萌发了莫大的兴趣。并在不经意间学到了科和目的各种知识。我想，一种真正有效的学习方法是永不过时的，它在我身上有效，在儿子身上同样有效。

在玩的游戏中学习

至今，我对父亲的这句话记忆犹新，他说："学习不应该是一种义务，更不应该是一种令人痛苦的工作，而应该是一种爱好。"对我来说，读书和学习的确是一种爱好，因为无论在童年时代、少年时代，还是今天，学习总能给我带来游戏般的乐趣。从妻子怀上威廉的那一刻起，我就发誓决不让读书和学习夺走威廉童年的快乐，如果学习会使儿子感到不快乐，我宁可不让他去学习。当然，我有足够的信心使威廉爱上学习，因为，学习本来就是孩子的天性，只要加以适当引导就行。

威廉还在摇篮里的时候，不能阅读和写字，他最主要的还是听故事。对于这样的孩子来说，最有效的莫过于讲故事了。故事不仅可以锻炼孩子的记忆力，还能启发孩子的想象力，另外，孩子通过听故事，还能学到许多的知识。比如，我在给威廉讲古希腊神话《奥德塞》时，就附带讲了许多有关海洋和航海的知识。有的家长喜欢用填鸭的方式，向孩子灌输知识，结果往往适得其反，使孩子厌恶学习。如果把知识融入到故事当中去，孩子们就会以极大的热情来接受这些新知识，而且，这样学来的知识更容易记住。我为威廉讲的故事，除了古希腊神话，还有德国的民间故事以及被我简化了的莎士比亚戏剧中的故事。

威廉能够自己走路以后，妻子和他还经常一起表演莎士比亚戏剧中的情节。后来，在我为威廉讲授历史和地理时，我和他又扮演各种历史人物。在表演之前，我们先熟悉那些历史事件的背景，这样，自然而然就记住了与这一事件相关的地点、人物等情况。相比之下，学校的历史课毫无乐趣可言，久而久之，学生自然会厌恶学习了。用演戏的方法学历史知识，不仅记得牢，还能充分的理解。

我让威廉学习过一段时间的绘画，原本是想训练他的观察能力，没想到，威廉却爱上了绘画。那些日子，威廉整天沉浸在自己勾勒的小世界里。一天，我走进他的房间，发现他坐在地板上闷闷不乐，画笔和画板被扔得老远。我走过去摸着他的头问：

"威廉，你怎么啦？"

威廉不说话，看样子很不高兴。我想，这时候追问他为什么肯定无济于事，倒不如先想办法让他高兴起来。于是，我没再问他，而是把画笔和画板捡起来，开始在上面作画。我画下第一根线条的时候，发现威廉往这边瞥了一眼，接着我又画了一只小狗，坐在地上，头上生出了枝叶。这时，威廉仍旧坐在地板上一动不动，但好奇心显然上来了。

"小狗头上怎么会长出叶子来？"他问我。

"因为它老是坐在地上，屁股下已经生了根，当然会长出叶子啦！"

威廉愣了一下，随即就明白过来，忍不住笑了起来。我见他心情好多了，就问：

"你不想作画了吗，威廉？"

"我想画，可总是画不好窗外那棵树，还有对面的房子。"

我对威廉说："你画不好，也许是因为你太着急，画画是很需要耐心的，做任何事也是这样。另外，你画的景物太复杂了，画画不需要你把景物一五一十地画下来，只要画出你对景物的感受就可以了。比如，我画的这只小狗，就是我刚才对你的感受，你坐在地板上，看到我进来了也不动一动，就像屁股生了根。"

威廉笑了，从我手里接过画笔和画板，又开始画了起来。这一次，他一画就是两个多小时，当他把画好的画拿给我看时，我大吃一惊，难以置信，威廉不仅准确地抓住了景物的轮廓，还加进了自己的想象和对景物的理解，色彩的运用十分大胆，毫不拘泥于细节，树冠用了大块的绿色似乎还意犹未尽，连旁边的房子也零星地涂上了斑驳的绿色。

我异常兴奋，当即要求他把这幅画送给我。威廉高兴地答应了。直到今天，这幅画仍然是我的珍藏，因为，这是儿子用自己的天真记录下来的美丽风景，在我眼里，它比任何一位绘画大师的作品更加珍贵。

我和妻子在教育威廉时，教法会随着教学内容的改变而及时作出相应的调整。这样做是为了让他一直保持浓厚的学习兴趣。

幼儿的好奇心很强，喜欢新鲜奇怪的事物，因此，对过于理性和系统化的知识，会产生一种本能的厌恶。所以，我尽量不勉强儿子学习系统知识，有时候，甚至还觉得有必要对某种知识学得更深一些，我也是采取化整为零的方式来教他。比如，大多数孩子都很害怕学拉丁语，威廉一度也不愿学它。这时，我并没有勉强他去学，我和妻子想出了一个富有戏剧性的方法，我用木头做了几个骰子，骰子的每一个面上都写上一个字母，然后，让威廉来掷，哪一个字母朝上，就让他记住哪一个。

威廉的兴趣一下子被调动起来了，这种方法还适用于学习词汇和短文。有时候，妻子假装自己也不认识那些字母，于是，威廉就和她开始了学习竞赛。妻子有时候故意输给他，让他体会一下胜利的喜悦；当然，也不能总输他，有时候也会毫不留情，来个大获全胜，以此来激发他的求胜欲望。就这样，威廉逐渐地学会了拉丁语的发音和拼写，那个骰子成了我最好的教具，同时也成了小威廉最好的玩具。

其实，教孩子学习的确是件轻松很愉快的事情。“像游戏一样学习”，这是父亲对我的忠告，也是我对所有年轻爸妈的忠告。

做大自然的好朋友

父亲说过：“大自然是孩子最好的老师，蕴藏着无穷无尽的知识和乐趣。置身于大自然中，孩子会更加快活，学习也会更加有成效。”

父亲对我的教育和我对威廉的教育，都让我深切地体会到了大自然对儿童教育的作用是多么的巨大！很遗憾，大多数爸妈忽视了这一点，他们总喜欢把孩子关在屋子里，让他们面对四面苍白的墙壁，学习枯燥乏味的知识。

自然界蕴含着取之不尽的教学素材，而且，自然界中的一草一木都是我教育威廉最生动的教具。我们可以向孩子讲述大自然的无穷无尽的美妙故事。在我小的时候，父亲几乎每天都要带我去野外散步，给我讲述那些关于动植物的趣事，极大丰富了我的知识面。我在教育威廉时，也同样运用了同样的方法。尽管，我们现在住在城里，但我总会利用一切机会带着威廉一起去郊外散步，利用自然界的生动教材向他讲述各种有趣的知识，这些故事包罗万象，涉及了各个领域。

在郊外，我们常常观察野花，或者抓一只小昆虫来研究一番；有时候，一块风化的石头，小鸟新筑的巢都能引起我们的极大兴趣。威廉4岁的时候，我送给他一只放大镜。结果，这只放大镜成了威廉了解大自然的最常备工具，每次去郊外，威廉都会带上它。威廉尤其喜欢用放大镜观察昆虫，我至今还记得他第一次用放大镜观察瓢虫时兴奋的情景。有一次，威廉在拨弄松枝时，不小心被青虫蜇了一下，手立刻肿了起来，从此，威廉见了青虫就会害怕。当他知道漂亮的蝴蝶竟然是青虫变的时候，好奇心顿时战胜了恐惧，他马上找来一条青虫，仔细端详了一番。

很多孩子喜欢搞破坏，在墙上胡乱涂鸦、践踏花草、追打小动物等等，都是他们爱做的事。这些毛病十分顽烈，用体罚的手段也无法让他们改过来。其实，这些不良行为是由于孩子的精力太过充沛，无处发泄造成的。如果爸妈经常带孩子到大自然中走一走，孩子就会有做不完的事，再也没有搞破坏的欲望了。大自然不仅能使孩子的身体变得强壮，美丽的自然风光还能陶冶孩子的情操，使他们的内心变得和谐。长期喧嚣的城市生活会使孩子产生抑郁和烦躁的情绪，进而做出一些破坏性的举动。

每年夏天，我都会有一个假期，我总会在工作之余，抽时间带着威廉到野外游玩，使他有更多的机会接触大自然。我们的宿营地有时是在森林附近，有时在湖边。我们到树林中去采集威廉喜欢的昆虫标本，同时，向他讲解花草树木的有关知识。有时候，威廉会画下他看到的美丽的自然风景。

由于住在城里，我不能像父亲当年那样，每天带威廉去郊外散步，所以，我在屋子后面建了一个小花园，在里面种了各种各样的植物。威廉对这个小花园里的一切有着无比的兴趣，他自己在里面种了十几种花草，坚持每天浇水和拔除杂草，细心观察它们的生长情况，从中得到了极大的乐趣。我发现，收拾小花园能使人获得一种平和的心态。每当威廉情绪不好时，我就让他去小花园里给植物松松土，或者看看他栽的玫瑰开了没有。等威廉从花园回来时，早把烦恼抛弃到了九霄云外。

威廉4岁时，我的同事霍耶斯特教授送给他一只小狗。威廉高兴极了，给它起了名字叫贝塔，经常照料它，和它一起玩。

在喂养小动物的问题上，我和父亲有一些不同的看法。在妻子怀上威廉时，父亲曾来信告诫我们，不要在家里饲养小动物，尤其是在家里有孕妇的时候，否则会给未出生的宝宝带来不利的影响。当时，我和妻子考虑到胎儿的健康，听从了父亲的劝告。我认为，让婴儿接触小动物当然有些不妥，但孩子到了几岁以后，是可以和小动物接触的，因为，动物也是自然界的一部分，尤其是小狗，不仅能给孩子带来欢乐，还可以锻炼孩子的能力、培养孩子的爱心。父亲不同意饲养小动物，是因为怕动物传染疾病。这种担忧当然有一定的道理，我权衡利弊之后，还是认为既然威廉喜欢小狗，也不妨满足他的这个愿望，只要多注意卫生，相信能够最大限度地降低危害。

每天只学两小时

很多孩子有着强烈的求知欲望，学习也异常勤奋，但总是不能取得很好的成绩。有人说，这是由于他们天赋不高。这种说法毫无根据，我和霍耶斯特教授对一些成绩不好的学生进行了研究，发现其中大部分是因为学习方法有问题。主要是他们幼年时受到了过于严格和死板的教育。

不少家长认为，学习是一件十分严肃的事情，本来就意味着要吃苦，甚至还搬出一句“今天种下辛苦的种子，明天会有幸福的收获。”的格言作为依据。正是这种观念，让那些正在求学的孩子们感到了难以承受的压力，最后，对学习产生一种发自内心的厌恶。现如今，付出和收获之间并不能完全画等号。要想有好的收获，除了要付诸行动外，还必须有好的方法才行。如果方法不当，即使付出再多也很难有好的成效。学习也是如此，一个人的精力和热情是有限的，因此，如何提高学习效率就成了我们必须考虑的问题。

当很多家长都在为孩子不想学习而大伤脑筋的时候，我却经常提醒小威廉，该出去玩一会儿了。事实上，对于小威廉来说，学习和玩基本上是一回事，这里的“玩”指的是户外游戏和运动，或是另一种玩法。很多时候，当别的孩子正在房间里苦读时，小威廉已经在玩耍中学到了不少知识。

我的邻居莫尔太太对此深感不解，她问我："威廉好像每天都在玩，反而没有花多少时间去学习，为什么会有那么好的成绩？"

我说："他的确每天都在玩，可同时他也在学习呀。因为他是以玩的方式学习，或者说以学习的方式玩。"

我这样说并非哗众取宠，事实就是这样。当然，威廉也并不完全是莫尔太太说的那样，整天在外面玩。其实，他跟别的孩子一样，每天都要在书房里学习一段时间。书房是个很让他着迷的地方，他很愿意捧着书本长时间沉浸在知识的海洋里。大多数爸妈看到自己的孩子长时间苦读，都会感到欣慰，而我和妻子却为小威廉立了一个规矩：每天总的阅读时间不能超过 2 小时，一般情况下连续学习时间不能超过 1 小时。

有一次，一位来访的女老师在了解了小威廉的学习成绩后，问我："威特先生，您的儿子学到了那么多的知识，我想他一定是个非常用功的孩子！"

我说："是的，他的确很用功。"

这位女士说："看来，要想有好的成绩，必须付出更大的努力才行。我教的孩子当中也有几个很用功的，他们每天都学习 6 小时以上。"

"是吗？"我问。

那位女老师见我有些不以为然，就问我："那么，威特先生，您的儿子每天学习多长时间呢？"

我告诉他小，威廉每天只学两个小时，她感到非常惊讶。

我说："有时他阅读的欲望特别强烈，如果实在不愿意放下书本，我会破例让他多学 1 个小时。"

"这么说，他每天最多不超过 3 个小时了？他掌握了那么丰富的知识，还能流利地说好几种外语，每天只学习两三个小时，这怎么可能呢？只有天才才能做到，您不是说威廉的天赋并不比别的孩子高吗？"

"威廉的天赋确实不怎么样，也许是他的学习方法比别人好吧！"

正说着，小威廉结束了一天的学习，从屋里走了出来。他礼貌地向客人问好。女老师一见到威廉，就迫不及待地问道："威廉，你每天真的只学习两三个小时吗？"

在得到威廉的肯定答复后，女老师又问："难道你就不想多学几个小时吗？"

威廉微笑着看了看我，然后告诉客人："我可以多学几个小时，但父亲规定的时间是两小时。"

女老师转身问我："这我就不明白了，孩子愿意多学习，这是好事啊，您为什么不让他多学习呢？"

我说："不是不让他学习，而是不让他总用一种方式学习。孩子要学的知识并不全在书本里，让他去外面走走、和大人谈一谈、跟小朋友们玩一玩，都能学到知识，又何必整天待在房间里呢？总是坐着不活动对身体没有好处。其实，像威廉这个年龄的孩子，学习能力比我们成年人强得多，只要他专心，每天学习两个小时就足够了。我每次让他在兴致正浓、舍不得放下书本的时候结束学习，正是为了让他长久地保持学习的兴趣呀！"

很多家长也和这位女老师一样，总觉得要让孩子取得好成绩，就必须增加他们的学习时间。霍耶斯特教授经过长期研究发现，长时间的学习对年幼的孩子没有好处。对于大多数孩子来说，两小时是学习的一个时间界限，超过了两小时，孩子的精力就开始分散，这时候，延长学习时间只会让孩子厌倦。试验结果表明，孩子们集中精力学习 30~60 分钟的效果要比长时间的学习好得多，关键就在于注意力是否高度集中。因此，当威廉在房间里学习的时候，如果不需要指导，我和妻子决不会去打扰他。只有在他连续学习时间过长时，我们才去提醒他该活动活动了。

有一次，威廉在房间里做一道比较难的数学题，由于过于专注，忘记了我们给他规定的学习时间。我见他超出了半个小时还没出来，就走进书房对他说："威廉，时间已经到了，你该出去活动了。"

威廉说："爸爸，我还没有做出这道题呢！"

我说："没做完就先放一放，出去活动一下，再回来做，效果会更好。"

威廉说："这道数学题确实很难，我想把它做完再休息。"

我拿过他的练习本一看，的确是一道很复杂的运算题，达到了小学五年级的难度，而当时威廉才 4 岁。但他是个很要强的孩子，显然跟那道题较上劲了。

我放下练习本说："这道题的确很难，但我相信你一定能做出来。不过，要是你不休息的话，脑子就会被它套住。相信我，威廉，你先到花园里去给小树苗浇浇水，脑子里不要去想这道题，等你再回来的时候，肯定就能很快解答出来！"

威廉听了我的话，将信将疑，和我一起到花园里做起了园艺。

在他给树苗浇水的时候，我对他说："威廉，你要学会自我控制，当你花费很大精力也做不好一件事情时，说明你已经被套住了，这时候，你越使劲就套得越牢。如果你懂得自我控制，适时地调整一下心情，当你再去想那个问题时，就会有一种新的思路，这时候再集中精力去做那件事，也许一下子就会轻松许多。"

在花园里待了半个小时后，威廉感觉轻松多了，当他再次回到书房后，只用了十几分钟就做出了那道题。他兴奋地说："我明白了。以后我再被难题套住的时候，我就到花园里去把绳子解开！"

我和妻子会心地笑了，因为他不仅做出了那道题，还明白了一个做事的道理。

玩耍中的点点滴滴

有一次，勃莱斯勒中学的校长雷登先生慕名来我家看望小威廉。雷登先生来的时候，小威廉正在花园里用玩泥巴。小威廉有一段时间特别喜欢玩泥巴，我由他去做，一般来说，只要不伤害他的身体，我就不会限制他的玩法。

既然雷登先生对小威廉感兴趣，我就建议他去花园看看威廉在做什么。当雷登先生看到小威廉时，简直大呼惊奇。他丝毫没想过眼前这个满脸泥水的孩子，就是那个"小天才"。

雷登先生问我们是怎样教育孩子的。我告诉他，我和妻子从不强迫儿子学习，也不让他觉得学习是一件非做不可的大事，至少不是一件比玩耍还重要的事。

"这么说，您认为学习不重要喽？"雷登先生不解地问。

"正因为它很重要，我才不让威廉觉得重要，因为孩子天生对严肃和重大的事情有抵触情绪，一旦让他觉得学习是一件非做不可的重要事情，他就会感到紧张，以致失去对学习的兴趣，这样一来，学习效果反倒不好。所以，我让威廉觉得学习的重要程度和玩耍差不多。"

"孩子总是爱贪玩，加上他们自我控制力很差，如果告诉他们学习不比玩要重要，是玩耍还是学习由他们来决定，那么，他们当然会选择玩耍了，您说呢，威特先生？”

“是啊，一般来说是这样。”我回答说，“但是，大多数家长和老师总是摆出一副如临大敌的架势，要求孩子严肃对待学习。很多父母对孩子的期望过高，为了让孩子有出息，给他们安排了很多不适合他们学习的课程，每天除了吃饭和睡觉外，就交孩子关在房间里学习，不让孩子出去玩，也很少带他们出去玩，学习几乎成了他们唯一能做的事。结果，很多孩子的童年是在紧张中度过的，不仅没有丝毫快乐，也没有真正学到知识，最多是装了一肚子没有消化的学问而已。这样的方法教育孩子，孩子就会强烈地意识到，学习和玩耍是截然不同的两回事！”

“您的分析有道理，但是，难道学习和玩耍不是两回事吗？”雷登先生问。

“也许是有区别，但学习和玩耍决不应该是对立的两件事。如果把学习变得像玩耍一样有趣，那么就可以说学习就是玩耍；如果孩子在玩耍时能够学到知识，那么也可以说玩耍就是学习。”

我并不是故弄玄虚，事实上就是这样，威廉的大部分知识都是在游戏中学到的。有一次，我看见威廉和邻居家的孩子汉森在花园里玩。汉森想知道自己一年之后能长多高，他站到一棵树下，要威廉在头顶的位置刻一道痕迹，以便明年来作个比较。威廉对汉森说：“你这样量不准确，因为你在长，小树也在长呀。”汉森恍然大悟。我听了他们的对话，就走过去对威廉说：“你错了，威廉，在小树上作记号是可以的。”

“为什么，难道小树不再长高了吗？”威廉不解地问。

“小树当然会继续长高，但是你要知道，树是从顶部生长的，树干下部不会再长高，只会增加年轮而变粗。”

“年轮是什么？”两个孩子问。

于是，我给他们解释什么是年轮，年轮是如何形成的，进而讲到了四季变迁。两个孩子听得入了迷，不知不觉学到了一些植物学、地理学和气象学知识。

最后，我告诉威廉，凡事都不要想当然、草率地下结论，而要学会多观察。

孩子们都有一颗好奇的心和一双探索的眼睛，因此，我们可以利用他们的这些特点，引导他们去探索未知世界。小威廉总有问不完的问题，树为什么会落叶、蝉为什么会蜕壳、人如果装上翅膀能不能飞起来等等，一般来说，我不会立即给出一个完整的答案，而是要他自己想一想、看一看。

有一次，小威廉画了一个装满水的玻璃杯，杯子里有一把汤匙。老实说，那幅画画得不错，玻璃杯和水的质感都表现得很好。我先是对他夸奖了一番，然后说："威廉，有一个小细节不对，你注意到了吗？"

威廉拿起自己的画，仔细看了看，摇了摇头。

我说："你看看那把汤匙。"

威廉又看了看，说："汤匙也没什么不对呀！"

我说："这样吧，你拿一个杯子倒上水，插上一把汤匙，再跟你的画作一下对比。"

威廉作了对比之后，终于发现了问题。

"爸爸，汤匙好像断了！"他惊呼道。

"不是断了，这是水的折射造成的。"

不用说，威廉又学到了一些光学知识。威廉的知识就是这样，一点一滴地积累起来的。类似这样的几乎天天都有，事实证明，强塞给孩子的知识，很快就会被遗忘，而通过自己观察和思考得来的知识，会保留一辈子。而且，这样的学习方法，可以使书本上极为枯燥的知识变得有趣生动起来。

我和妻子从不给孩子灌输术语和公式，而是诱导他自由思考和实践。对孩子来说，最好的诱导方式当然是玩了。可以说，只要善于利用，玩耍给孩子带来的知识和对他们智力产生的影响是任何其他方式也无法比拟的。玩耍是所有动物的本能，一旦进入玩的状态，孩子天才般的潜能就会被最大限度地激发出来。

不可违背孩子的天性

小时候，父亲非常注意培养我广阔的视野，他认为，教育幼小的孩子，应该着重拓宽他们的知识面，而不必在某一种技能或学问上下太多的功夫。

有些人不这么认为，他们认为，让孩子专攻某一项知识会学得更精，学得太多容易分散精力，最终会一事无成。这固然有一定的道理，但他们也许并没有真正理解父亲的意思，父亲的意思是说，孩子对什么都感兴趣，但兴趣也特别容易被转移，由于孩子天生就喜欢新鲜事物，因此，要求幼小的孩子把一门学问学得很奥深是不现实的。与其强迫孩子去啃那些艰深的成人知识，还不如培养他们广泛的兴趣，为将来打下一个良好的基础，并为发展他们的人格做好准备。父亲曾经说过，他的教育宗旨是，要让孩子成为一个身心健康的人，而不是一个迂腐的学究。尽管在当时没有系统的理论和实例支持，但父亲还是凭着他超前的眼光断言，一个目光短浅的人步入社会后，很容易产生心理上的障碍。

事实上，利用孩子的好奇心，引导他们涉猎各个领域的知识，并不一定会造成博而不精的弊病，相反，在时机成熟的时候加以引导，还会使他们迅速精通某种技能和学问，因为各种知识都是相互关联和相互影响的，比如，要想精通物理学，就必须有相应的数学知识；而历史知识丰富的人从事人文科学研究，会有水到渠成的效果。孩子在很小的时候就钻研一两门学问，会使他们的视野狭隘。这种方法有时候固然能使孩子在某一领域取得一些成绩，但在其他领域的无知，会最终阻碍他的更深层次的发展，这样的人难有大作为。

十几年前，被公认为数学天才的卡洛斯就是个典型的例子。报纸上曾连篇报道了这位“天才”的事迹。当时，卡洛斯才5岁，就有着超人的数学天赋，具体点说就是有着过人的心算能力，他能在十几秒的时间内用心算出复杂的运算题，而同样的题，别的孩子要在纸上算老半天才能得出结果。一时间，卡洛斯被吵得沸沸扬扬，被认为将来肯定会是一位伟大的数学家。卡洛斯在数学方面很突出，但在其他方面远远落后于同龄人，到了6岁，他甚至还经常把鞋穿反。然而，卡洛斯的这种无能却被一些人当做天才的证据来加以宣扬，人们总是习惯性地认为，天才就是在某一方面天生突出的人。

我和霍耶斯特教授在8年前，访问过卡洛斯和他的父亲肖恩先生。这位父亲对我们的造访感到非常高兴，拿出许多获奖证书给我们看，并诚恳地要求我们给予指导。卡洛斯的房间里堆满了各种数学专著，其中一些书就连霍耶斯特教授读起来都感觉费劲。卡洛斯是个脸色苍白、目光呆滞的孩子，始终捧着一本大部头的数学书坐在桌前，目光却盯着墙壁发呆。他父亲带我们进去时，他似乎没有任何反应。我奇怪地问肖恩先生：

“卡洛斯怎么啦？”

肖恩先生说：“没什么，他运算难题的时候都是这个样子。”

“他坐了多久了？”霍耶斯特教授问道。

“有3个小时了吧。”

“3个小时一直保持这种姿势？”我问。

“通常是这样。”

“为什么一定要以这种方式思考？”

“呃，”肖恩先生说，“报纸上的那些报道，说得有些过头了，其实，我儿子的才能并不是天生的。我本人就不相信什么过人天赋，我宁愿相信后天的努力。卡洛斯很小的时候就对数学感兴趣，为了让他将来能成为了不起的数学家，我一直严格要求他。正如两位所看到的，他时刻在思考着数学方面的问题。事实上，他的天赋并不比别人高，可以说，他的那些成绩完全来自于努力。”

“除了数学，卡洛斯还学什么？”我问道。

“数学已经占用了他的全部时间，怎么可能再学其他的东西呢？而且，我认为，只有用心钻研一门学问，才能取得大的成就。既然想当数学家，那么牺牲别的科目也是没办法的事！”

我们总算明白了，卡洛斯的反应为什么会那么迟钝，这个不到6岁的孩子，脸上似乎有着老人的神情。卡洛斯在父亲长期的“严格要求”下，已经成了只会算数的机器，在其他方面几乎是个白痴，不仅缺乏最起码的生活常识，而且身体素质也远远比不上同龄的孩子。

我们特强烈要求肖恩先生改变一下教育方式，遗憾的是，肖恩先生并没有这么做，他认为，要想成为杰出人物，理所当然要作出一些牺牲，而让卡洛斯牺牲玩耍和学习其他知识的时间，换来数学上的成就是值得的。

8年后的今天，曾经名噪一时的数学神童卡洛斯在数学上并没有取得什么骄人的成绩，还因为体弱多病退学了。

孩子从生下来那天起，很多父母就对他寄予了厚望，这当然没有错，但千万不可以勉强孩子像成人一样钻研学问，因为，这样做违背了孩子的天性，注定不会有好的结果。

高效率的学习方法

不少人认为，孩子的兴趣爱好太多，就不可能学得精深，在他们看来，博大与精深是对立的。这固然有一定的道理，不过，父亲有他自己独到的见解，他认为，在教育孩子时，如果博大和精深不能兼得，那么，他宁愿先要博大，因为，任何一个具体的专业都会牵涉到许多其他领域的知识，一个人只有具备了渊博的知识，才有可能在某领域取得更大的成就。那么，这是不是意味着孩子在广涉各种知识的同时，不可能在具体科目上取得好成绩呢？父亲用他的教育实践否定了这种观点，如今，我又通过对威廉的教育再次证明，只要合理安排时间，培养孩子高效的学习习惯，那么，就算业余爱好和学习的科目都很多，孩子仍然可以取得很好的成绩。

威廉有着十分广泛的兴趣，除了正常的学习，他还喜欢绘画、弹琴、旅行、做游戏和读大量的课外书等。但是，他并没有因为这些爱好而影响学习。一些家长常常问我，威廉在保持业余爱好的同时，还能把功课学得很好的原因。一般说来，孩子的业余爱好太多，的确会影响正常学习，不过我认为，威廉之所以能做到学习和爱好两不误，主要由于他从小养成了专心的好习惯。不过这种好习惯并不是天生的，而是在学习的过程中逐渐养成的。

威廉曾经也什么都想学，但什么都学不好。有一次，威廉在房间里学拉丁语，学了一会儿，听到窗外传来的鸟叫声，于是，威廉放下书本，拿起笔在纸上画起鸟来。没等画完，鸟儿就飞走了，于是，又拿起书翻一翻。刚看了几页，又去弹弹钢琴。半天过去了，什么也没有做好。看到这种情况，我没有立即指正他。到了晚上，我问威廉："你今天学习了吗？"

"学了。"

"学会了些什么？"

威廉想了想，有些气恼地说："什么也没学会！"

"怎么会呢？"我故意作出惊讶的样子。

"我就是学不会，什么也学不会！"

"为什么？"我问。

"我要学的东西太多了，真让人心烦，我刚学了一会儿拉丁语，就想练习画画，画了一会儿又想弹琴，可是心里想着拉丁语的学习计划还没完成，琴也弹不下去了。"

"你应该做好一件，再做下一件呀！"

"那要等到什么时候才能做完啊？"威廉说。

我知道，威廉急于学好所有的科目，结果什么都没学会。于是，我耐心地教他怎样合理地安排时间。

“最重要的是，你要让自己静下来，不能三心二意，要专心把眼前的事做好。只要你能做到这一点，那么你学习一小时的效果要比平时学一天还好！”

“一小时比一天还有用，这怎么可能呢？”威廉怀疑地问。

“不信你明天试试。”

第二天，威廉按我说的办法去做，不到一个小时就完成了当天的学习计划，然后开始练琴，由于完成了学习计划，心里没有了负担，钢琴也练得很顺畅。吃午餐时，威廉对我说：“爸爸，专心学习果然又快又好，我一件一件地做，很快就做完了。”

以后，不论做什么事情，有什么样的干扰，也不能使他分心。原则上，我要求他每天正式用于学习的时间不能超过两小时，很多人对此无法理解，他们不相信，一个孩子每天只学习两个小时就能达到威廉的知识水平，然而，他们又不得不承认这是事实，因为，他们总能看到威廉玩耍的身影，也许，威廉用于玩耍的时间比所有孩子学习的时间都要多。

保持生活的乐趣

我在哥廷根大学上学时，由于我是该校有史以来，年龄最小的学生，加上我的各科成绩都名列前茅，自然就成了“名人”。当地报纸不时地有报道我，那些报道观点不一，有的围绕我父亲的教育方法进行讨论，有的说我是德国历史上少有的神童，更有的说我的成绩完全是通过日夜苦读换来的，言外之意是说我为了学习牺牲了自己的健康和童年的欢乐。有一位署名为费特罗的作者，对父亲的教育方法妄加猜测，说我是在父亲的逼迫下拼命学习的。还有人说我是一架可怜的学习机器。甚至有人指责父亲，说他不配做父亲，为了满足自己的虚荣心，从不顾及我的健康。　有趣的是，这些议论我的人，包括那位费特罗先生，从不去学校了解一下我的实际情况。如果他们见到我本人，一定会感到惭愧，因为我非常健康，尽管我刚出生时，体质比别的孩子差很多。我从来不曾日夜苦读过，事实上，我的学习时间比大多数同学都少。父亲不但从来不逼迫我学习，反而经常提醒我“该休息了”、“该出去玩一会儿了”，他常常对我说：“不要去做一个学究，不要因为学习而失去了生活的乐趣。”

这些善意的担心是不必要的，因为我在哥廷根大学的生活，不仅轻松愉快，还经常和同学们一起参加各种课外活动。此外，我因为练习吉他而结识了一群兴趣相投的好朋友。

小时候，除了学习书本知识以外，父亲还非常注重培养我的艺术修养。我从小就会弹奏钢琴和吉他，听音乐和创作乐曲成了我生活中不可或缺的享受。上了大学，由于没有条件弹奏钢琴，我就把对音乐的兴趣倾注到了吉他上。吉他的确是一种非常美妙的乐器，不仅能演奏丰富的和声，也能弹出美妙的旋律，贝多芬曾经说它是“一个小小的交响乐团”。

我刚上大学时，对大学有种神秘感，由于我是哥廷根大学最小的学生，刚开始，我担心自己跟不上大学的课程。于是，放弃了其他的爱好，把所有的精力都放在了学习上。

有一天，父亲问我：“卡尔，怎么好长时间没听你弹吉他啊？”

“练习吉他太浪费时间，我不能再弹了。”

“浪费时间？那么你的时间用来做什么？”

“我想，我已经是个大学生了，应该把所有的精力都花在学习上。”

“你不再喜欢音乐了吗？”

“喜欢还是喜欢的，只不过音乐不是最重要的事。”

“不，我可不这么看，我认为既然喜欢，那么就是重要的，从某种意义上说，学习也是为了满足你的爱好。学习的意义就在于使自己获得快乐，如果为了学习而失去了生活的乐趣，那么学习就违背了你的初衷。”

“那么，我该怎么做呢？”

“如果你真的对音乐失去了兴趣，你就应该放弃它。如果你仍然喜欢，那么，我劝你继续坚持练习吉他。因为它不仅可以给你带来快乐，还能调剂你的生活。只要你合理安排时间，你就会发现，每天弹弹吉他会使你的学习变得更加轻松。”

父亲的教导让我对学习与爱好有了更深的认识，也对人生的意义有了更深的领悟。我又恢复了以前的爱好，不仅在吉他演奏上取了很大的进步，也通过吉他认识了一些兴趣相投的新朋友。后来果然如父亲所说，我的学习并没有受到影响，正是由于这些丰富的业余爱好，才使我的大学生活过得如此地轻松愉快。

做一个全面发展的人

我14岁时发表了一篇数学论文，引起了学界的重视，著名的数学家米开斯维里读了我的论文后，专程拜访了父亲。米开斯维里先生认为我在数学方面有过人的天赋，如果加以专门培养，就能成为一个杰出的数学家，并表示，愿意接受我做他的学生，以便进行专门辅导。父亲谢绝了米开斯维里先生的好意，他认为，一个孩子从14岁起，就确定以后的专业方向，未免有些过早。

“为时过早？”米开斯维里教授不解地问，“让孩子早一点专攻一门学问不是更容易学得精深吗？”

“从眼前来说，也许是这样。”父亲说，“不过，卡尔今年才14岁，我认为，他应该趁着年轻多学一些知识，至于专业，我想等他18岁以后再作决定。在这之前，他应该尽可能的多学一些知识，因为，每一个学科都不是完全独立的，相互之间存在着各种联系，先让他具有广博的知识，再让他根据自己的兴趣，选择一个专攻方向，将来的成就也许会更大。”

“让他自己选择？”米开斯维里教授有些遗憾地说，“难道你不希望卡尔成为优秀的数学家吗？他在这方面有很高的天赋，如果不利用，那就太可惜了！”

父亲说：“我当然希望卡尔在数学方面取得很大的成就，但他毕竟是一个独立的人，他的人生道路应该由他自己来决定，如果到了18岁，他仍然愿意从事数学研究，我一定会支持他！”

米开斯维里教授尽管有些遗憾，但还是很理解父亲的想法。他离去的时候对我说：“卡尔，数学其实是一门有趣的学问，我希望几年以后，你仍然喜欢它，如果你愿意和我一起研究，我随时欢迎你。”

从哥廷根大学毕业后，我打算去海德堡大学研修法学。在我离开哥廷根时，米开斯维里教授前来送行。

“我很抱歉，教授。”我对米开斯维里教授说，“我还是没有选择数学。”

“卡尔，也许你父亲是对的，你的确应该多学一些知识。你选择了法学，我虽然觉得遗憾，但我还是为你高兴。不过，我希望你在学习法学的同时，别忘了数学，因为，数学是世界上最迷人的一门学问。”

由于法学是我以前从未接触的新领域，加上几年前《拿破仑法典》的颁布对人们造成思想观念的冲击，使我对法学产生了浓厚的兴趣。进了海德堡大学后，我如饥似渴地学习着法学知识，把所有的学习时间都倾注到了法学上。这样一来，我在不知不觉中冷落了其他学科。

假期，我回到家里，父亲得知这一情况后，对我说：“卡尔，如果你现在就荒废了其他学科，那真是一件令人痛心的事！”

“没办法，爸爸，法学文献实在太多了，我的时间不够用，就只好先把别的学科放一放了。”我向父亲解释道。

“文献？”父亲问道，“这么说，你把那么多的时间用来研究文献？”

“对啊！这是法学家欧文提倡的。”

“卡尔，”父亲关切地问我，“你在信中总是说你的情况很好，现在你老实说，你这一年是不是觉得特别累？”

父亲说得很对，在海德堡大学一年的学习，的确让我很疲惫，我知道，一切都瞒不过父亲，只好点头承认。

“孩子，你之所以觉得身心疲惫，我想是你的方法出了问题。研究法学并不意味着往脑子里填塞资料，掌握一定的材料是必要的，但更重要的是要摸清法学发展的脉络，掌握它的发展规律。这就要求你要跳出法学的范围，从更高的角度来看法学。你要知道，法学的发展和人类的整个文化紧密相关，如果你局限在法学的范围里研究法学，那么你最终只能成为一个皓首穷经的老学究，而不可能取得真正的成就。所以，你在荒废了别的学科的同时，也堵死了你在法学上取得突破的途径。”

我茅塞顿开，父亲使我找到了自己在法学研究上进展缓慢的原因，更重要的是，我对父亲“教育的目的是要使孩子成为一个全面发展的人”这一原则有了深刻的理解，并把这一原则运用到了日后的教育实践中去。

第二十章

培养孩子的好素质

培养孩子的自信心

很多爸妈总是认为孩子最需要的是知识和技能，从而忽略了对孩子健全人格的培养。他们以为，只要孩子具有了足够的知识和技能，自然就会有足够的自信。然而事实并非如此，我们稍加留意，就会发现有的孩子学习成绩不错，但一遇到实际问题时，总是畏首畏尾，所学的知识和技能难以发挥出来。其中的主要原因，就是缺乏自信。

我认为，孩子缺乏自信，爸妈有着不可推卸的责任。我和妻子在培养威廉自信心的问题上，也曾有过一些波折。威廉3岁的时候，有一次，主动提出要帮妈妈洗碗。

“不，威廉，你还太小，洗碗可不是你能做的事。”妻子想也没想就拒绝了他的要求。的确，对于3岁的孩子来说，洗碗不是一件容易的事。

我从外面回来，发现威廉闷闷不乐。我问清了事情的原委后，对妻子说：“你错过了一个锻炼孩子的好机会，你这样做，会打击威廉的自信的，他会觉得自己很无能。其实，3岁的孩子也是可以洗碗的。就算把衣服弄湿了，又有什么关系呢？孩子如果能够通过做家务活认识到自己的能力，他会感到很自豪，以后就会积极主动地做他力所能及的事情，这对提高他的能力，可大有好处啊！再说，洗碗对孩子不会有什么伤害，我们应该给他这个机会。”

妻子认同了我的观点，下一次，洗碗的时候主动叫威廉过去帮忙。说实话，威廉洗得并不干净，他洗过之后，妻子悄悄地再洗了一遍。我们知道，儿子第一次可能洗不干净，但多做几次后，就会洗得又快又好，到时候再表扬他一番，他就会觉得自己又学会了一种技能，这对提高他的自信心大有好处。

很多父母不肯采取正确的方法来处理这些类似的问题，当孩子主动要干点什么时，他们总是断然拒绝。这实际上是在告诉孩子，他不能干，没有经验，不可能赶得上大人。所有的爸妈都非常希望自己的孩子成为能力出众的人，但又不允许孩子去发掘自己的能力，而是用怀疑的态度限制他们的发展。比如，当孩子要帮妈妈洗碗，妈妈往往会夺过盘子说：“亲爱的，你会把盘子打碎的。”这样一来，盘子固然是保全了，孩子的自信心却受到了伤害。

孩子虽然还处于学习摸索阶段，但他们都愿意努力去发展自己的能力。他们什么都想试试，好奇心驱使他们一次次地挑战困难。他们总爱跟在大人身后，学大人的样子做事。然而，很多父母却总是用自己的行动让他们觉得自己是个一无是处的孩子。当孩子要自己吃饭时。有的爸妈就会说：“你看你，汤都喝到衣服上去了。”然后抢过勺子喂他们。这些爸妈没有意识到，自己的做法会打击孩子的积极性。很多孩子由于被爸妈剥夺了自己动手的权利，就会故意跟爸妈捣乱。当爸妈喂饭时，他们紧闭着嘴，甚至把喂进去的食物吐出来。如果遇到这种情况，爸妈不必生气，应该想一想，自己是否打击过孩子自信心。

每一个家长都应该知道，培养孩子自信心，最有效的办法就是鼓励他们大胆尝试。孩子在成长的过程中，需要爸妈的不断鼓励，鼓励是培养孩子健全人格的最重要的方式。我父亲有一句名言：“孩子离开了鼓励，就像花儿离开了阳光。”可见，鼓励对孩子自信心的形成有多么的重要！

那些阻挠孩子自己动手的爸妈，对孩子有一些成见，他们认为，孩子必须到了一定的年龄才能做事。他们常常不经意地指出孩子的无能。比如“你怎么把地板搞得这么脏？”“你看你，又把鞋子穿反了。”诸如此类的话，都是在打击孩子的自信心。时间久了，就会使孩子逐渐失去信心，失去自己去探索的主动性。

事实上，孩子有着极强的学习能力，有些事情刚开始他们可能做得不好，但只要鼓励他们大胆探索，他们很快就会以迅速的速度掌握那些技能。而有些爸妈却人为地推迟了他们学本领的进度，并使孩子对自己的能力产生怀疑。这种做法，将会对孩子的一生产生消极的影响。

大人拒绝孩子自己动手做事，有一个常用的理由，就是认为孩子会把事情做砸。的确，孩子犯错误的几率要比大人大得多。但是，他们却没有看到，任何的一次成功都是建立在一次次失败之上的。什么也不做的孩子，永远不会犯错误，但这样的孩子，将来注定是一个无能的人，等到他被社会淘汰的时候，才会幡然醒悟，他一生最大的错误，就是不敢犯错误。我们应该鼓励孩子勇于犯错误，敢于面对失败，同时，还要维护他们的自尊心和自信心。和成人一样，孩子也应该有犯错误的权利。当孩子因为积极行动而犯错误时，爸妈不能失去信心，而应该安慰，孩子并帮助他们重新找回自信。

如果孩子对自己的能力缺乏自信，那么，他们做事的效率会非常低，而且缺乏行动的积极性，更不会通过积极参与和奉献来实现自己的价值。要帮孩子建立起自信，关键在于抓住鼓励的时机。所有的爸妈的都应该研究怎样鼓励孩子。

威廉很小的时候，不会自己穿衣服，对他来说，最难的是扣扣子。有一次，他把扣子扣反了。费了好大的劲，也没能把扣子退出来，最后不耐烦了，就坐在那里等妈妈过去帮忙。妻子帮他扣了几次，后来他干脆不自己动手了，只要遇到这种情况，就大声喊妈妈。有的母亲遇到这种情况，不是耐心地一次又一次为孩子穿衣服，就是训斥孩子，说孩子太笨。这时，孩子就会觉得自己的确太笨了，而妈妈真是无所不能，这么难穿的衣服，也能很快就穿好。他会认为自己永远也比不上妈妈，干脆放弃了任何努力。以后，不仅要妈妈帮着穿衣服，别的事情也让她来做。如果这样的话，就在无形之中养成了。

不过，妻子并没有这样做，她总是耐心地鼓励威廉，自己学着穿衣服。只要儿子稍有进步，她就表扬他。这样一来，儿子没用几天就学会了自己穿衣服。其实，帮孩子树立信心并不难，关键是要深入地了解自己的孩子。每一个孩子都有自己的特点，因此，每位家长都应该摸索出自己的教育方法。唯有这样，才能更有效地鼓励孩子，帮助孩子树立自信心，使孩子对自己有一个正确的认识，而不是经常怀疑自己的能力。

鼓励孩子积极行动，固然能有效地提高孩子的信心，但也必须讲究方法。有的爸妈往往在孩子似懂非懂的情况下，勉强他们学习复杂的技能，结果，导致了孩子的退步。正确的做法是，如果孩子不会做，就把学习的内容分解成若干步骤，让他们一点一点地掌握，直到会做为止。有的家长也许会觉得这样太浪费时间。但事实上让孩子循序渐进地学习，恰恰是最节省时间的做法。

每一位家长都应该了解孩子成长的规律，帮助孩子树立起“我能行”的自信，只有办得到的事情，才会让孩子体会到其中的乐趣。如果一开始就教孩子做高难度的事情，就会打击他们的自信心。如果孩子没有进步，爸妈就要自我反省，看看自己的方法哪里出问题了，是不是太急于求成了。

我相信，不管多么困难的事情，只要从简单的会做的事做起，在点滴之中，让孩子体会到成功的快乐，孩子就会以令人惊讶的速度进步，这不仅是技能的训练，而且是自信心的培养。

达·芬奇的标准

认识威廉的人，都说威廉是个十分要强的孩子。无论做什么事，他总是要求自己尽力做到最好。孩子都很贪玩，只要能把任务完成，就觉得已经很不错了，很少有孩子主动要求把事情做到超出自己的能力所及的。在这一点上，威廉和大多数孩子不太一样，他不仅能按我们的要求去做好一件事，而且，还喜欢自己想办法把事情做得比我们想象的还要好。

当然，威廉也不是天生就如此，这种精益求精的做事风格，是在很多次的锻炼中形成的。起初，威廉也不能以高标准来到求自己，也是满足于已有的成绩，有时候，还对棘手的事情应付了事。直到有一天，他的生活中发生了一件事，他才改变了这种散漫的态度，真正明白了严格要求自己的重要性。

有一天黄昏，我和威廉在郊外欣赏壮丽的晚霞。

“威廉，你注意到了吗？桔红色正在向深红过渡。”那段时间，威廉正在学习色彩的运用，我不失时机地提醒他，注意观察云彩颜色的奇妙变化。

“多美啊，爸爸，如果我能把这种变化画出来就好了！”威廉感叹道。

“我相信你能做到，只要你注意观察，耐心地调剂颜色，一定能画好！”我鼓励他说。

第二天，威廉饶有兴致地在花园里描绘落日下的壮丽云彩，但怎么也画不好。天色渐渐暗了下来，威廉的心情有些急躁了，他想迅速地把画画完，但却事与愿违，越急越画不好。大阳完全落了下去，壮丽的云霞很快就消失了，威廉只好凭最后的印象在画板上随便涂了几笔，算是完成了一幅画。这一切我都看在眼里，当时，我没说什么，晚餐后，我问威廉：“你的晚霞画得怎么样了？”

威廉淡淡地说：“我已经画完了。”看来，他不想再谈什么晚霞的事，那种绚丽的色彩，对一个孩子来说的确太难画了。

“威廉，你画的是云彩吗？”我故意问他。

“是啊。”

“那怎么没有我们看到的那种感觉呢？你想要的就是这种效果吗？”

“当然不是，”威廉说，“可是天黑得太快了，没等我看清楚，它就消失了。唉，没办法，只能画成这样了。”

我不再说什么，而是把他带到我的书房，让他看我收藏的画册。

“你仔细看看，威廉。”我把画册翻到风景部分，“真的没办法把晚霞画好吗？”

其实，这些画册威廉早已看过很多遍了，但他还是不得不承认，那些艺术大师技艺高超。

“可是，这些画家都是大师啊，我怎么能和他们比呢？”威廉说。

“为什么不能比，他们能做到的，你为什么就不能做到呢？”我见威廉低着头不说话，就温和地说，“当然，他们能做到，是因为他们在绘画上，下了很多年的工夫，也许，你的理想并不是当一个艺术家，不需要把那么多的时间花在这上面，但是，既然画了，就应该以更高的标准来要求自己，就算达不到大师的水平，也至少要向那个方向努力才对啊！其实，你和那些大师最大的区别并不是技术，而是做事的态度。你是个非常聪明的孩子，我相信只要你有一个认真的态度，定能画出自己理想中的云彩来！”

威廉说：“刚开始我是很认真的，可是我怎么画也画不好。”

“也许你认真过，但没有坚持下去，你知道吗，达·芬奇画《蒙娜丽莎》整整画了4年，贝多芬创作《欢乐颂》的时候，对每一个小节都作了认真的构思，你听《欢乐颂》的时候，觉得它那么流畅，可能不会想到这么短的乐曲花费了贝多芬多少心血。要想做好一件事，就应该拿高标准来要求自己，如果你仅仅满足于比周围的小朋友强，就不可能获得真正的进步。”

第二天清晨，天刚亮，威廉就起来到外面去观察朝霞，仔细琢磨应该怎样去描绘它。黄昏时，他又去观察晚霞。几天之后，他对云彩的变化已经非常熟悉了，当他正式动笔画的时候，并没有在傍晚或清晨去跟太阳比速度，他在自己的房间里，就把那幅画完成了。当我看到那幅画的时候，心里有说不出的激动，我从来没有想到过，一个孩子竟能把晚霞的壮丽表现得如此的淋漓尽致。威廉并不是简单地把晚霞的颜色变化表现出来，就算完成，实际上，在这幅名为《晚霞》的画中，晚霞所占的比例并不大，相反，整个画面充斥着朦胧的夜色和夜幕降临前昏暗的原野。晚霞只有狭窄的一抹，但这一抹晚霞却在夜色的衬托下显得更加绚丽。这一抹晚霞由桔红转向深红，再由深红变为深紫，最后不留痕迹地消失在铅灰色的夜色之中。

我亲吻了威廉，并告诉他我为他感到骄傲，他所做的事情完全出乎我的意料之外。

“也出乎了我的意料。”威廉调皮地说。

“是吗，你是怎么做到的呢？”

“我对自己说，耐心些，耐心些，你可不是一个小孩，你是达·芬奇！”

培养孩子的勇气

人的一生要面临许多挑战，这些挑战具体来说，就是事业上的挫折、突如其来的灾难和危险、疾病、日益激烈的社会竞争等等。面对这些挑战，除了需要有足够的能力外，还需要有非凡的勇气，才能最终走向成功。父亲认为，如果一个人没有勇气去应对各种挑战，那么，他的能力即使再强也发挥不了作用。

我们经常听到有人说某个孩子“生性胆小”，好像一个人是否勇敢完全是天生的，其实，每一个人的天性里都同时具有两方面的因素，既有探险和挑战困难的一面，又有逃避和怯懦的一面。一个孩子能否成为一个勇敢的人，主要取决于他所接受的教育。善于引导孩子的爸妈，能够最大限度地发展孩子勇敢的一面，而把怯懦的一面降到最低。

而有的爸妈总是担心孩子会受到意外伤害，什么也不敢让孩子去做，而父亲却认为，如果爸妈过分地夸大行动的危险性，牺牲孩子接受锻炼的机会，那么孩子的勇气也就无从谈起了。

父亲说过，真正的勇敢就是要随时准备着遭受各种各样的危险，不管遇到了什么困难和危险，都要有应对的勇气和运用理智解决问题的心态。

父亲为了培养我的勇气，在我年幼的时候尽量避免让我受到惊吓，不让我听恐怖的故事，让我远离各种可怕的事物。因为，一个人在幼年时对世界的印象，将会保留终生。

我们村里有一个叫埃德加的孩子，平时，他的叔叔喜欢讲恐怖故事吓唬他。一到晚上,稍有风吹草动,他就大喊有鬼,飞快地跑到爸妈的卧室里,赖着不走。如今,他已长大成人,但每到夜里,如果没有人陪伴,仍然会心惊胆战。这样的例子还有很多。因此,父亲在我小的时候,要求我的亲戚和家里的女佣不给我讲妖魔鬼怪之类的恐怖故事。即使我哭闹也从不用这样的方式吓唬我。不少父母一见孩子哭闹,就说"再哭,让魔鬼把你抓了去"之类的话,这样做虽然能把孩子吓住,获得了暂时的安静,却在他们心里留下了一生的阴影。

4岁时我听小伙伴说起过魔鬼,有一次,我问父亲:"世界上到底有没有魔鬼?"父亲说:"可以说有,也可以说没有。"

平时,我问父亲什么问题时,他总会给我一个明确的解答,如果回答不了,就会和我一起查阅图书,直到我弄明白为止。然而这一次的回答,却如此模棱两可,真让我无法理解。父亲见我迷惑不解,就反问我:"你认为有魔鬼吗?"

"我觉得有。"

"那么,你见过吗?"

"没有见过,可是大家都这么说。"

"既然没有见过,就不要妄下结论。"

"那为什么大家都说有呢?也许有人见过吧。"

"也许是有人见过,其实,将来你也会见到魔鬼的。"

父亲的回答吓了我一跳。

"你说什么,我也会见到魔鬼?"我不由得紧张起来。

"卡尔,"父亲安慰道,"其实,魔鬼只在人的心里,善良的人的心里是没有魔鬼的;而那些邪恶的人,心中就一定有魔鬼。那些恶人不就像魔鬼一样吗?你长大之后就要接触各式各样的人,这中间有好人,也有坏人,所以,我说你将来也会见到魔鬼。"

啊,原来是这样,难怪父亲说魔鬼这东西可以说有,也可以说没有。

"你说的这个魔鬼不是别人说的魔鬼嘛!"

"当然不是,他们说的那个魔鬼是不存在的,真正的魔鬼就是人内心里邪恶的那一面。卡尔,你要知道,如果一个人光明磊落,以帮助他人和做善事为快乐,那么,他就是天使;如果一个人自私自利,甚至去干些危害他人的事,那么,他就是魔鬼。你明白了吗?"

“明白了，爸爸。”我大声回答，“我一定不会做一个魔鬼的！”

每当我心中有什么疑虑和恐惧，父亲就用类似的方法使我心中充满了光明和勇气。父亲对我勇气的锻炼远不止此。他认为，孩子需要不断磨炼才能获得勇气。最好的办法就是让他们学会承受痛苦，是让我们失去勇气的罪魁祸首，如果一个人对痛苦和磨难有很强的承受能力，那么，他自然就会变得十分勇敢。

在我蹒跚学步的时候，如果摔倒了，父亲从不表现出怜惜的样子，总是鼓励我自己爬起来。我5岁的时候，有一次，父亲带我去爬山。当我们登上一个陡峭的山坡时，我不禁害怕起来，不敢再往上爬，我回头望着父亲，希望他把我抱上去。可父亲却装作视而无睹，只顾自己往上攀爬。我终于忍不住了，向父亲大喊：“爸爸，我再也不敢往上爬了，你背我上去吧！”

“不行！我们不是说好要自己爬的吗？”没想到，一向慈爱的父亲断然拒绝了我的要求。

“我爬不动了，我的腿酸得一步也动不了了！”我知道，以害怕为理由打动不了父亲，就以腿酸为借口，他总不能不管我吧。

“好吧，卡尔，如果你爬不动，就先趴在那儿休息一下，等腿不酸了再往上爬吧！”父亲在上面朝我喊道，“不过，你最好快一点，因为在陡坡上待得越久，就越危险，我看你还是一鼓作气爬上来吧！”

腿酸的借口已经被父亲识破，我无计可施，只好奋力往上爬，当我快到坡顶时，父亲向我伸出了他温暖的大手，一股脑儿把我提了上去。我回头看看脚下，真无法想象自己竟然能爬上这么高的陡坡。这时，成功压倒了惊吓惊吓，心中充满了胜利后的自豪和喜悦，忍不住朝山下大声喊叫起来。

“卡尔，”父亲见我快活的样子，就问我，“如果刚才我把你抱上来会怎么样呢？”

我认真地想了想说：“那样的话就不好玩了。”

父亲放手让我体验危险的做法，在常人看来简直不可理喻，但实际上，父亲并不是要拿我的生命去冒险，现在回想起来，我当时是完全有能力保护自己的，陡坡看起来很险峻，但每一步都能够踩到实处，只要我克服内心的恐惧，就可以像登楼梯一样爬上去。这次爬山虽然让我受了一点惊吓，但也让我明白了一个道理：不敢接受挑战的人，永远也享受不到成功的喜悦。

让孩子展开想象的翅膀

记得在我小的时候，父亲经常对我说，不管一个人多么失败，只要他还有想象力，他就有希望。我稍懂事之后，父亲就给我讲历史上那些伟大传奇人物的故事，让我知道伟人们之所以在各自的领域取得那么大的成绩，一个很重要的原因就是他们有着过人的想象力。一个人没有想象力的人，是不可能成为杰出人物的，因为想象是创造的前提。

和父亲一样，我也常常向威廉强调想象力的重要性。有一天，威廉去他的朋友拉法埃特家玩，回来后闷闷不乐。原来，威廉和拉法埃特一起画画的时候，拉法埃特的父亲阿蒙先生回来了，他对两个孩子的画作了一番评价。

"你画的什么，威廉？"阿蒙先生拿起威廉的画问。

"条顿骑士在战斗。"威廉回答说。

"一点也不像嘛！"阿蒙摇摇头说。

"哪儿不像呢？"威廉问。

"他的矛太长了，在实际战斗中，根本不可能使用这么长的矛。还有，条顿骑士战斗的时候应该是骑马的，可是，你把他画得在天上飞。他又没长翅膀，怎么可能飞起来呢？"

"也许他是飞不起来，但我可以想象他飞起来，我觉得这样很好。"威廉辩解道。

"想象？孩子，做事可不能凭空想象，应该实事求是才对啊！"

"可是，"威廉说，"我爸爸说，画画的时候应该想象。"

"也许，我不应该在这里评价你的父亲。"阿蒙先生说，"但是，我还是要说，做事绝对不能靠想象，只有脚踏实地，才能做好事情。"

"可是我觉得没有想象就画不好画，我的每一张画都加上了想象，想象会使人快乐。"

"不，孩子，你这样想是不对的，喜欢空想的人，是没有实际能力的，也许，暂时会获得一些心理的满足，但是，将来注定一事无成。想象不会给人带来任何的实际好处。比如说，你想象自己能在天上飞，可真的能飞吗？不，你永远也飞不起来，那么，你的想象就是在浪费时间！”

威廉心里不同意阿蒙先生的说法，可是又找不出反驳的理由，只好闷闷不乐地回了家。

明白了事情原委，我真为阿蒙先生的死板感到悲哀，我告诉威廉，想象并不等于空想，人类的一切发明创造都离不开想象。不仅艺术家需要想象，科学家、作家、军事家、工程师，甚至连商人都需要想象，如果没有想象，我很担心他们会取得什么成功。

“可是，阿蒙先生说想象不能带来任何的实际好处。”威廉说。

我知道威廉还不明白想象力和实际之间的关系，于是，我耐心地对他说：“从实际出发，这当然没有错，但是，想象并不意味着不现实。牛顿发现万有引力，靠的就是想象，如果他光看实际不去想象，那么苹果掉下来，也就仅仅意味着它熟透了，决不会想到地心的引力。没有想象力的人，做什么事都要以实际为准，总是受到各方面的限制。这样的人，是没有能力和勇气去创造新事物的，做什么都循规蹈矩，不可能取得什么成就，只能平庸地度过一辈子。我要你去想象，并不是说什么都可以靠想象来得到，而是要以实际为基础，加以想象，并勇于创新。”

“我知道了，”威廉脸上又有了笑容，“如果没有想象力，我们就不可能有进步，也许现在还住在山洞里呢！”

其实，想象之中蕴含着无穷无尽的乐趣。如果一个人善于想象，即使遇到不幸，也能从不幸中找到幸福，因为，想象快乐的事情可以使人忘掉不幸，想象美好的未来可以让人振作起来。而那些缺乏想象力的人，没有乐观向上的精神，一遇到挫折就会变得沮丧、悲观，既不能从自己的内心里找到快乐，也无法从痛苦中走出来，而沮丧的心情又会使人遭遇更大的失败。

生活中有很多像阿蒙那样的人，他们毫无情趣，做什么事都用理性的态度去对待，既没有想象力，更没有创造力。不仅如此，他们还把自己那种呆板、枯燥的人生观教给孩子。他们只会用清规戒律来教训子女，总是说“不能这样”“不能那样”“别乱来，这不合规矩”。他们从来不会对孩子说“这个想法真有趣！”或者“你是这么想的吗？那么就试试看吧。”这种死板的教育方法，不仅不能提高孩子的能力，还会剥夺孩子的生活乐趣。

快乐的生活

如今，越来越多的家长认识到了早期教育的重要性，很多家长信心十足地为孩子制定了详细的学习计划。但是，他们在做这些努力的同时，却很少认真想过教育孩子的目的是什么。也许，很多父母会说，教育孩子是为了让孩子成才。我认为，对教育的认识只达到这一步是不够的，成才，并不是教育孩子的最终目的，最终的目的应该是让孩子有一个快乐的人生，成长也可以说是一种具有追求快乐的能力。一些爸妈在不辞辛苦地为安排孩子生活的同时，却忽略了对孩子健康成长最重要的因素——快乐，以至于他们的辛劳付出不仅收效甚微，还剥夺了孩子童年的快乐，给孩子的一生蒙上忧郁的阴影。

我的邻居福吐纳托太太是一位勤勉负责的母亲，她非常重视对 女儿劳拉的教育，总是不停地督促女儿学习。我的妻子建议她放松一点，不要把家里的气氛搞得太紧张。福吐纳托太太说："我怎么能放松呢，不是说早期教育决定孩子的一生吗？劳拉一天天在长大，最好的学习时机一错过就完了，我必须尽到做母亲的责任！"

在妈妈的督促下，劳拉时刻不忘自己的学习任务。她很用功。不过她觉得特别累。十分羡慕威廉的生活，她私下告诉我，她真渴望能像威廉一样痛痛快快地玩，但是，妈妈总在不停地督促她，她一刻也不敢放松。

福吐纳托太太听说学习音乐对开发孩子的智力很有益处，于是，她给女儿买了一架钢琴，还请了有名的老师来教她。有一天夜里，劳拉超过了做功课的时间，还没有完成学习计划。福吐纳托太太不停地看表，离睡觉时间还有一个小时，照这样下去，如果劳拉还按原计划练琴，势必就要影响睡眠。

"劳拉，你的作业做完了吗？钢琴还没练呢！"

"我知道，可是我的功课还没做完，我总不能不完成功课就练琴吧？"

"那你为什么不快点呢，功课又不多。"

"可是我一直在做呀！"

福吐纳托太太无话可说，只能焦急地等着。等女儿终于做完了作业，离睡觉时间只剩不到半个小时了。劳拉似乎并不理会，仍然不紧不慢地收拾书本，一副满不在乎的样子。

“你就不能快点吗？再磨蹭就没时间练琴了！”福吐纳托太太催促道。

“知道了！”劳拉坐到钢琴前，没精打采地弹了起来。

福吐纳托太太终于按捺不住，数落起女儿来：“你这是在练琴吗？你这是在应付！”

“我练琴不需要你在旁边看着。”劳拉也终于忍不住了，“我是按老师的要求练的，你别来影响我！”

福吐纳托太太见睡觉的时间马上就要到了，而女儿又不肯好好练，如果让她马上停下来，练习就没有任何效果，如果继续练，又会影响睡眠。想到这里，福吐纳托太太再也控制不住自己，对女儿吼道：“让你练琴是为了你好，要是你不想练，那就别练！”

“那就不练！我本来就不想练。”劳拉也是一肚子怨气，站起身就走。

“把乐谱收拾好再走！”福吐纳托太太命令道。

劳拉很不耐烦地整理那些乐谱。

“好好收拾！你怎么越收拾越乱？”

“我不是在整理吗？你还要我怎么样？”劳拉尖叫道。

“你怎么能用这种态度和我说话？”

于是两个人争吵起来，越吵越激动，最后以福吐纳托太太的一声喝令停止了这场口舌之争。劳拉委屈地回到自己的房间，抽泣着上了床。福吐纳托太太一看钟，已经超过了睡觉时间20分钟，她非常难过，想到女儿既没练好琴，又没睡好觉，还发生了一场争吵，越想心里越不是滋味。

很多家长不知道教育孩子的真正目的是什么，福吐纳托太太就是一个典型。她教育女儿只是为了使女儿成才，却不知道成才本身并不能作为人生的目的。人生的目的是快乐，而成才只是追求快乐的手段。显然，福吐纳托太太错把手段当成了目的，这样培养孩子的还不如不培养，培养孩子的目的正是为了让孩子在成长中获得乐趣，而福吐纳托太太的做法，根本不可能让女儿获得快乐，相反，还会使她对学习深恶痛绝。

爸妈在督促孩子学习的时候，如果过于急切，就会使孩子感到压抑并厌恶学习，使孩子无法健康快乐地成长。如果学习知识需要牺牲童年的欢乐，这是得不偿失的事。对孩子来说，最重要的是积极乐观的生活态度和健康的体魄，这两点是培养所有其他能力的基础。如果爸妈们连这一点做不到的话，教育好孩子只能是一句空话。

威廉出生以后，我也和所有的爸妈一样，对自己的孩子满怀期望，但我从不给儿子施加压力，我最在乎的还是他的一生能否过得幸福快乐，这一点自始自终都不会改变。我认为，要做一个幸福快乐的人，首先就必须懂得追求幸福和快乐。也许，我们不能保证孩子一生都幸福，但至少可以帮助孩子认识真正的幸福，并使他们获得追求幸福的信心和能力。

许多爸妈认为，要体现爸妈的责任心，最好的办法就是时刻鞭策孩子，努力学习，使他们获得过人的能力，以便将来在激烈的社会竞争中立于不败之地。我认为，努力学习固然更是通往成功不可缺少的条件，但也不能完全以牺牲快乐作为筹码。否则，孩子就会只看到生活单调乏味的一面，这样的人生是很可悲的。

心理学研究表明，如果一个孩子从小被剥夺了享受生活的权利，他的人格就不会得到健康的发展。一个不懂得享受生活的人，绝不会是一个幸福的人。很多父母只看重孩子的学习成绩，而忽视了孩子幸福快乐的感觉。一个心灵完全被责任和理智占领的人，即便有一天在事业上获得了成功，也不会有什么幸福可言。

我和妻子非常注意保护威廉快乐的心态。有一天，我发现威廉在书房里坐立不安，显得非常焦躁。我马上走过去问他："威廉，你怎么了？"

"遇到难题了。"威廉说。

我说："你为什么不来问我呢？"

"你不是要我独立思考吗？"

"当然要独立思考，但并不是说不需要别人的帮助，我不告诉你答案，但可以给你一些提示嘛！对了，你遇到什么难题了？"

"我怎么也不明白拉丁语的语法规则。"

"威廉我并没有要求你学拉丁语的语法呀！"

"你是没有要求，但我说拉丁语的时候总是有病句，我想，如果我掌握了它的语法规则，不就行了吗？"

"但是，你还是个孩子，那些语法对你来说太难了。"

"你不是经常告诉我不能害怕困难吗？"威廉好胜心强，有些问题不弄明白是不会罢休的。

“当然不能害怕困难，但是并不等同于故意给自己出难题。就拿学拉丁语来说吧，我认为先学习词汇并在生活中使用它们，比学习枯燥的语法要有效得多。一种语言，你使用得多了，自然就会合乎语法，你看我们身边有一些没有上过学的人 他们并不懂得语法，但却能正确地使用语言。”

“这么说语法不重要喽？”

“当然重要，但更重要的是不能太为难自己，我希望你做一个快乐的人，假如拉丁语让你感到痛苦，我宁可你不去学它。实际上，你先学会在生活中使用拉丁语，等你上了学，再学语法就容易多了。在我小时候，你爷爷也是这样教我的。我上了学以后，语法的问题很容易就解决了！”

听了我的话，威廉放弃了过早地学习拉丁语的语法，又恢复了往日的快乐。

幸福愉快之旅

由于小时候我体质比较虚弱，爸妈特别重视我的健康，十分注意我的饮食和作息规律，他们除了在生活上给予我无微不至的照顾，还鼓励我进行体育锻炼。小时候，我和父亲玩的游戏不仅仅只是游戏，还是很好的体育锻炼，父亲对那些有趣的游戏进行了精心编排，以便使我身体的各个部位都能得到很好的锻炼。

父亲认为运动能使人的身体充满活力，孩子每天拿出足够的时间来进行身体锻炼，不仅不会耽误学习，反而会大大提高学习效率。受父亲的影响，我从小就对崇尚运动的古希腊时代十分神往，并尝试着像古希腊人一样，通过运动获得身体与大自然融为一体的美妙感觉。

除了游戏和散步，我的运动方式还包括旅行，尤其是徒步旅行，不仅能使身体得到锻炼，还能磨炼意志、增长见识，旅行中获得的知识是对书本知识的补充，当这种知识与书本知识结合起来时，就成了一种特别鲜活的知识，使人终生难忘。

我在意大利留学的第一年，父亲来信问我假期有何打算，我说我准备利用这段时间写几篇论文。很快，父亲又寄来一封信说：“我亲爱的卡尔，你已经有两年没有徒步旅行了吧？以前都是由我带你出门旅行，现在你长大了，应该自己去旅行了。这是你坚持了多年的好习惯，你千万不能丢掉它。虽然你现在的学习很忙，时间也很紧，但仍然可以利用假期出去走走，哪怕只是几天的短途旅行，也会使你的生命充满活力。

我徒步旅行的习惯是在上大学的时候养成的，几十年过去了，我还清晰地记得，我第一次和几个朋友徒步翻越圣布鲁斯山脉的情景。当我们到达山口时，那里正下着大雪。山下修道院的修士告诉我们，我们将要经过的山谷，每年都要摔死一些登山者，过了山谷，还会有大片的荒野，那里经常有狗熊出没。我和同伴当时都是血气方刚的年轻人，所以，都不愿意回头，决心一直向前走，直到翻过雪山。

“上了山以后，我们才知道自己面临的困难和危险有多大。那天的风特别的大，山路不仅十分陡峭，而且到处是厚厚的积雪。有好几次，我们差点坠落悬崖。但这一切和我们后来体会到的巨大幸福相比，实在是微不足道。当我们登上山顶之后，才发现世界是如此广阔。感谢仁慈的上帝，这时，本来十分凛冽的山风竟然平息了，我们脚下是白雪皑皑的群山，云彩在阳光的照射下显现出无比绚烂的色彩。这壮丽的景色既富于动感，又极为庄严肃穆。那一刻，我仿佛感到，这是上帝在向我们展示他的两种表情，我的心灵受到了前所未有的巨大震撼，情不自禁地朝着太阳跪下来，那一刻，我感到自己和上帝是如此接近，我仿佛已经听到了他的呼吸。那一刻，我决心将自己的一生，献给这仁慈的造物主。

这就是徒步旅行的魅力，在旅途中，你会遇到很多有趣的事，结识许多诚实善良的朋友，当然，也会看到我们这个世界令人遗憾的一面，这一切都在提醒你，要对这个世界付出你的爱，承担起你的责任。至于那种无法用语言描绘的神奇景象，也只有勇于探索的人才能看到！

我们周围有很多人惧怕旅行的艰苦，即使出去旅行，也只是坐在车里走马观花地看一看，最后一无所获。我希望你成为一个真正的旅行者，不要畏惧旅途的艰苦，只有这样，你才能体会到大自然的真正神奇和美丽，才能从不同的角度去体会这个世界上千姿百态的生活。

学业当然是重要的，但你要知道，适当的旅行并不会影响学习，这一点我想你是深有体会的。如果你整天学习书本知识，不去游历，不去探索未知的世界，你的感觉就会变得迟钝，你的世界也会因此而变得狭小。你看看你的周围，就会发现那些学究有着怎样一副呆板的神态，如果你长期过这种一成不变的舒适生活，有一天，你会发现自己已经变得和他们一样，年轻时的梦想和活力都将一去不返。因此，你应该利用假期出去游历一番，这无论对你的身体，还是学业都是有利无害的。”

我听从了父亲的劝告，在意大利沿海作了为期半个月的徒步旅行。和父亲当年一样，这也是一次改变了我一生的幸福之旅。一路上，我考察了多处古迹，获得了许多宝贵的第一手资料，这无疑对我研究但丁大有裨益，更为重要的是，我在这次旅行中，认识了玛格丽特，也就是我现在的妻子。

卡尔·威特教育全书
EDUCATIONAL SET OF CARL WETER

第二十一章

培养孩子的好品德

品德教育从爸妈开始

在教育孩子时，不仅要培养他们的能力，还要培养他们的品德。优秀的品德对孩子一生的发展是至关重要的，对此，父亲曾有过精辟的论述："孩子的心灵是一块神奇的土地，撒下思想的种子，就会收获行为；撒下行为的种子，就会收获习惯；撒下习惯的种子，就会收获品德；如果撒下品德的种子，最后收获的就是命运。孩子的命运其实就掌握在爸妈的手里。如果爸妈能以身作则，重视孩子的品德教育，就为孩子未来的前程打下了坚实的基础，因此，就像智力的培养要从孩子一出生就开始一样，优秀品德的培养也必须从摇篮时期开始。"

在培养孩子优秀品德的过程中，爸妈的作用是很关键的。因为爸妈是最早陪伴孩子的人，也是孩子最早的模仿对象，爸妈的言谈举止对孩子的一生会产生深远的影响。有些爸妈经常埋怨孩子不听话、贪玩、调皮、自私。我认为，这些爸妈应该多在自己身上找原因，而不应该总是抱怨孩子，因为孩子不管有什么样的行为，都和爸妈的影响分不开。柏拉图说过，任何坏人都不是自愿成为坏人的。有的人之所以变坏，主要是因为爸妈教育不当的结果。

我和妻子始终坚信，要想使儿子树立正确的价值观和人生观，首先自己就要有正确的观念与标准。否则，把道理讲得天衣无缝也会无济于事。

我的朋友哥斯泰考姆对我说，他的儿子皮普太贪玩了，玩起来总是忘了学习。哥斯泰考姆为此教训过儿子，也和他讲过道理，可他总是不肯改。我问哥斯泰考姆是怎么和儿子讲道理的，他就给我举了下面这个例子：

有一天，皮普又玩到天黑以后才回家。哥斯泰考姆对儿子说："皮普，你不是答应过我，早点回来的吗，怎么又玩到这么晚？你保证过多少次了，从来就不兑现，你难道不觉得羞耻吗？"

儿子满不在乎地回答说："不就是回来晚点吗，我觉得也没什么大不了的！"

哥斯泰考姆生气地说："没什么大不了？你答应的事从来就不做到，谁还会相信你呢？从小养成这种坏习惯，将来你会吃苦头的。"

皮普说："可是我看你也没遇到什么麻烦呀！"

"什么意思？"哥斯泰考姆不解地问。

皮普说："你已经忘了吧，你说带我去爬山，说了好几次了，可是一次也没有兑现过。"

"不是我不带你去，我这段时间实在大忙了。"但是，哥斯泰考姆说到这里却再也说不下去了，显然，这些理由都无法掩盖他不兑现的事实。

哥斯泰考姆要求儿子一言九鼎，自己却没有做到，结果，儿子不仅不为自己的贪玩感到惭愧，反而因为抓住了父亲的把柄，心安理得地不兑现自己的承诺。这只是一件小事，父亲由于工作忙，无法抽出时间带儿子出去玩，这本来也很正常，但他事先向儿子许诺了，这就不好办了。儿子会想，既然爸爸说话不算数，也没遇到什么麻烦，看来不守约也没什么大不了的。

很多父母抱怨孩子不听话，不肯接受正确的道理，可就是不去想想问题出在哪儿。他们在向孩子讲道理的时候，却用行为推翻了自己讲的道理，让孩子认为，对于爸妈的话不必认真对待。这样一来，再好的道理也不起作用了。

有的爸妈经常抱怨孩子太自私，从来不为爸妈着想。其实自私是孩子的天性，只要用正确的方式加以引导，完全可以避免。在威廉小的时候，我也常常发现他性格中的种种缺陷，但我从来不把责任推到他身上，而是尽力用自己的行为去影响他，帮他改正缺点。比如说从威廉小时候起，我就鼓励他帮助那些生活状况不如他的人。他经常把自己的玩具送给家境困难的孩子，有时，会把自己的零花钱捐给慈善机构。刚开始，他并不愿意这样做，我和妻子很少用大道理来劝他行善，而总是自己先做出表率，逐渐用行动来影响他。当我们去慈善机构捐款，或者去孤儿院照顾那些没有爸妈的孩子时，总会带上威廉，让他体会到行善的快乐。

有一段时间，威廉从别的孩子那里学会了说脏话，举止也变得很粗鲁，据说，孩子们都觉得这样，才像个英雄人物。我和妻子对此感到很担忧，但我们知道，要使孩子养成讲礼貌的习惯，还是要依靠爸妈的榜样来起作用，因为，不管外面对孩子有什么样的负面影响，孩子的行为主要还是在学自己的爸妈，因为爸妈是他们最爱戴和最信任的人。有时候，威廉在外面学会了一些粗鲁的俏皮话，觉得很有趣，回到家里就说给我们听，我和妻子并不呵令禁止他说粗话，我们知道，如果禁止孩子做什么，那么孩子就会去做什么，因为对孩子来说，最有趣的事，就是被禁止的事。我和妻子从来不说粗话，对威廉说的那些自以为俏皮的粗话，我们冷漠置之，每个孩子都不愿意做爸妈不喜欢的事情，当威廉发现那些粗话在家里完全不受欢迎后，自然就不会再说了。

善于引导孩子的爸妈想要孩子做什么时，不必下达命令，孩子就会自觉地去做；不想让孩子做什么，不禁止他们，他们也能自觉地不去做。用命令的方式去教育孩子是不会见效的。无论孩子还是大人，对于命令，都有一种本能的反抗情绪，因此与其强迫他们听话，不如用自己的言行去影响他们。

唤起孩子的责任心

如果一个孩子没有责任心，即使他具有再高的能力，也不可能成为一个身心健康的人，事实上，没有责任心的人，也不可能具有很高的能力，因为，责任是一种良性的压力，能使孩子体会到自己存在的价值，并为了加强这种价值而加倍努力。

那些在艰苦的环境中长大的孩子，深知爸妈谋生不易，往往会积极地参与家庭生活，主动为爸妈分忧解难。他们觉得爸妈为了一家的生活而辛勤工作，自己理应为父母分担一些。责任心会使孩子从小看到生活的意义和自己的作用，从而产生强烈的自豪感，并对未来充满信心。

有责任心的孩子一旦接触社会，就会将自己的责任心扩展到整个社会。如果一个孩子在家庭中没有培养出这种责任心，那么，对社会和人类的责任感就无从谈起。没有责任心，也就没有促使他们进步的良性压力，这样的孩子将来是不可能取得很大成就的。

为了从小培养威廉的责任心，无论他在家里还是在外面，我都会经常让他充当一些有意义的角色，让他意识到自己对他人是有价值的，这样既培养了他的责任心，也培养了他的自信心。

威廉小时候十分调皮，经常和邻居家的孩子毁坏花园。我耐心地和他们讲道理，但收效不大，往往是说过之后有所收敛，但几天之后，他们又开始在花园里胡闹。有一天，我把威廉和邻家的几个孩子叫到花园里，对他们说：

“花园里还有一些空地，我想种些花草，你们说种什么好呢？”

“玫瑰！玫瑰又好闻，又好看。”托尼首先喊道。

“不，玫瑰已经有了。我看不如种草莓，好看又好吃！”威廉发表了不同意见。

“种樱桃吧，樱桃也很好吃的。”汤姆也说道。

“樱桃长得太慢了，什么时候才吃得上啊？”

孩子们七嘴八舌，好不热闹。后来，我和他们一起用了几天时间，在空地上种了草莓、樱桃、郁金香等植物。我给每个孩子都分派了任务，轮流在花园里松土、浇水和施肥。孩子们的积极性很高，为了争取多一点任务，还差点吵了起来。自从我把小花园交给他们管理后，他们再也不践踏花园了，而且，我还多了几个热心的小帮手。

这就是责任心的魔力，当孩子们感到自己有责任管理花园之后，他们过剩的精力就被引向了正途，而不再是一种令人烦恼的破坏力量。孩子们通过劳动，体会到了收获的喜悦，同时，也为自己日渐增长的能力感到自豪。

让孩子正确对待金钱

很多人认为，孩子还小，不应该和孩子谈钱的问题。父亲是一位神职人员，有着坚定的信仰，在一般人看来，像父亲这样的人，应该是不会和孩子谈论金钱的，然而事实却正好相反，从我懂事时起，父亲就经常和我讨论金钱问题，或者说是对我进行金钱教育。父亲认为，每一个孩子早晚都要面对金钱，既然不可避免，还不如早点教他们以正确的态度对待金钱。

有一次，父亲向他的同事埃尔牧师谈到自己的金钱教育理论，埃尔牧师很不以为然，他认为，金钱是罪恶的根源，由于孩子心智尚未成熟，经不起物质的诱惑，所以，应该尽量让孩子远离金钱，以保持他们心灵的纯洁。而父亲则认为，金钱本身并不具有善与恶的性质，更不是罪恶的根源，真正使人堕落的是人对金钱过度的欲望。正因为如此,才需要尽早对孩子进行金钱教育。

“在我看来,所谓的金钱教育只能把孩子教得自私和贪婪。”埃尔牧师说。

“不!”父亲说,“只有错误的教育,才会造成这种后果。我认为,只要方法得当,金钱其实是一种极好的正面教材,不仅可以让孩子学会更好地生存,还能提升他们的精神素养。赚钱、谋生是每一个孩子都将面对的问题,一个孩子这方面能力如何,直接关系到他的生活质量。对孩子进行正确的金钱教育,可以使孩子明白这样一个道理:金钱是日常生活不可缺少的,我们既不能因为贪欲而丧失做人的原则,也不要故作清高地蔑视金钱。”

“你的话有道理,”埃尔牧师说,“那么,你的金钱教育的具体内容是什么呢?”

“首先,以正确的态度对待金钱,其次,正确地使用金钱。如果不能做到这两点,就会为金钱所累,要么变成唯利是图的小人或守财奴,要么变成败家子。我们身边的多少人拥有了财富,却沦为金钱的奴隶,多少人因为挥霍无度而破产。我相信,只要有正确的金钱教育,这种悲剧就会少得多。我们要让孩子明白,爸妈谋生养家的辛苦,使他们养成节俭的美德。

如果爸妈不让孩子了解和金钱有关的知识,孩子就不会珍惜爸妈的劳动成果,更不知道自己的幸福生活,是通过爸妈辛苦的工作换来的,对金钱没有概念的孩子,对家里的经济状况漠不关心,只关心能从爸妈那里得到多少零花钱。这样,就会使孩子变得自私,把自己的幸福建立在金钱的基础上。这样的孩子一旦失去金钱的支撑,他的整个世界就会崩溃。”

我和妻子都有一份不错的薪酬,生活条件比起父亲当年已经好了许多。威廉出生以后,父亲在来信中提醒我说:“金钱具有扭曲人心的力量,多少人因为贪欲而丧失了善良、正直的品质,因此,你一定要让威廉学会以正确的态度对待金钱,既要培养他赚钱的能力,又要培养他抵制金钱诱惑的能力,唯有这样,他才能成为一个身心健康的人。”

父亲的来信让我想起了一件往事,我9岁的时候,考入了莱比锡大学,在解决上大学的费用时,我结识了教育大臣劳斯特爵士。

爵士很欣赏我的学识,曾经邀请我去他的夏季别墅度假。在这之前,我一直过着简朴的生活,这是平生第一次领略上层社会的奢华。爵士的别墅是一座富丽堂皇的城堡式建筑,这里经常举行盛大的舞会,每当这时候,总是极尽奢华。

爵士有个与我年龄相仿的儿子，名叫保罗。让我惊讶的是，这个不到10岁的孩子，竟然有一艘属于自己的小游艇。在爵士府上度假的那段日子，我尽情地享受到了人世间的奢华，参加晚宴、和保罗乘游艇出海、狩猎，全是我见所未见的贵族生活方式。

从爵士家回来后，我的话题全部和夏季别墅里的事有关，我给家里人讲别墅里豪华的生活，讲精美的陈设、可口的食物，讲保罗的小游艇，一说起来就说个没完。有一天，我在讲完爵士家的别墅之后，对父亲说："爸爸，如果我们也有一座海滨别墅，那该多好啊！"

话音刚落，父亲就发起火来："够了，卡尔！我们都听够了你的贵族生活，你的梦该醒了！我告诉你，我买不起什么别墅，就算买得起，也永远不会买。现在我不想看到你，回你的房间去！"

父亲从未对我发这么大的火，我不敢顶嘴，满腹委屈地进了自己的房间。吃晚餐的时候，父亲走进我的房间，他看起来已经平静了。

"卡尔，你真的向往那种生活吗？"

"是的，"我老老实实地回答说，"我从未享受过那么丰富的生活，爸爸，请您不要生气，我知道我不应该向往那种生活，但我确实从中得到了快乐。"

"好，你至少说了实话。"父亲平静地说，"现在我已经不生气了。也许我的态度太粗暴了。的确，很少有人能经得住物质的诱惑，何况你还是个孩子。但是你要知道，如果一个人经不起金钱的诱惑，就容易失去自己的尊严和自由，成为物质的奴隶。一个有理想、有抱负的人即使在贫困中也能找到快乐，因为他的幸福不是建立在金钱之上的；如果一个人把幸福和价值建立在金钱之上，那么一旦失去金钱，他的幸福和价值也就丧失了。你明白这个道理吗？"

"是的，爸爸，我真的很惭愧。"

"卡尔，每个人都有迷失的时候，追求享乐本来就是人的本性，但你要知道，追求美和正义也是人的本性，人一生下来，本性早就具有了善与恶两个方面，最后他是成为好人还是恶人，就在于他怎么选择。你还记得《伊索寓言》里的那个故事吗？一个樵夫在河边砍柴，不小心把斧子掉进水里。他很难过，坐在河边哭了起来。河神麦丘利从河底拿出一把金斧子，问樵夫是不是他掉的。樵夫说不是。麦丘利又拿出一把银斧子，他又说不是。第三次麦丘利拿出了樵夫丢失的那把斧子。樵夫高兴地说，就是这把。麦丘利喜欢他的诚实，就把金斧子和银斧子都送给了他。你知道樵夫最值得你学习的是什么吗？"

“是他的诚实。”

“当然，诚实是一种可贵的品质，不过你并不缺乏诚实，刚才你就很诚实地说出了自己的感受，就你而言，目前最缺乏的是在金钱面前的平常心，这就是那个樵夫最值得你学习的地方。如果一个人面对金钱的诱惑时，能保持自己的尊严，不丧失自己的原则，他就会得到别人发自内心的尊敬。这样的人，甚至连金钱也会尊敬他，使他在事业上获得更大的成功。”

“爸爸，您是这样的人吗？”我问。

“我一直在这样要求自己。卡尔，我是个穷牧师，买不起那些奢侈品，也从来没想过要去拥有那些东西。对于目前这样的生活，我已经很满足了。你要知道，奢侈是对上帝的亵渎，只要这个世界上还有穷人，我们就没有理由奢侈。我希望你也能成为这样的人，而不是一个贪图享乐的人。”

那天，父亲的循循诱导使我明白了许多做人的道理，我懂得了简朴的生活给人带来的是自由而不是窘迫，懂得了爱与美的价值。那天，我从父亲那里得到了无穷的力量，这种力量使我在往后的岁月中，经受住了金钱的考验，去追求一种比享受奢华生活更为巨大的幸福。

威特家的节俭传统

从我记事起，父亲就要求我养成节俭的习惯。他自己也是这么做的。母亲告诉我，父亲的那件常穿的外套，已经有十几年的历史了，领口和袖口磨破了，他就让母亲缝补一下，又继续穿。这件事在村里出了名，村里人形容一样东西非常陈旧时往往会说“像牧师的外套一样”。不过，人们说起父亲的节俭的故事时，丝毫没有嘲笑的意思，事实上，父亲在村里很受尊敬，因为父亲虽然节俭，却十分慷慨。在我的印象中，他向穷人施舍已经是家常便饭了。

小时候不懂事，曾经我把父亲的节俭当成了吝啬。父亲告诉我：“不舍得花钱未必就是吝啬，关键要看你怎么花钱。”父亲的话让我对吝啬与慷慨有了新的认识，的确，父亲从来就不舍得花钱，但对于需要他帮助的人，他从来不曾吝啬过。父亲的收入虽然不高，但维持家用是足够的。可是，在我的记忆中，家里从来没有富足过，只是维持着基本的生活需求。我上大学时，如果不是得到了捐助，恐怕是难以把学业继续下去的。

受父亲的影响，我从小养成了节俭的习惯。父亲给我的零花钱，我几乎从不随便动用，我很少花钱买玩具，我的玩具基本上都是自己动手制作的。有人问我："你存钱不花，有什么用呢？"

我说："不是不花，而是要在该花的时候花！"

我把父亲给我的零花钱存起来，是为了将来上大学时为父亲减少一些负担。当我上大学获得国王的资助后，我就把存了多年的零花钱，都捐赠给了隆达镇的孤儿院。

长大后，我更深切地体会到人的物质欲望是没有止境的，成年人迫于现实，大多能用理性来控制过分的物质欲望，但孩子却不容易考虑客观条件，总希望爸妈满足自己的物质欲望。其中的原因固然和孩子的年龄有关，但一些爸妈的有求必应，也在很大程度上纵容了孩子的物欲。

我们经常会在商店里看到这样的情景：孩子缠着爸妈买这买那，爸妈如果不答应，孩子就当场哭闹，弄得爸妈无计可施，只好照办。我认为，这种情况完全是爸妈的教育不当造成的，其实，孩子也是可以明白事理的，关键在于爸妈怎样教育孩子，如果爸妈认为孩子这样做很正常，那么，就会让孩子养成无理取闹的坏习惯，同时还会认为凡是自己想要的，爸妈都有责任予以满足。

我在教育威廉时，十分注意培养他勤俭节约的美德。有一次，我和威廉在街上散步，经过一个商店时，威廉被一套漂亮的木制玩偶吸引住了，看了又看，舍不得离开。终于，他忍不住对我说："爸爸，我想买那套小木偶。"

"你不是有一套小木偶了吗？"我提醒他说。

"可是这一套更好玩，你看那个士兵手里还拿着矛呢！"

"你的木偶里边也有士兵啊，矛我们可以自己做，还可以安到他手上去。"

威廉每找出一条买的理由，我就找出一条不买的理由。最后，他终于放弃了，但心里不怎么痛快出了商店，他对我说："爸爸，你怎么这么小气？"

"不是小气，"我纠正说，"是节俭。"

回到家里，我给威廉讲了我的父亲是怎么节俭度日，又是怎么慷慨施舍的。我告诉威廉，节俭是一种美德，也是我们威特家的好传统，无论是在困难年代还是富裕年代，我们都应该节俭。这既是为了过日子，也是在为人类的后代节约资源。

随后，我又和威廉一起用木片削出了几把小剑、小刀、长矛，把它们安在士兵的手中，威廉还用小贝壳给那些小木偶做了头盔。看到自己亲手制作的小玩具，威廉快活极了。

做一个善良的人

父亲从小就教育我，拥有优秀的品德比拥有渊博的学问更重要。当我还是个不辨善恶的婴儿时，起初父亲主要考虑的是如何尽早开发我的智力。我8个月大时，由于一件小事使他开始考虑对我进行品德教育。据说有一天母亲不在家，由家里的女佣喂我吃饭，由于平时我习惯了母亲喂我，因此，不愿意让女佣喂。女佣耐心地哄我吃饭，我却用手在她脸上乱挠，企图把她赶走。

这件小事使父亲受到了震动，他意识到即使是婴儿，天性中也包含了善与恶。要想发扬他的善，抑制他的恶，必须尽早进行品德教育才行。父亲认为，善良是一切好品质的基础。为了培养我的善良的品质，父亲真是煞费苦心。在父亲给我讲的故事中，关于行善的故事是最多的，尤其是《圣经》中的故事，每天临睡前他都会给我讲。

有人认为，给这么小的孩子讲这些寓意深刻的故事没有必要，因为这些故事超出了小孩的理解范围。根据我自己的体验，也许孩子无法理解《圣经》故事中的深刻哲理，但完全可以从这类故事中学会辨别善恶。

我至今还记得，在我3岁时，父亲给我讲了《马太福音》中的一个故事，使我对什么是善有了更深的认识。故事是这样的：

耶稣坐在银库对面，看众人捐款。有些财主往里面投了很多钱，有一个贫穷的寡妇走过来，往里面投了两个小钱。耶稣就把门徒叫过来，对他们说："我实在告诉你们，这贫穷的寡妇投入库里的，比所有人投的还要多。因为，别人都是把自己剩余的钱投在了里面，而这个妇人却把自己所有的钱都投进去了。"

这个故事告诉我：善不在于形式上的多与少，而在于行善者的内心是否纯洁。威廉稍微懂事之后，我又把这个故事讲给他听，威廉很快就把故事中的道理付诸行动。

威廉5岁生日那天，妻子带他去街上挑选礼物，在服装店为他买了一件漂亮的呢绒披风，威廉兴奋极了，立即把它穿在身上。在回家的路上，母子俩看见一个女人牵着一个小女孩在街上乞讨，衣裳十分单薄，那孩子在寒风中，冻得直哆嗦。

“妈妈，那个小姑娘在发抖。”威廉对妈妈说，“她是不是病了？”

“我看不是病了，是冷的。”妻子停下了脚步，看着威廉说，“你没看见她只穿了一件单衣吗？”

这时，威廉知道自己该做什么了，他看看自己身上的新披风，有点犹豫。

“你想帮她，是吗？”

“是的。”

“我看你还太小，没有能力帮她。”

威廉听母亲这么一说，不再犹豫，他走到那个小姑娘跟前，脱下那件披风递了过去。

“你愿意穿上它吗？”

小姑娘的母亲很吃惊，有些慌乱地说：“好心的孩子，愿上帝保佑你，我们不能要，它太漂亮了，是妈妈刚给你买的吧？”

“是的。”威廉说，“不过我穿着好像有点不合身，我看小妹妹穿正合适。”而且，威廉看看妻子，“我妈妈也希望你们能收下它。”

妻子笑着点了点头说：“是啊，如果你们收下，威廉会很高兴的。”

那位母亲不再拒绝，于是，威廉很高兴地把披风披在小姑娘的身上。

威廉把自己的生日礼物送给了别人，我发现他并没有因此感到遗憾，相反，他的这一次生日过得比以往任何一次都要愉快。通过这件事，威廉体会到了行善的乐趣。虽然，他失去了一件漂亮的披风，但却得到了更大的喜悦。如果一个孩子发现自己能够帮助别人，他就会觉得自己是个有用的人，并从中获得对生活的热情和自信。

父亲曾经说过：“学习为我们带来现世的幸福，善行则给我们带来上帝的赞许。”每一个时代都有自己独特的价值观念，但是，无论过去还是今天，都有一些共有的价值标准。这些基本标准包括诚实守信、负责任、严于律己、宽以待人、忠诚等等，这些都是良好品德的构成要素。

“诚信”是孩子做人的起点

父亲经常教育我，只有诚实守信的人才能得到别人的信任。而那些撒谎、不讲信用的人，虽然能暂时得到一些好处，但最终是不会幸福的。因此，诚信是一个人处世的根本原则。父亲最不能容忍的就是不讲信用。

通常，人们总觉得讲信用是大人的事，因而，在这方向对孩子要求不高。很多孩子也不把许诺当回事，尤其是年龄小的孩子，似乎完全不懂承诺意味着什么，常常凭一时的兴趣随口许诺，10分钟之后，就把承诺忘得一干二净。小时候，我也和大多数孩子一样，对信用没有一个起码的认识。尽管父亲经常对我说，信守承诺是一种高尚的品德，但我仍然对此毫不重视。直到有一天，我尝到了失信给我带来的苦头，才真正认识到诚信对于一个人有多么的重要！

那天，我和父亲约好下午3点去河边钓鱼。离我们村不远处有一条小河，由于这条河中生长着各种鱼类，渐渐成了人们消遣娱乐的好地方。每到星期天，附近几个村庄的人们都会聚积在小河边，一边钓鱼，一边聊天。

还有许多人在这里野餐。一到星期天，河边总是像过节一样，到处充满欢声笑语。

吃完午餐，离父亲带我去钓鱼的时间还早，我就先到一个朋友家去玩，临出门，父亲问我：

“卡尔，我们3点准时出发，你来得及吗？如果来不及，我看就下个星期天，再去钓鱼吧！”

“来得及，爸爸，现在才一点，还有两个小时呢，我3点之前一定赶回来。”

到了朋友家后，我们玩起了捉迷藏。不知不觉就到了和父亲约定的时间，当我恋恋不舍地准备回家时，几个小伙伴劝我再玩一会儿。我经不起诱惑，就又玩了两盘。等我回到家时已经快4点了。一进家门就看见父亲坐在院子里，身边放着早已准备好的渔具。

“卡尔，你知道现在几点了吗？”父亲一见我就问。

“3点50分。”我看一眼墙上的钟说。

“你和我约好3点出发的，怎么能不讲信用呢？”父亲不快地说，“你是不是觉得讲信用不重要？”我没有说话，心里却不以为然。我总觉得信用是看不见摸不着的东西，我的迟到并没有让父亲损失什么呀。父亲似乎看出了我心里的想法，他没再多说什么，拿起渔具带着我一起出门了。

一路上，父亲不再提信用的事，而是给我讲了许多关于钓鱼的知识。到了河边，父亲对我说：“卡尔，今天我们来比一比看谁钓得多。我去上游钓，你在这儿钓。6点钟我们在这里会合好不好？”

“好啊！”刚才从父亲那倒学到了不少钓鱼的方法，我正想一试身手呢。

父亲走后，我找了个有树阴的地方，背靠着岸边的一块大石头，舒舒服服地钓起鱼来。父亲的方法果然不错，我很快就有了收获。不知不觉，时间很快过去了。渐渐地，我发现周围的人们已经开始在草地上准备野餐了。

我向上游望了望，不见父亲的影子。天色渐渐暗了下来，野餐的人们开始陆续离去。这时，我肚子已经很饿了，一打听，才知道已经快7点了。天色越来越暗，河边的人们都已经回家了，可是父亲还没有过来。

我再也没有兴趣钓鱼了，我不停地向上游张望，又过了半小时，终于，父亲从大老远的地方走了过来。

“爸爸！”我大喊着向父亲跑了过去。

父亲似乎根本没有注意到早已超过了约定的时间，只是不停地说：“卡尔，看看我钓的鱼，上游的鱼真多啊！下一次，我们换一换，让你去上游。”

我见父亲满不在乎的样子，就忍不住嘀咕：“爸爸，你说好6点回来，可现在天都黑了，我都快急死了！”

父亲放下手中的渔具，严肃地对我说：“卡尔，现在你也知道不讲信用的害处了吧？我不讲信用会让你感到不愉快，那么，你不讲信用又会让别人有什么感觉呢？”

“哦，原来你是在报复我呀！”我更生气了，转过脸去不理父亲。

父亲和蔼地对我说：“卡尔，我并不是要报复你，我只是想让你亲身体验一下不守信用的坏处。”

经过这件事以后，我开始重视起信用来。受父亲的影响，我也很重视培养小威廉诚信的品德。

有一次，我的同事送我两张俄罗斯大马戏团的戏票，这是在我们这个城市的最后一场演出。回到家后，我告诉威廉，晚上要带他去看马戏。威廉兴奋极了，马戏表演是他最爱看的节目。在去看表演的路上，我们遇到了罗尔斯先生。罗尔斯先生是威廉的朋友哈里森的父亲，一看见我们，他就热情地对威廉说："哈里森已经准备好了，我想你们会玩得很高兴的。"

罗尔斯的话让我有些莫名其妙，我看看威廉，发现他脸上很不自在。罗尔斯走后，我问威廉："哈里森准备好什么了？"

威廉吞吞吐吐地说："哈里森在家里举行的晚会，邀请了我。"

"你接受了邀请？"我问道。

"是的。"威廉很不情愿地说。

"既然这样，你为什么还要跟我去看马戏？"

"我不想去哈里森家了，我想去看马戏。"

我严肃地说："答应人家的事，你怎么能不守信用呢？"

"那样的聚会经常有，可是俄罗斯马戏错过了，就不会再有了。"

"那么哈里森那儿怎么办？总不能既看马戏又参加聚会吧？"

"那我，就去告诉哈里森，说我生病了，要回家休息。"

一听这话，我顿时停住了脚步，严肃地对威廉说："为了看一场马戏，你就撒谎，宁愿做一个不讲信用的人吗？"

"不是。"威廉有些慌乱地说，"可我真的想看马戏。"

"威廉。"我直视着他的眼睛说，"道理我早就给你讲过了，现在你要作一个决定，是去看马戏，还是去参加聚会？"

"我——"威廉支吾着说，"还是想看马戏。"

我非常失望，一气之下我把那两张戏票撕得粉碎，不由分说，拉起威廉往家里赶。

"你准备一下，我送你去哈里森家。"我命令道。

"我哪儿都不去。"威廉哭了起来。

这时，我突然意识到自己的态度过于生硬，于是，温和地对威廉说："是啊，俄罗斯马戏的确很精彩，我知道你一直想去看，别说你，其实我也很想去看。错过这一次演出，以后也许还有机会，但是，如果你不讲信用，以后就再也无法挽回了！"

威廉还在抽泣。我突然想起了我小时候父亲给我讲的一个故事。

"威廉这样吧。我给你讲一个故事，听完以后，去不去参加聚会由你自己决定。"

威廉安静了下来。于是，我开始说："从前，有一条叫布哈亚的鳄鱼。有一天，它想到岸上去看一看，就从水里爬了出来，不知不觉就爬到了一片沙漠上。由于天气特别热，布哈亚被晒得躺在那里动弹不得，想回到水里去，可是又没力气。这时，它看见一个小伙子走了过来，就对他说：'看得出来，您是个勇敢的人。不仅勇敢，还是个大力士。您能不能帮忙把我背到水里去，我一定会报答您的。'

善良的小伙子同意了鳄鱼的请求，就背起布哈亚往河里走。快到河边的时候，布哈亚想：'这个人这么壮，他的肉一定很好吃，到了河里，我就可以美餐一顿了。'

到了河边，小伙子把布哈亚放了下来。布哈亚一到水里，立刻恢复了力气，它一把拖住小伙子的腿说：'年轻人啊，我还没吃饭呢，你不如好事做到底，把你的腿给我当晚餐。'

小伙子大吃一惊，他拼命挣扎，却怎么也脱不了身。

'你这个忘恩负义的家伙，'小伙子骂道'你说我把你背到水里，你就会报答我，可现在你却要吃我，难道这就是尔的报答吗？'

'没错，年轻人，我是多么感激你啊，我当然要报答你！。'布哈亚眼里流出了一滴鳄鱼泪，'你误会我了，要在平时，我早把你整个儿吞下去了，可现在我只是要吃你的一条腿，这难道还不是报答吗？'

他们的吵闹声惊醒了正在睡觉的河马，河马问他们：'你们两个讨厌鬼吵什么呢？'

小伙子把刚才发生的事原原本本告诉了河马，河马说：'我才不信呢，鳄鱼这么重，你怎么可能把它从沙漠里背到河里来呢？你要我相信你的话，必须重新背一遍给我看看。'

鳄鱼布哈亚想："这个年轻人早就没力气了，他肯定背不动我。"于是就答应让小伙子再试一次。小伙子没办法，只好把鳄鱼背到原来的地方。他把鳄鱼放下后，河马说：'小伙子，告诉我，你现在还想救鳄鱼吗？'

小伙子这才醒悟过来，原来，河马是在帮他。他对鳄鱼说：'你这个恩将仇报的家伙，我再也不会背你回去了。'

小伙子和河马转身要走，布哈亚发现自己上了当，就对他们喊道：'说好再把我背回去的，怎么能不讲信用呢？'

河马回头对布哈亚说：'我们只对诚实的人讲信用，既然你不讲信用，我

们当然也不必讲信用啦！’

就这样，慢慢地，鳄鱼被晒死了。”

故事一讲完，威廉就明白了我真正要说的是什么，他不好意思地说：“爸爸，我们还是去参加晚会吧，我不想成为下一个布哈亚！”

爱的家教

父亲的教育目的，不是把我造就成一个天才，而是要把我培养成一个具有优良品德和出色才能的人。在父亲看来，这两个方面缺一不可，否则，就不是一个真正优秀的人，如果一个人只具有过人的才能，他有可能是一个缺乏责任感和爱心的人；只有良好的品德，他有可能是一个有想法而没有实际能力的废物。

由于我的出众表现，大多数人都把目光集中在父亲的智能教育上，纷纷向他讨教教子偏方。但父亲总是告诉他们，要想使孩子长大后有一个美好的人生，就不能仅仅培养孩子的能力，同时还要培养孩子的品德。可以说，父亲对我的品德教育就是爱的教育。

父亲认为，如果一个人缺乏爱心，就很难获得幸福。爱的教育并不是讲一些空洞的大道理，父亲用他自己的行为教会了我怎样去爱。父亲很爱母亲，他告诉我：“母亲为了孩子，不惜牺牲自己的一切，母亲的工作是最辛苦，也是最光荣的。”在父亲眼里，所有的母亲都像圣母那样神圣。小时候，我总是看到父亲无微不至地关心和帮助母亲。他为了不让母亲过分操劳，经常主动帮母亲做家务。他始终用最温和的态度对待母亲，洞察她那些微小的困难和需要。在我的记忆中，父亲很少与母亲发生争执，即使是在教育我的问题上有什么分歧，他也总是耐心地说服母亲。

从我记事起，父亲每天清晨总要到花园剪下一枝新开的花朵，拿到卧室，插进母亲床头的花瓶里，让母亲醒来后，一睁开眼就能看到美丽的鲜花。这种关爱几十年来如一日，从未间断。我稍大一点后，也学着父亲每天起床后剪下一支鲜花送给母亲。

多年以后，母亲告诉我：“我每天早晨醒来，一睁开眼，就闻到一股扑鼻的芬芳。然后我总是重新闭上眼睛，细细地享受着这幸福的芳香。”

我8岁那年，母亲得了一场重病，那段时间，父亲日夜守候在母亲身边，无微不至地照料她。有一次，天还没亮，我就被母亲痛苦的呻吟惊醒了。我跑到母亲的卧室，发现父亲正坐在床边，拉着母亲的手，眼里充满了悲伤。就在那一刻，我平生第一次学会了爱与忠诚。

父亲对母亲的爱，令我深受感动，在他的影响下，我也学着用行动来表达对母亲的爱。从小我就学会了帮母亲做家务。我还经常与母亲交谈，用心感受她的心情。从母亲的眼神和动作中，我可以体察到她心里是平静还是焦躁，是快乐还是忧伤。不过，我也不是一开始就能做到这一点，父亲的教育让我懂得了怎样去关心他人。

有一次，父亲要到北方的塞契隆镇参加教会的一个重要仪式，就在父亲将要动身的前一天，我的叔叔来信说，希望我跟他一家到波尼纳的野外去旅行，这样，父亲动身的时候，正好可以顺道把我送过去。

那时，我还从未参加过这种远距离的野外旅行，兴奋得连觉也睡不着。我和父亲出发的那天，母亲又病了。为了让我们安心出行，她极力掩饰自己的痛苦。而我一心想着这次旅行，丝毫没有觉察到母亲的不适，父亲却敏锐地发现了母亲正在经受的痛苦。由于公事不能耽误，他就劝我放弃旅行，留下来照顾母亲。我好不容易盼来这个大开眼界的机会，自然不愿意轻易放弃。

“卡尔，”父亲以少有的严肃口气对我说，“你妈妈病了，她身边不能一个亲人都没有！”

我很不高兴地说：“妈妈根本就没有生病，她叫我玩得开心点，还对我笑了呢，生病的人怎么会笑？”

“她真的病了，她不说出来，只是怕影响你的旅行。你知道吗？一个人病了的时候，最需要的就是亲人的安慰，你也生过病，你想想，如果你病了没有妈妈在身边照顾，你会有什么感觉？”

我这才醒悟过来，想起早上我给母亲送花的时候，她的脸色十分苍白。我愧疚地对父亲说：“好的，爸爸，你放心走吧，我留在家里照顾妈妈！”

“这就对了，卡尔，”父亲温和地说，“你爱你的母亲，就要在行动上表现出来。你要学会观察，从她说话的语气和表情中体察她的心情，在她最需要你的时候，及时地帮助她，这才算是真正爱她。你想想，你母亲不就是这样来关心你的吗？”

“是呀，我心里不高兴的时候，我不说妈妈也能知道。我生病的时候有妈妈照顾我就什么都不怕了。现在妈妈病了，我也要像妈妈照顾我那样照顾妈妈。我要为妈妈请医生、喂妈妈吃饭、给妈妈讲故事，等你回来的时候，妈妈的病就好了！”

父亲乐了：“好孩子，那我就把你妈妈交给你了。”

通过这样的生活小事，父亲使我学会了怎样去爱别人。我和玛格丽特结婚之前，父亲特地写信告诫我：“你快要结婚了，我希望在结婚之前，你和玛格丽特互相再多一些了解，直到确信你们的爱情能够长久。我之所以再三强调这一点，是因为爱情在给我们带来幸福和愉悦的同时，也要求我们承担起维护它的责任。

婚姻是一生的大事，你们一定要慎重，尤其是你，绝不能辜负玛格丽特对你的爱，如果做不到这一点，还不如不娶她。伏尔泰曾经说过，婚姻带来的，要么是最大的幸福，要么是最大的灾难。结婚的同时也意味着承担责任，你们只有明白这点，才能相互关爱，从而维持长久的爱情。这不仅关系到你们的幸福，也关系到你们将来的孩子未来是否能有一个健康的心态。

当你们有了自己的孩子之后，我希望你让孩子在爱的氛围中成长，爱是人的一种美好的义务，它意味着用心灵去感知别人最微小的精神需要。这种能力，不是用语音就可以传达给孩子的，只能通过爸妈长期的行为来影响孩子。你还记得吗，你在家的时候，我并没有要求你早上给你母亲采摘鲜花，但你从我的行为中了解到了其中的含义，你也希望给你母亲带来愉快的心情，所以，不用我教，你自然就学会了。以后我也希望你也能这样去影响你的孩子。如果没有爸妈之间相互关爱的榜样，孩子就不可能真正明白爱的含义。”我和妻子都把父亲的教诲铭记在心，由于有了这种爱的传统。威廉自小就是一个懂得关心别人的孩子，这也是别人欣赏和喜爱他的一个主要原因。在威廉很小的时候，我们就用自己的行为告诉他，一个没有同情心和爱心的人，永远也不会得到别人的尊敬和喜爱。我还让他明白，人与人的关系是相互作用的，如果一个人只关心自己，那么就不会得到别人的关心。威廉从懂事起就明白了这个道理，并认识到了爱心对一个人来说有多么的重要。

但威廉也有十分顽劣的时候，有一次，我发现威廉和邻家的孩子托尼在戏弄一只流浪的小猫。他们在小猫的后腿上系上绳子，然后赶着它上树，等它爬上去之后，又把它拽下来。两个孩子被小猫的狼狈样逗得不亦乐乎，全然不顾小猫惊恐不安的叫声。我赶紧走过去制止了他们。

“你们为什么要这样对待小猫?”我质问道。

“好玩呀!”托尼满不在乎地说。

“我想猫的动作那么敏捷,摔不坏的。”威廉说。

“也许是摔不坏,但它被吓坏了,你们没看见它在发抖吗?”

“这不过是一只没人管、没人要的野猫嘛,我们是在花园里抓到的。”托尼说。

“是啊,它是只野猫,没有人关心它,你们不但不关心它,反而欺负它,难道不觉得可耻吗?如果你们没有爸妈,在外面受人欺负,会有什么感觉?”

两个孩子无地自容,解开了小猫腿上的绳子。托尼想把它放了,威康对我说:“爸爸,我再也不欺负它了,它既然没有家,不如我来收养它吧!”

我同意了,我想,通过照顾这只小猫,也可以培养起他的爱心。

威廉在我的指导下,用木板为小猫做了一间小房子。他每天亲自给小猫喂食,有时候还为它洗澡。有一次,小猫生病了,威廉很着急地带小猫去看医生。到了诊所,威廉向医生详细说明了小猫的症状,直到医生说小猫完全可以康复,他才有了一丝笑容。我看到威廉那关切的样子,心里自然十分欣慰,因为他懂得了关爱生命。